万物并作　吾以观复

性理与岐黄

◎ 徐仪明 著

上海古籍出版社

图书在版编目(CIP)数据

性理与岐黄 / 徐仪明著. —上海：上海古籍出版
社，2024.1
ISBN 978-7-5732-0995-5

Ⅰ.①性… Ⅱ.①徐… Ⅲ.①理学—研究—中国②中
医学—研究 Ⅳ.①B244.05②R2

中国国家版本馆 CIP 数据核字(2023)第 226640 号

性理与岐黄

徐仪明 著

上海古籍出版社出版发行

(上海市闵行区号景路 159 弄 1－5 号 A 座 5F 邮政编码 201101)

(1)网址：www.guji.com.cn

(2)E-mail：guji1@guji.com.cn

(3)易文网网址：www.ewen.co

印刷 上海展强印刷有限公司印刷

开本 890×1240 1/32

印张 13.25 插页 6 字数 265,000

版次 2024 年 1 月第 1 版
 2024 年 1 月第 1 次印刷

印数 1—1,500

ISBN 978－7-5732-0995-5/B・1369

定价：68.00 元

序 一

徐仪明的博士论文《性理与岐黄》即将由"中国社会科学博士论文文库"出版，他希望我能为他的书写篇序。作为他的博士导师，我感到义不容辞。

徐仪明问学于我，已近二十年，所以对他的一些情况我还是比较了解的。他出身于一个医生世家，又曾专门拜师学艺，在考入大学之前行医达十年之久，因此有较深厚的中医学素养。1978年他考入复旦大学哲学系读本科，当时他就对中国哲学课程十分喜爱，对我开设的宋明理学专题讲座格外有兴趣，时常向我请教一些学术问题，使我感到这是一位好学深思的学生。他的本科毕业论文就是关于中国哲学方面的，由严北溟先生指导，不仅得了优秀而且顺利发表了。1991年他经过刻苦努力，以优异的成绩再次考入复旦大学哲学系，跟我攻读博士学位。他选择了宋明理学与以《黄帝内经》为代表的中国医学相互关联为自己的研究对象。这牵涉到两门不同的学科，前人尚未做过系统的探讨，显然是具有较大的难度。但理论探索贵在创新，就要敢于别开路径。因此我积极支持他的想法，鼓励他结合自己原有的中医学素养，继续刻苦努力，不要急功近利，而要反复沉潜，不急不躁，扎扎实实地把这一课题完成。随后他不断问学于我，我们之间也常有切磋，经过两年多的时间，终于完成了博士论文。1994年在进行论文答辩时，冯契先生主持了会议，他及到会专家与外地学者的评审意见都给以肯定，认为这是一篇颇有特色的优秀论文，已达到博士学位学术水平。现在这篇论文经过作者修改后即将正式出版，这是很令人高兴的。

学术界普遍认为，中国哲学的研究领域应该拓宽，研究路径应有所突破。应下大力气把古代哲学与整个中国传统文化（尤其是古代科学技术）联系起来，在引进和结合古代科技思想时，要更大胆和更自觉，以创新的学术思想，发前人所未发，只有这样才能将研究中国哲学史与拓宽新的研究领域密切联系。我认为，徐仪明同志的这篇论文在这些方面迈出了可喜的一步，值得肯定和赞许。

从本文所涉及的问题和对这些问题所作的分析来看，可知作者具有较广博的学识和较深厚的学术根柢。其对古代医学、天文学、历算学、气象学、物候学、心理学，对儒、释、道各家学说，对理学濂、洛、关、闽以及邵雍、陆王、清代朴学等诸家学派，对理学的理、气、心、性诸范畴，都有自己独到的理解。作者并发掘了一些鲜为人知的史料，如程朱、许衡、吴澄等人精通医学和许多名医谙熟理学方面的内容。作者为此需要参考大量有关著作，牵涉到古今中外科学、哲学、历史、文学等不同时期、不同地域、不同领域中的典籍，这是相当艰巨的工作。由于本文所研究的问题多具有交叉、渗透的性质，因此又要对大量典籍进行相互比较，方能沙里淘金，提炼出自己的新思想、新观点。徐仪明同志这种严肃认真的治学态度，实属难能可贵。

在对理学的评价方面，作者持一种慎重而客观的态度。由于本文以《黄帝内经》与整个中国古代医学作为理学产生发展的参照系，这一独特新颖的视角，所得出的理论结论颇与时下一些研究理学的著作在观点上有所不同。首先，作者指出《内经》对促进理学这一古代历史上的进步的哲学思潮的形成起了推动作用，这具体表现在加快了宋明新儒学的哲理化进程。这不仅对以张载为代表的气学派是如此，而且对以二程为代表的理学派也是如此。其次，作者指出，《内经》既是一部科学著作，但同时也深入研究了人的精神世界，对理学中的心性学说的形成，起到尤为重要的作用。而《内经》对宋明哲人的宇宙观念的进步所作的贡献，尤其不容忽视，如"宣夜浑天合一"的宇宙模型，独具中国特色的火论，以及医易说、运气说等，就是其中较为突出的例子。当然作者也指出《内经》对理学也有一些负面作用，如天人比附等。再次，作者还指出，理学对后世医学的发展也有巨大的反作用。这种反作用也不像某些著作所说全是消极的，而应该一分为二、客观公允地去看。作者这种评价方法符合实事求是、具体问题具体分析的科学原则。

诚然，本论文既然是开拓性的，是前人尚未系统研究过的新论题，自然也有留待继续探索之处，比如对某些问题似可再多做一些发挥，以更充分展示古代医学与哲学之间的深层关系。但总的来说，这是一篇功力深厚、创见迭出的优秀博士论文，我高兴地推荐给广大读者。并希望徐仪明继续努力，不断探索，在今后的学术研究中取得更多更好的成就。

潘富恩

1996 年 7 月，序于复旦大学

序 二

　　能够为徐仪明先生所著《性理与岐黄》一书作序，由衷感到高兴。我自认为与徐先生属于同道，深知作这类题目之不易。徐先生毅然举笔论列宋明理学与医学的复杂关系，确然是根据学术需要而做出的可敬选择。

　　中国哲学与中国传统医学有着非同一般的密切关系。这不仅是因为人体科学、心理学和临床医学中的许多问题本来就同哲学相交织，而且因为中国学术的发展有着自己特殊的道路。中国哲学从总体上看也可以说是一种"生命哲学"，即用生命的观点体察宇宙和人生。这就使得它必定要从当时的医学和生命科学中吸取很多有用的东西，加以融汇和升华。比如中国哲学讲的气、阴阳、五行、形神、天人等重要范畴，都溶入了古代医学和生命科学的思想内容。而中医学的最大特点是用系统思维即整体的方式来把握人体，把人看作天地自然和社会关系中生存的人，人身脏腑气血、表里上下也是一个有机整体。这就决定了它要走由整体到局部，由一般到具体的认识途径。因此，当医家总结临床经验，建构医理体系之时，必定要借助当时的哲学范畴，并以之作为本学科的基点。于是，哲学的气、阴阳、五行、形神、天人等概念就又回到了医学之中，指导医学同时又接受医学的检验和增补。

在系统思维的引领下，中国哲学和中医学都坚守"天人合一"的观念。认为天中有人，人中有天，天和人服从统一的规律，自然和人文相互渗透融溶。这就进一步加深了哲学与医学的同一性。明代大医家张介宾在阐述医和《易》的关系时说："天地之易，外易也；身心之易，内易也。"（《类经附翼·医易义》）其实，在一定意义上可以说，中国哲学（包括人生部分）讲的都是"外易"，中医学（包括养生部分）讲的则是"内易"，外易和内易的根本道理是一致的。正是基于此，研究中医学与中国哲学的关系，无论对于前者还是后者都十分重要。

但是长期以来，绝对专门化和精细分科的研究方法支配着我们，学界很少有人把中国哲学和中医学结合起来进行考察。毋庸讳言，这种状况已经妨碍了这门学科的正常发展，旧有的闭门自守的格局应当打破。徐仪明先生在其博士论文"前言"中说："拓宽、开掘中国哲学的研究领域，是本学科建设的一项重要任务。"我非常同意这一想法。《性理与岐黄》这部著作本身就是对中国哲学研究的一种拓展，同时用事实证明，对中国哲学现有的研究领域进行新的开发的确很有必要。

本书作者以宋明理学为中心，将先秦哲学——《黄帝内经》——宋明理学——金元明清医学按时间顺序串联起来加以考察，这就使读者对中国哲学，特别是宋明理学所强调的一些重要思想范畴，如太虚、神化、道德、心性等的发展脉络以及它们的非思辨的实践性价值，有了更为清晰明白的了解，同时也为中医学的形成与发展，特别是宋以后出现众多医学学派的思想理论根源做了一定的说明。可以肯定，如果不把中医学与中国哲学联系起来研究，不顾及二者的相互影响和渗透，宋明理学和金元四大医家就不可能完全说清楚。

宋明理学与医学的关系，其理艰深，其头绪浩繁，而作者的分析深入细致且富于启发性，所使用的资料充足而翔实。由于《性理与岐黄》揭开了新的层面，从新的视角展示宋明理学的历程，所以书中的不少论述和见地具有创新性，能够引起读者多方面的联想。这些与作者兼具哲学和医学的深厚学识是分不开的。

中国哲学的研究正期待着全面的根本性突破。我想，这是时代的要求。世界的发展趋势和各种有关学术研究成果使我们相信，二十一世纪和第三个一千年的前期，中国文化将在世界范围内发挥空前的巨大作用，将以完全平等的姿态和西方文化相互融合。如果从这样的坐标点出发，重新审视和评价中国哲学，我们就会深深感到，尽管十几年来，中国哲学的研究发生了很大变化，有很大进步，但是今天对它的研究状况与它历史的和未来的实际地位还很不相称，还有很多不符。我认为，必须彻底地从西方文化中心论的阴影中摆脱出来。从长远的历史的观点，确认东方文明的独立地位和发展前途，确认东方文明与西方文明并立的对称格局。以现代科学的最新成就和发展趋势为导向，重新发掘和理解中国哲学的内涵，重新认识中国哲学的发展归趋。

与中国哲学研究的情况相比较，中医学的现代研究似乎要好一些。出于临床的需要和与现代医学的比照，中医工作者们有更多的紧迫感，教条主义的清规戒律也少些。而中医学在某些方面的独特疗效则常常不仅给中医工作者，而且给所有关心中国传统文化命运的人们增强信心。诚然，中医学按照自身的理论方向走上现代化的轨道，还是十分艰难的。"废医存药"的主张，用西医融化消解中医的做法，还相当有势力和影响。但是一二百年来，面对西方医学的严峻挑战，中医学以无可辩驳的实践证明了它的强大生命力和不可替代性，证明了它是应当也必定能够继续存在和向现代化发展的。

中医学体现了中国哲学的基本观念，集中了中国文化的特点和优点，是古代唯一保存下来的完整的科学体系，在中国文化的各个门类中，很具有典型性。可以设想，在中国文化步入人类未来的进程中，中医学现代化研究的整体突破，有可能成为中国文化再现辉煌的开始。它的作用和影响或许不会亚于当年的指南针和印刷术吧。

因此，我以为，沟通中国哲学和中医学的研究，把中医学现代化的研究信息和成果及时传送到中国哲学史学界，是有特殊和深远意义的。就这一方面而言，《性理与岐黄》的出版对我们也有先导和启示的作用。

中国社会科学院哲学所

刘长林

1996 年 8 月 22 日于北京劲松

目 录

引论

　　宋明理学是封建社会后期的统治思想，是中国传统文化的重要组成部分。这个以讲理、气、心、性为特色的新儒学体系从十一世纪产生到十七世纪衰落，历时七百年之久。理学通过理性思辨方式所形成的自然观念与伦理道德观念，长期以来对人们的社会生活和精神领域，产生过重大影响。作为中国古代儒学的最后、也是最为成熟的理论形态，理学是在融摄其先前多种学术文化思想，经过较长时间的酝酿、发育才形成的。在研究理学形成发展过程时，除了传统儒学的母本作用之外，人们对释道思想在其中的嫁接因素也颇为注意，凡此都是必要的。但是，对于中国古代科学技术，尤其对最具实用理性特色的传统医学及其与理学的内在关联却重视不够。《黄帝内经》（简称《内经》）为古代医典的代表作，由于"其言深，其旨邃以弘，其考辨信而有征，是当为医家之宗"，[1]曾倍受理学中人的瞩目，并进行了反复的探究，使之成为他们构造理论体系、发明心性义理之辨的重要参考书。关于如何认识、评价宋明理学汲取和借鉴《内经》中的有关思想资料以及理学成熟后又反转对医学产生巨大影响的这一历史过程，是摆在我们面前的一项亟待发掘和研究的重大理论课题。

在古代学术发展史上出现的任何重要历史现象都不是纯粹偶然的，而有着深远和深刻的政治背景和思想背景。两个表面上看相去甚远的学术体系能够发生碰撞与交汇，必定包含有某些内在的一致性和相关度。这是首先需要进行阐释的。

一、医儒合一的时代背景

唐末五代以来长期藩镇割据的局面，随着北宋政权的建立而告结束。社会生活的相对稳定促使自然科学有了较大发展，其中医药学的长足进步表现得最为突出。

作为封建统治阶层的最高权威，北宋诸帝对医药学都具有浓厚的兴趣，并对医药学在当时的发展起了举足轻重的作用。据《宋史·太祖本纪》载，宋太祖赵匡胤曾亲为其弟赵光义施针灸术："乾德改元……受命杜太后，传位太宗。太宗尝病亟，帝往视之，亲为灼艾，太宗觉痛，帝亦取艾自

---

[1] 宋濂：《潜溪前集》卷五《赠医师贾生序》，《宋濂全集》第1册，第172页。

2 性理与岐黄

灸。"〔1〕太宗赵光义也熟谙医道，即帝位后命翰林医官王怀隐负责整理前代方书，自太平兴国三年（978）至淳化三年（992），以十四年时间，编成百卷本的《太平圣惠方》，并亲为作序，云：

> 朕昔自潜邸，求集名方，异术玄针，皆得其要。兼收得妙方千余首，无非亲验，并有准绳，贵在救民，去除疾苦……朕尊居亿兆之上，常以百姓之心，念五气之或乖，恐一物之所失，不尽生理，朕甚悯焉！〔2〕

赵光义虽一介武夫出身，却"锐意文史"，〔3〕爱好医药，收集名方，并亲自作验，而且标榜自己是为了悲天悯人，救民去疾，在当时起到了所谓表率天下的作用。真宗赵恒则"道遵先志，肇振斯文"，〔4〕曾数次下诏向民间颁行《太平圣惠方》，另外又将已故太医赵自化所撰的《四时养颐图录》更名为《调膳摄生图》，并制序于篇首。仁宗赵祯（1022—1063 在位）在医药学方面更有作为。曾命设立"校正医书局"，以医官掌禹锡、高保衡、林亿、孙兆等人负责，对包括《内经》在内的历代重要医籍进行系统的搜集、整理、考证、校勘。又创官办太医局，并诏命全国进行药物普查，编

〔1〕《宋史》卷三，第 50 页。
〔2〕《全宋文》卷七八，第 4 册，第 406—407 页。
〔3〕《渑水燕谈录》卷六《文儒》，第 70 页。
〔4〕李嗣京：《册府元龟考据》，《册府元龟》附录，第 2 页。

纂《嘉祐本草》，统一针灸经络腧穴标准等。除此外还下诏严厉惩处巫医："自今师巫以邪神为名，屏去病人医食、汤药，断绝亲识，意涉陷害者，并共谋之人，并比类咒诅律条坐之。"[1] 打击了那些利用愚昧迷信坑骗钱财害人性命的坏人。仁宗关心民瘼，尝以医药救疫，《宋史·食货志》载："尝因京师大疫，命太医和药，内出犀角二本，析而视之，其一'通天犀'。内侍李舜举请留供帝服御。帝曰：'吾岂贵异物而贱百姓？'竟碎之。又蠲公私僦舍钱十日，令太医择善察脉者，即县官授药，审处其疾状予之，无使贫民为庸医所误，夭阏其生。"[2] 值得一提的是，理学恰恰开创于仁宗庆历年间，不可能不受到这种影响。神宗赵顼除开创官办药坊之外，仍命臣下校正《内经》等书。哲宗赵煦诏令国子监开刻小字本医书，以低价向民间发售。至徽宗赵佶，竟亲撰医著《圣济经》于重和元年（1118）颁布。其御制序曰："一阴一阳之谓道，偏阴偏阳之谓疾。不明乎道，未有能已人之疾者。……可以跻一世之民于仁寿之域，用广黄帝氏之传，岂不美哉！"[3] 其人虽向有"佞道"之名，但其传岐黄术之目的，仍为了达到儒家所向往的"仁寿之域"。他并以《内经》与《周易》同为"大经"，[4] 作为士人猎取功

---

[1]《续资治通鉴长编》卷一〇一，第 2340 页。

[2]《宋史》卷一七八，第 4338 页。

[3] 宋徽宗：《圣济经序》，《全宋文》卷三六二九，第 166 册，第 360—361 页。

[4] 宋徽宗：《天下学校诸生添治内经等御笔手诏》，《全宋文》卷三六〇一，第 165 册，第 289 页。

名的必考之书，另外还组织修订了《本草》《局方》，主持编写了大型方书《圣济总录》等。

帝王的率先垂范掀起了当时朝野上下的"医学热"。据宋孟元老《东京梦华录》所载，东京（今开封）有"李生菜小儿药铺""山水李家口齿咽喉药"，及专售美容药的"张戴花洗面药"和专售丸药的"百钟圆药铺"等。这些药铺售药同时还兼有医生诊病。北宋宣和前张择端所绘的《清明上河图》中，尚有治病而兼售生熟药的"赵太丞家"之图，门前树起高出屋檐的售卖各种熟药丸散的布制大牌广告，里面店主（？）忙着为患病的小孩诊病。那时东京唯井子刘家药肆规模最大，"高门赫然，正面大屋七间"，[1] 最为著名。然亦有在坊曲摆设熟药数十种的药摊子。由此不难看出在汴京全盛时，药铺的本质和它们活动的情况。[2] 文人雅士亦无不以知医为荣，踊跃从医，竟致使朝廷中医职冗滥："及宣和中，自和安大夫至翰林医官，凡一百一十七人，直局至祗候，凡九百七十九人，冗滥如此。"[3] 而在以往朝代，医术被视为雕虫小技，一些士人虽精通医道，却唯恐别人以医家视之。如东晋清谈领袖殷浩善经方，但不肯为人治病。偶尔为之后，即将经方烧掉，以显示自己的清高。到了唐朝，韩愈在其《师说》中仍有"巫、医、乐师、百工之

---

〔1〕《东京梦华录注》卷二，第52、70页；卷三，第82、83页。
〔2〕参阅范行准：《中国医学史略》，第218—219页。
〔3〕《容斋三笔》卷一六，《容斋随笔》，第619页。

人，君子不耻"[1]之语。而至北宋则大变，出现了"医而优则仕"的奇观。明徐春甫《古今医统·儒医》载："庆历（1041—1048）中有进士沈常，为人廉洁方直，性寡合，后进多有推服，未尝省荐。每自叹曰：'吾潦倒场屋，尚未免穷困，岂非天命也耶？'乃入京师，别谋生计。因游至东华门，偶见数朝士，跃马挥鞭，从者雄盛，询之市人：'何官位也？'人曰：'翰林医官也。'常又叹曰：'吾穷孔圣之道，焉得不及知甘草、大黄辈也？'始有意学医。"[2] 沈常已中进士还要学医，乃因学医可获爵禄。宋陆游《老学庵笔记》中亦有"曹孝忠者，以医得幸。政和、宣和间，其子以翰林医官换武官，俄又换文，遂除馆职"[3] 的记载，说明其时以医术谋高位者甚多。

理学是一种时代思潮，在其形成发展过程中自然会受到这种崇尚医学风气的熏染，加上医学治病救命的宗旨和儒学所倡导的仁爱思想并不矛盾，这在上引北宋诸帝的原话中也可以看到。在理学中人看来，习医可以救世济民，学儒也是为了救世济民，二者是殊途同归。况且习医养生为儒者重要的修身功夫。"宋初三先生"之一的胡瑗（993—1059）有一弟子某"就学京师，所赍千金，儇荡而尽，身病瘠将危，客于逆旅。适其父至，闵而不责，携之谒安定（胡瑗），告其

---

〔1〕《全唐文》卷五五八，第5646页。
〔2〕《古今图书集成医部全录》卷五〇三，第12册，第50页。
〔3〕《老学庵笔记》卷三，第39页。

故。曰：'是宜先警其心，而后教谕之以道也。'乃取一帙书曰：'汝读是，可以知养生之术。知养生，而后可学矣。'视之，乃《素问》也。读未竟，惴惴然惧伐性之过，自痛悔责。安定知已悟，召而诲之曰：'知爱身，则可修身。自今以始，其洗心向道，取圣贤书次第读之。既通其义，然后为文章，则汝可以成名。圣人不贵无过，而贵改过。勉勤事业!'先生锐颖善学，取上第而归"。胡瑗警策弟子的书籍，就是《内经》的重要组成部分《素问》，可见其对医儒关系的重视。其弟子中，刘彝"知处州，著《正俗方》，训斥尚鬼之俗，易巫为医"；陈高除了"潜心经术，尤深于《易》"外，尚"建医学，除太医学司业"，[1] 可见理学从其初创就与医学具有密切的关系。

作为理学先驱之一的范仲淹（989—1052），以倡言"先天下之忧而忧，后天下之乐而乐"而闻名。他虽在仁宗朝官居参知政事（副宰相），但其"微时"的抱负除了入相之外，另一个就是悬壶济世。据宋吴曾《能改斋漫录·文正公愿为良医》载，范仲淹少年时即有不为良相，便为良医的强烈愿望。他针对有人认为良医之技失之于卑的观点答道：

> 嗟乎，岂为是哉。古人有云："常善救人，故无弃人；常善救物，故无弃物。"且大丈夫之于学也，固欲

---

[1]《宋元学案》卷一《安定学案》，第59、47、57页。

遇神圣之君，得行其道。思天下匹夫匹妇有不被其泽者，若己推而内之沟中。能及小大生民者，固惟相为然。既不可得矣，夫能行救人利物之心者，莫如良医。果能为良医也，上以疗君亲之疾，下以救贫民之厄，中以保身长年。在下而能及小大生民者，舍夫良医，则未之有也。[1]

良医与贤相虽有地位上的差别，但从儒家"利泽生民"的观点来看则是一致的。另据宋沈作喆《寓简》中所引范仲淹语则是："吾读书学道，要为宰辅，得时行道，可以活天下人之命。不然，时不我与，则当读黄帝书，深究医家奥旨，是亦可以活人也。"[2] 意思和上面一段话相近。"不为良相，则为良医"成为旷世箴言，和"先忧后乐"一语同样"振作士大夫之功为多"。[3]

理学的创始人之一邵雍（1011—1077）精于养生术，与医道有不解之缘。他平日吟风弄月，过着宁静澹泊的生活。有诗集名《击壤集》中多养生寿老方面的内容。如《百病吟》："百病起于情，情轻病亦轻。可能无系累，却是在依凭。秋月千山静，春华万木荣。若论真事业，人力莫经营。"指出疾病与情志的关系，人寿长短，不可以人力经营。又如《感事吟》："用药似交兵，兵交岂有宁？求安安未得，去病

----

〔1〕《能改斋漫录》卷一三，第106页。
〔2〕《寓简》卷五，第45页。
〔3〕《朱子语类》卷一二九，第3086页。

病还生。汤剂未全补，甘肥又却争。何由能寿考？瑞应老人星。"[1] 强调用药饵养生应慎之又慎，其中不乏经验之谈，故元代名医邹铉认为："《击壤集》一编，老人怡神悦目，时可吟玩。"[2] 邵雍论述他的理学思想时常结合医理，并且爱直接引用《内经》的原话。如说："《素问》：'肺主皮毛，心脉，脾肉，肝筋，肾骨。'上而下，外而内也。'心血，肾骨'，交法也。交即用也。"又说："日为心，月为胆，星为脾，辰为肾，藏也。石为肺，土为肝，火为胃，水为膀胱，府也。"[3] 探讨人体脏腑的性质和作用，并将五脏六腑与星辰木石相类比，以阐释其天人合一的思想。

理学奠基人之一、关学领袖张载（1020—1077）亦颇通医道。宋邵伯温《邵氏闻见录》卷一五记有张载为邵雍诊病之事：

> 子厚（张载字）知医，亦喜谈命，诊康节（邵雍谥号）脉曰："先生之疾无虑。"又曰："颇信命否？"康节曰："天命某自知之，世俗所谓命，某不知也。"子厚曰："先生知天命矣，尚何言。"[4]

知医与谈命相结合正是宋儒特有的情趣。关于"命"，张载

---

[1]《伊川击壤集》卷一七，《邵雍全集》第4册，第251、246页。
[2]《寿亲养老新书》卷二《古今嘉言善行七十二》，第82页。
[3]《皇极经世》卷一二，《邵雍全集》第3册，第786、784页。
[4]《邵氏闻见录》卷一五，第160—161页。

认为："天授于人则为命（自注：亦可谓性），人受于天则为性（自注：亦可谓命）。"[1] 邵雍认为："天使我有是之谓命，命之在我之谓性。"[2] 二人在此观点上接近，是谓藉人命而谈天命。张载在其重要哲学著作《正蒙》中常征引医理，如《动物》篇谓："寤，形开而志交诸外也；梦，形闭而气专乎内也。寤所以知新于耳目，梦所以缘旧于习心。医谓饥梦取，饱梦与，凡寤梦所感，专语气于五藏之变，容有取焉耳。"[3] 这里的"医谓"即引自《内经》的另一部分《灵枢》的《淫邪发梦》篇，中有所谓"甚饥则梦取，甚饱则梦予"[4] 之语。张载在《经学理窟·义理》中认为《内经》等医书是"圣人存此"，[5] 可见其重视程度之高。

程颢（1032—1085）、程颐（1033—1107）创立的洛学学派，一向被视为理学正宗。二程兄弟除"出入佛老""返求六经"之外，尚认为"物理最好玩"。在所谓"物理"中医理占着尤为重要的地位。二程说：

> 至如人为人问"你身上有几条骨头，血脉如何行动，腹中有多少藏府"，皆冥然莫晓。今人于家里有多少家活屋舍，被人问着，己不能知，却知为不智，于此

〔1〕《张子语录·语录中》，《张载集》，第 324 页。
〔2〕《皇极经世》卷一二，《邵雍全集》第 3 册，第 787 页。
〔3〕《张载集》，第 20 页。
〔4〕《灵枢经》，第 80 页。
〔5〕《张载集》，第 278 页。

不知，曾不介意，只道是皮包裹，不到少欠，大小大不
察。近取诸身，一身之上，百理具备，甚物是没底？

又说：

> 世之人务穷天地万物之理，不知反之一身，五脏六
> 腑毛发筋骨之所存，鲜或知之。善学者，取诸身而已。
> 自一身以观天地。

认识人的生理状况是为了反求天地之理、万物之理。正
因为二程对医道有了深入的研究，方能悟出"一身之上，
百理具备""自一身以观天地"的道理。程颢另有一句名
言"事亲者，亦不可不知医"，[1] 将医道与儒家孝道相提
并论，对后世产生了极大影响。程颐尚对医史极感兴趣，
据近人范行准先生考证，程颐曾综合历代名医事迹，撰
成《名医传》，"亦是传记体的医史"，[2] 足见其对医家
地位的重视。

　　在北宋这种崇尚医学的政治背景和社会背景下，胡瑗、
范仲淹、邵雍、张载、程颢、程颐等理学的先驱者、奠基
人，无不援医入儒，使这一儒学的复兴过程之中，始终伴随
着与传统医学的相互作用和相互渗透。

---

〔1〕《二程集·遗书卷第二上》，第39页；《遗书卷第二下》，第54页；
　　《外书卷第十一》，第411页；《外书卷第十二》，第428页。
〔2〕范行准：《中国医学史略》，第202页。

二、宋儒对《内经》的探讨与认识

仁宗庆历年后，学术思想界出现了一股疑经思潮。南宋初年的陆游对此有段著名的论述：

> 唐及国初，学者不敢议孔安国、郑康成，况圣人乎？自庆历后，诸儒发明经旨，非前人所及，然排《系辞》，毁《周礼》，疑《孟子》，讥《书》之《胤征》《顾命》，黜《诗》之《序》。不难乎议经，况传注乎？[1]

所谓疑经，就是对儒家经典的怀疑、否定和批判。汉唐以来群儒恪遵固守的笺注经学遭到攻击，传统的章句训诂之学被否定了，代之而起的是一种新的治经方法，即着重发挥义理，较彻底地摆脱经传限制而自立新说。庆历时期的名儒大多"各出新意解经，蕲以矫学究专己守残之陋"，[2] 充满了革新创造精神。他们或者主张解经要"随义而发"，或者主张传授经义"必以理胜"，或者主张重新训释六经，考其"归趋"，推阐"微义"等等。宋儒不仅要求对儒家经典进行重新研究与评估，特别是对《周易》《中庸》《大学》《论语》《孟子》做了大量的义理性的思想发挥，而且对儒家之

---

〔1〕《困学纪闻》卷八《经说》引，第349—350页。
〔2〕《潜研堂文集》卷二六《重刻孙明复小集序》，第397页。

外的经典也发生了浓厚的兴趣，以发掘一些适应他们构造理学体系需要的思想资料。理学产生的过程，就是广泛涉猎前代典籍创造新的学说的过程。在这一过程中，《内经》受到宋儒的普遍关注。

宋儒的怀疑精神充分体现在《内经》身上。首先是关于《内经》的作者问题。黄帝被认为是华夏民族的人文初祖，黄帝创造了包括医学在内的所有早期文化的说法亦由来甚古。晋代名士皇甫谧则明确指出《内经》是黄帝及其臣下亲自所作，他在《帝王世纪》中说："（黄帝）使岐伯尝味百草、典医疗疾，今经方本草之书咸出焉。"[1] 此说对后世影响甚大，宋人仍有尊奉其说者，如高保衡、林亿认为黄帝"与岐伯上穷天纪，下极地理，远取诸物，近取诸身，更相问难，垂法以福万世。于是雷公之伦，授业传之，而《内经》作矣"。[2] 与邵雍、周敦颐（1017—1073）、二程及张载同列为"北宋六先生"的司马光（1019—1086）首先发难，反对这一说法，而认为《内经》与黄帝无关，在《与范景仁第四书》中他说："谓《素问》为真黄帝之书，则恐未可。黄帝亦治天下，岂可终日坐明堂，但与岐伯论医药针灸耶？此周、汉之间，医者依托以取重耳。"[3] 黄帝应治理天下大事，不可能整日在宫中讨论医药针灸，其作者应为周、

---

〔1〕《帝王世纪辑存·自皇古至五帝第一》，第17页。
〔2〕高保衡、林亿：《重广补注黄帝内经素问序》，《黄帝内经素问》，第Ⅵ页。
〔3〕《全宋文》卷一二一三，第56册，第53页。

汉间医者。程颐亦认为《素问》不是黄帝所作,说:"观《素问》文字气象,只是战国时人作。谓之三坟书,则非也。"所谓三坟书,按孔安国《尚书》序的解释为伏羲、神农、黄帝之书,是言大道者,在程颐看来应更深奥玄妙,不该像《素问》"其气运处绝浅近",[1] 因此有"气象"上的区别。现在看来,司马光、程颐等人的立论根据未必可靠,但得到大多数《内经》研究者的认同。[2] 其次,关于《内经》的成书年代。邵雍说:"《素问》《密语》之类,于术之理可谓至也。""《素问》《阴符》,七国时书也。"[3] 程颐亦说:"《素问》书出战国之末,气象可见。"[4] 这一说法得到理学中人的承认。宋代理学的集大成者朱熹(1130—1200)说:"至于战国之时,方术之士遂笔之于书以相传授,如列子所引与夫《素问》《握奇》之属,盖必有粗得其(指黄帝)遗言之仿佛者,如许行所道神农之言耳。"[5] 理学中心学一派的创始人陆九渊(1139—1193)亦指出:"《素问》之书,乃秦汉以后医家之书,托之黄帝、岐伯耳。上古道纯德备,功利之说不兴,医卜之说亦不如是。"[6] 邵、程、朱、陆从不同角度指出《素问》成书于战国或秦汉时期,与

〔1〕《二程集·遗书卷第十八》,第 263 页;《遗书卷第十八》,第 235 页。
〔2〕参见拙文《黄帝与〈黄帝内经〉》,《炎黄文化研究》1995 年第 1 期。
〔3〕《皇极经世》卷一二,《邵雍全集》第 3 册,第 774 页。
〔4〕《二程集·遗书卷第十八》,第 235 页。
〔5〕《晦庵先生朱文公文集》卷七二《古史余论》,《朱子全书(修订本)》第 24 册,第 3498 页。
〔6〕《陆九渊集》卷一〇《与涂任伯》,第 134—135 页。

今人所论大致相同。[1] 值得注意的是，宋儒多提及《素问》，而很少谈到《灵枢》，这里有必要作一些辨析。

《黄帝内经》之名，始见于《汉书·艺文志·方技略》，晋皇甫谧在《针灸甲乙经》自序中说："今有《针经》九卷，《素问》九卷，二九十八卷，即《内经》也。"[2] 这是指认《素问》《灵枢》（即《针经》）为《内经》两大组成部分的权威说法。今本《素问》一书，共八十一篇，"世称黄帝、岐伯问答之书，及观其旨意，殆非一时之言，其所撰述，亦非一人之手"。[3] 根据历代学者的研究，发现《素问》中有与《周礼》《荀子》《吕氏春秋》《淮南子》《春秋繁露》等书十分接近的学术观点，不守门户，涉猎极广。在医学理论方面，以阴阳五行及天人相应的整体观作为阐述脏象、经络、病机、诊法、辨证、治则等基本理论体系。它吸收运用了古代哲学、天文学、气象学、物候学、地理学、心理学、历算学、人类学、逻辑学等社会科学及自然科学知识，解释人体的生理病理现象，为中医理论的主要基础，倍受历代学者重视。到宋代为止，已经过多次的整理与注释。南朝梁全元起作《黄帝素问注》八卷，亦名《素问训解》，此书至宋尚存。唐王冰"精勤博访，历十二年"[4] 注《素问》，成书于唐宝应元年（762），为今存最古的注本。宋高

---

〔1〕现今学界仍有战国说和秦汉说以及其他不同说法，本书采用西汉说。
〔2〕《针灸甲乙经·皇帝三部针灸甲乙经序》。
〔3〕戴良：《沧洲翁传》，《全元文》卷一六三九，第53册，第477页。
〔4〕王冰：《重广补注黄帝内经素问序》，《黄帝内经素问》，第Ⅸ页。

保衡、林亿奉仁宗诏命校正《素问》，完成于神宗熙宁年间（1068—1077），名为《重广补注黄帝内经素问》，由于"搜访中外，裒集众本，浸寻其义，正其讹舛"，[1] 使该书残缺错乱现象得以校正。加之正处于疑经思潮产生时期，其受到理学中人瞩目是很容易理解的。《灵枢》一书其内容主要是对经脉、腧穴、针刺及营卫气血等的阐述，理论色彩逊于《素问》。其成书年代约与《素问》相近，体例、篇数也相若，但其流传不广，到北宋初年已经残缺不全，高保衡、林亿在《素问·调经论》的"新校正"中说："按今《素问》注（指王冰注）中引《针经》者，多《灵枢》之文，但以《灵枢》今不全，故未得尽知也。"[2] 以上两个原因，可能使得宋儒对《灵枢》较为冷淡。

宋儒虽对医学甚感兴趣，但其研究《内经》（主要是《素问》)重点还在其有关的哲学理论范畴方面。作为哲学家兼科学家的沈括（1031—1095)曾说："《素问》尤为善言天者。"[3] 二程亦说："《素问》之书……善言亦多。如言'善言天者必有验于人，善言古者必有验于今，善观人者必有见于己'。"[4] 可见他们看重的是《素问》中有关天、人及天人关系的论述。作为医理渊薮的《内经》反复强调了

---

〔1〕高保衡、林亿：《重广补注黄帝内经素问序》，《黄帝内经素问》，第 Ⅵ 页。

〔2〕《黄帝内经素问》，第 228 页。

〔3〕沈括：《浑仪议》，《全宋文》卷一六八九，第 77 册，第 307 页。

〔4〕《二程集·遗书卷第十五》，第 167 页。

"人与天地相参"[1] 的观点，突出了人事与天道相互作用、相互关联的思想。该书中提出的诸如道、气、阴阳、五行、形神等范畴，都贯穿在天人理论的阐发之中，有必要在这里作一简要论述。

《内经》中的所谓"天"即自然界，是以天象、地象、气象为中心的自然现象及其变化规律。如《素问·四气调神大论》说："天气，清净光明者也。"将"天"看作一望无际的明净的天空，其中分布着形形色色的星宿。《素问·五运行大论》说："丹天之气经于牛女戊分，黅天之气经于心尾己分，苍天之气经于危室柳鬼，素天之气经于亢氐昴毕，玄天之气经于张翼娄胃。所谓戊己分者，奎壁角轸，则天地之门户也。"[2] 这里提到一系列星宿名称及不同的方位，"牛女"二星在北方癸位，"戊分"为西北方，奎壁二星之所在；"心尾"二星在东方甲位，"己分"为东南方，角轸二星之所在；"危室"二星在北方，居天纬的壬位，"柳鬼"二星在西方，居天纬的庚位；"张翼"二星在南方，居天纬的乙位，"昴毕"在西方，居天纬的庚位。赤色（丹天）、黄色（黅天）、青色（苍天）、白色（素天）、黑色（玄天）之气分别横亘在这些星宿之间。此外还提到七曜，即日、月和五大行星，并详细描述了它们的运行规律，如说："日为阳，月为阴；行有分纪，周有道理，日行一度，月行十三度

---

〔1〕《黄帝内经素问·咳论》，第147页；《灵枢经·经水》，第40页。
〔2〕《黄帝内经素问》，第8、252—253页。

有奇焉。"[1] 又将天上的五大行星看成是地上金、木、水、火、土五行应天之气的表征，天地之间相感相通，《素问·天元纪大论》说："在天为气，在地成形，形气相感而化生万物矣。"《素问·五运行大论》又说："夫变化之用，天垂象，地成形，七曜纬虚，五行丽地。地者，所以载生成之形类也。虚者，所以列应天之精气也。形精之动，犹根本之与枝叶也，仰观其象，虽远可知也。"[2] 这里讨论了宇宙的结构及其演化，说明自然界一切都由"气"所构成，世界属于变化的物质过程。它是有规律可循的，通过观察天象即可知晓，犹如看到枝叶即可知道树木的存在。《内经》进一步指出宇宙的运动变化规律的具体内容。它认为阴阳二气相互作用是宇宙的基本规律："阴阳者，天地之道也。"[3] 这里所谓"道"即指规律。《内经》认为一切事物，都归属于阴阳两类属性，如"清阳为天，浊阴为地""水为阴，火为阳"等。联系到人体也是如此，"人生有形，不离阴阳"。不仅认为事物有阴阳两大类物质属性，而且认为属阴属阳事物中的内部又可分为阴阳，阳中有阴，阴中有阳，所谓"阴阳者，数之可十，推之可百；数之可千，推之可万。万之大，不可胜数，然其要一也"。虽然阴阳可无限区分，但却归属于"一"或"道"。其次，《内经》认为自然界各种事物都具有

〔1〕《黄帝内经素问·六节藏象论》，第42页。
〔2〕《黄帝内经素问》，第247、253—254页。
〔3〕《黄帝内经素问·阴阳应象大论》，第21页。

五种不同属性，它们之间存在着互相联系与制约的关系，即金、木、水、火、土五行的相生相克。《内经》认为五行之间的相对平衡也是宇宙间很重要的自然法则，"木得金而伐，火得水而灭，土得木而达，金得火而缺，水得土而绝，万物尽然，不可胜竭"。保持平衡即所谓"承乃制，制则生化"，否则"亢则害"，失去这种平衡。与阴阳五行相联系的为四时。四时循序递替，有冷暖寒热性质上的不同，亦表现出生生不已的现象。故《内经》认为阴阳四时是"万物之终始也，死生之本也"。[1] 又说："五行有序，四时有分。"[2] 另外，《内经》指出事物运动变化是神妙不测的，《天元纪大论》说："物生谓之化，物极谓之变，阴阳不测谓之神。"在事物的"升降出入"过程中存在着运动变化的功能，就称作"神"或"神明"，《素问·阴阳应象大论》说："阴阳者，天地之道也，万物之纲纪，变化之父母，生杀之本始，神明之府也。"[3] 这种功能就存在于阴阳的相互作用即事物运动变化的动因中。以上就是《内经》关于"天"的论述，包含着朴素唯物论和辩证法的思想。

在对"人"的理论探讨中，《内经》也提出了许多深刻的见解。首先，《内经》否定了神学目的论，提出人是自然界的产物，并为万物之灵："天覆地载，万物悉备，莫贵于

---

[1]《黄帝内经素问》，第22、109、33、109—110、266、9页。
[2]《灵枢经·五乱》，第70页。
[3]《黄帝内经素问》，第246、21页。

人。人以天地之气生，四时之法成。"[1] 这就与董仲舒的"人之人本于天，天亦人之曾祖父也"[2] 的上天造人说划清了界限。其次，在人性问题上，《内经》提出了"人之情，莫不恶死而乐生"[3] 的基本观点，认为这就是人的共同本性，具体到各自不同的人，则有或善或恶，或贪或仁，或勤或懒等不同的人性，其由各自不同的生理禀赋所决定。这是有别于性善、性恶与性三品之外的另一新的人性观。再次，在形神关系上发展了荀子"形具而神生"[4] 的观点。《素问·六节藏象论》说："天食人以五气，地食人以五味。五气入鼻，藏于心肺，上使五色修明，音声能彰。五味入口，藏于肠胃，味有所藏，以养五气，气和而生，津液相成，神乃自生。"明确而具体地指出形体为人一切生理活动和精神活动的基础。最后，对人的精神现象作了细致的分疏。《素问·灵兰秘典论》说："心者，君主之官也。"[5] 认为人的思维器官具有主宰功能，心的正常与否直接关系到机体各部分生理、病理状况："心者，五脏六腑之大主也，精神之所舍也。其脏坚固，邪弗能容也。容之则心伤，心伤则神去，神去则死矣。"[6]《内经》认为人有喜、怒、悲、恐、惊五

---

〔1〕《黄帝内经素问·宝命全形论》，第108页。

〔2〕《春秋繁露义证》卷一一《为人者天》，第318页。

〔3〕《灵枢经·师传》，第66页。

〔4〕《荀子集解》卷一一《天论篇》，第309页。

〔5〕《黄帝内经素问》，第46、40页。

〔6〕《灵枢经·邪客》，第120页。

种情志，这些精神现象产生于外界刺激，取决于五脏精气的物质活动。《素问·阴阳应象大论》说："人有五脏，化五气，以生喜、怒、悲、忧、恐。"这种种情志各有其生理作用，但也能引起病理现象，如《举痛论》说："怒则气逆，甚则呕血及飧泄，故气上矣。喜则气和志达，荣卫通利，故气缓矣。悲则心系急，肺布叶举，而上焦不通，荣卫不散，热气在中，故气消矣。恐则精却，却则上焦闭，闭则气还，还则下焦胀，故气不行矣"；"惊则心无所倚，神无所归，虑无所定，故气乱矣"；"思则心有所存，神有所归，正气留而不行，故气结矣"。这里除了喜怒悲忧恐外又增加惊与思，共七种情志，说明心的情志作用最为重要。《内经》还认为情志可通过自身的作用来加以调整，《素问·阴阳应象大论》说："怒伤肝，悲胜怒"；"喜伤心，恐胜喜"；"思伤脾，怒胜思"；"忧伤肺，喜胜忧"；"恐伤肾，思胜恐"。[1] 另外《内经》还对人的气质问题、睡眠与梦、心理病机、四诊心法等问题作了大量探讨。

在此基础之上，《内经》提出了人与天地相"参"的观点。所谓"参"即参与、加入，《荀子·天论》中有："天有其时，地有其财，人有其治，夫是之谓能参。"[2]《内经》借鉴这一观点，认为人的生理活动规律应与自然规律相一致，"天地之大纪，人神之通应也"，[3] 并提出了为宋儒

〔1〕《黄帝内经素问》，第23、151—152、25—28页。
〔2〕《荀子集解》卷一一《天论篇》，第308页。
〔3〕《黄帝内经素问·至真要大论》，第34页。

十分赞赏的论断：

> 圣人之为道也，上合于天，下合于地，中合于
> 人事。[1]
> 善言天者，必有验于人。[2]

将天、地、人作为一个整体看待，进而提升、综合出统一的
最高本体，这正是理学形成的基本出发点，所以二程要称之
为"善言"。就理学的最高本体范畴"理"来说，它是对当
时社会知识和自然知识的某种概括，后面当作详细讨论。

《内经》比其他著作更能影响理学的产生和发展，因为
它既是古代自然科学的百科全书，同时又是关于人的学说的
总汇。张载等气学派诸人吸取其中"太虚""气化"等自然
知识，来对抗佛老"万物幻化""有生于无"等观点，从新
的高度发展了气一元论。即使持伦理本位的程朱等人也并没
有忽视自然知识，如二程有"天无形，地有形""气行满天
地之中""日月星辰皆气也""天地日月一般"[3] 等对自然
之天的讨论；朱熹四岁时即有"天之上何物"[4] 的发问；
陆九渊三四岁时"忽问天地何所穷际"。[5] 程朱等人正是从

---

〔1〕《灵枢经·逆顺肥瘦》，第74页。
〔2〕《黄帝内经素问·举痛论》，第149页。
〔3〕《二程集·遗书卷第六》，第84页；《遗书卷第二上》，第36页；《粹
　　言卷第二》，第1226页；《遗书卷第十一》，第129页。
〔4〕《朱熹年谱》卷一，第2页。
〔5〕杨简：《象山先生行状》，《陆九渊集》卷三三，第388页。

宇宙生成问题开始，来构筑其理学哲学体系的。运用《内经》中的自然知识来进行哲学探讨，恐怕应该说是理学家共同的特点。由于宋代以来医学的泛化，儒者对人的研究变得更为细致，使得心性学说得以长足发展。《内经》对人的精神世界的研究十分深刻、独到和具体，这对如何分疏、体贴诸如明心见性、操存涵养的理学中人来说，无疑更具有重要的借鉴价值。当然，《内经》中也存在着不少非科学性的论述。如说："人皮应天，人肉应地"，[1] "天圆地方，人头圆足方以应之"，[2] "惟贤人上配天以养头，下象地以养足，中傍人事以养五脏"，[3] 夸大了天人之间的统一性，而显得十分荒唐。这些内容对理学和后世医学的发展产生过负面作用。但是，无论怎么说，《内经》作为一部生命力极强、影响面极为广泛的著作，它为宋儒以及金元明清人所展示的自然画面与人的内心图景是那样广阔和深邃，启迪了人们去做各种各样的哲学思索。

三、儒医格局的产生与确立

医儒合一的现象在理学形成之前，甚至说在宋代以前就出现过。像晋皇甫谧（215—282）既精经史又善医道，认为要尽忠孝而不知医，"此所谓游魂耳"。[4] 唐孙思邈（581—

---

〔1〕《黄帝内经素问·针解》，第194页。
〔2〕《灵枢经·邪客》，第119页。
〔3〕《黄帝内经素问·阴阳应象大论》，第30—31页。
〔4〕《针灸甲乙经·皇帝三部针灸甲乙经序》。

682）则说："君亲有疾不能疗之者，非忠孝也。"[1] 所以后人称他们"斯医者虽曰方技，其实儒者之事乎?"[2] 但是，这种现象并不普遍，就他们本人来说也没有自觉认识到要用儒学来指导自己的行医实践活动。

理学完成于南宋的朱熹。朱子学作为一个庞大的理学体系和官方哲学，影响了整整一个时代。朱子学对医学的发展亦产生过巨大影响。近人郭霭春先生在其主编的《中国分省医籍考》（上册）中说：

> 应该指出，江西婺源县是宋代理学家朱熹的故乡。考亭之学，一向受到封建王朝的推崇，因之明清两代文化一直受到它的影响。……婺源医家甚多，医家著作竟达一百二十余种，占江西总数的四分之一，可见婺源文化对江西医学的发展不无影响，这也许是研究江西地方医学的特点所在。[3]

这是医史家从统计学角度作出的判断。朱子学与医学的关系的确值得做进一步探讨。

儒医格局的产生与确立有两个重要的标志。一是儒者习医之风越来越盛，发展到无儒不通医的地步；二是医者皆从

---

〔1〕《备急千金要方序》，《备急千金要方校释》，"序"，第13页。
〔2〕林亿：《新校正黄帝针灸甲乙经序》，《针灸甲乙经》。
〔3〕郭霭春、高文柱：《中国分省医籍考（下册）·前言》，第1194页。

儒者转来，医能述儒成为一种普遍现象。

先看第一种情况。理学恪遵"通天地人曰儒，通天地不通人曰技"[1] 的观点，强调"博学，谓天地万物之理，修己治人之方，皆所当学"。[2] 朱熹讨论《难经》《脉经》，[3] 作《伤寒补亡论跋》，还说："《素问》语言深，《灵枢》浅，较易。"[4] 对《内经》深有心得。陆九渊自幼体质孱弱，患有血疾，成年后又罹痔疮等病，在《与包详道》书中他说："某年来气血殊惫，颇务养息。"对医道甚为钻研，尝谓："有一段血气，便有一段精神。"又道："医家言六脉，皆有胃脉，人无胃脉则死，亦此理也。"[5] 这些言论都十分符合《内经》之旨。南宋喜欢谈医的理学家尚有真德秀、魏了翁等人。真德秀著有《真西山先生卫生歌》，收入明高濂所辑的《遵生八笺》中，有"自非留意修养中，未免病苦为心累"[6] 的诗句，强调养心为修身养性之枢要。魏了翁著有《医学随笔》《历代医师》等书。前者征引《素问》等书内容甚详，又多断以己意，至今仍是研究医史特别是《内经》的必备参考书。

入元之后最为著名者为"北许南吴"。北许即指许衡

---

[1] 林亿：《校正黄帝针灸甲乙经序》，《全宋文》卷九三三，第43册，第286页。
[2] 《朱子语类》卷六四，第1564页。
[3] 参见明《李濂医史》卷六。
[4] 《朱子语类》卷一三八，第3278页。
[5] 《陆九渊集》卷六，第83页；卷三五，第451页；卷二一，第260页。
[6] 《遵生八笺》卷一《清修妙论笺》，《高濂集》第1册，第100页。

（1209—1281），据《鲁斋遗书》卷一三《考岁略》载：他"危坐终日，出入经传，泛滥释老，下至医药、卜筮、诸子百家、兵刑、货殖、水利、算术之类，靡不研精"。且对医道最为精湛，《考岁略》中另有一段记述："十八年春，先生疾甚，医者诊之曰：'偏阴偏阳谓之疾，今六脉皆平，先生其少瘳乎！'先生曰：'久病而脉平者不治，吾殆将不起矣。'遂不服药……奄然而逝。"〔1〕许衡对己病的诊断水平已超过了专业医者。南吴即指吴澄（1249—1333），其人的医学知识甚为全面，查《吴文正集》百卷中有二十余卷论及医学。吴澄说："予喜读医书，以其书比他书最古也。喜接医流，以其伎之比他伎最高也。"又说自己是"涉猎儒术，精究医方"，〔2〕以兼通医道而感到自豪。

到了明代，儒者精通医道已被看作理所当然之事，几乎随便指出一位理学家就能读到其有关医道的言论，故其时有所谓"儒学医，菜作齑"的民谚。其中较著名的有何瑭（1474—1543）、王廷相（1474—1544）、王艮（1483—1541）、吕坤（1536—1618）、傅山（1607—1684）、黄宗羲（1610—1695）、方以智（1611—1671）、王夫之（1619—1692）、吕留良（1629—1683）、颜元（1635—1704）等人。王艮精医术中之"倒仓法"（即吐法）；吕坤曾刊刻医著《疹科》；黄宗羲曾撰医著《玄珠密语》。〔3〕而像傅山、方以智、吕留良、颜元

---

〔1〕《许衡集》附录，第581、590页。
〔2〕吴澄：《赠医士章伯明序》，《全元文》卷四七九，第14册，第177页。
〔3〕此据清光绪二十五年《余姚县志》卷一七《艺文下》所载。

等人在明清之际的动乱中都曾行医于江湖，做反清活动之掩护。这里就不一一细说了。

另一种情况是宋以后行医之人几乎都是儒者出身，往往因这样或那样的原因弃举子业而操岐黄之术的。金虽非汉族统治，却亦曾见重道学。金王若虚《滹南遗老集·君事实辨》中说："近代诸儒，以道学相高尚。"[1] 金立国不久即仿宋"进士须通经义，遵周孔之教"[2] 等法，推举科举制度，提倡儒学。因此，当时的名医皆有从儒改医的转变过程。且举《金史·方伎传》中所载几例：

> 李庆嗣，洛人。少举进士不第，弃而学医。
>
> 纪天锡……泰安人。早弃进士业，学医，精于其技，遂以医名世。
>
> 张元素……八岁试童子举。二十七岁试经义进士，犯庙讳下第。乃去学医。[3]

金人显然也是沿袭宋人仕宦之途不通即步入杏林的路数。

金元时期是医学发展的重要阶段，出现了以刘完素（1120—1200）为代表的寒凉派，以张从正（1156—1228）为代表的攻下派，以李杲（1180—1251）为代表的补土派，以朱震亨（1281—1358）为代表的滋阴派。这种医学流派的

---

〔1〕《王若虚集》卷二五，第301页。

〔2〕《续资治通鉴》卷一二，第288页。

〔3〕《金史》卷一三一，第2811—2812页。

形成是与理学的影响分不开的。《四库全书总目提要》说：
"儒之门户分于宋，医之门户分于金元。"[1] 近人谢观在
《中国医学源流论》中亦说："宋以后，新说渐兴，至金元而
大盛，张、刘、朱、李之各创一说，竞排古方，犹儒家之有
程、朱、陆、王，异于汉而又自相歧也。"[2] 正因为理学内
部形成相互争鸣的派别，使从医者开了眼界，从而形成了所
谓的"金元四大家"。刘完素学宋儒之好《易》，而援《易》
入医，在《素问玄机原病式序》中说："自古如祖圣伏羲画
卦，非圣人孰能明其意？二万余年至周文王，方始立象演
卦，而周公述爻。后五百余年，孔子以作《十翼》，而
《易》书方完。……易教体乎五行八卦，儒教存乎三纲五常，
医教要乎五运六气。其门三，其道一，故相须以用而无相
失，盖本教一而已矣。"[3] 将易、儒、医相提并论虽有些
怪，但也能看到其所受到的理学的影响。被元儒许衡称为
"医中之王"的李杲，其平日所学与儒者无别，元砚坚《东
垣老人传》说他"受《论语》《孟子》于王内翰从之，受
《春秋》于冯内翰叔献"，所以其阐发医理方能以儒理为指
归。张从正则将医学归之于儒门孝道，将平时所用验方辑为
一书，名之曰《儒门事亲》，其意为"惟儒者能明辨之，而
事亲者不可以不知也"，[4] 可见其受理学浸染之深。朱震亨

---

[1]《四库全书总目》卷一〇三，第856页。
[2] 谢观：《中国医学源流论》，第13页。
[3]《金文最》卷三六，第525页。
[4]《李濂医史》，第96、90页。

则为理学中人，他是朱熹四传弟子许谦的门生。《宋元学案·北山四先生学案》中有《聘君朱丹溪先生震亨》传道："既壮……遂往从白云（许谦）于八华山中。白云为开明天命人心之秘，内圣外王之微，先生闻之汗下，由是挟册坐至四鼓，默察理欲之消长，抑其粗豪，归于纯粹，数年而其学坚定。"[1] 俨然成为一涵泳深沉的理学家。他三十六岁才习医，因母与师俱病，自己能更好地事亲尽孝。尽管他医术高超，但其始终把医术放在理学之后，曾撰医著《格致余论》，自序中说："古人以医为吾儒格物致知一事，故目其篇曰《格致余论》。"[2] 正因为他是儒医中之佼佼者，被后人尊称为"医之圣者也"。[3]

明代医学更以儒学为其指导思想。医学名著《古今医统》的作者徐春甫（十六世纪中叶在世）说："医术比之儒术，固其次也。然动关性命，非谓等闲，学者若非性好专志，难臻其妙。"又说："吾闻儒识礼义，医知损益，礼义之不修，昧孔孟之教，损益之不分，害生民之命，儒与医岂可轻哉？儒与医岂可分哉？"[4] 指出儒为主医为次，二者又是不可分开的。龚廷贤（生卒不详）《万病回春》中有《医家十要》，头两要便是："一存仁心，乃是良箴，博施济众，惠

〔1〕《宋元学案》卷八二，第 2788 页。
〔2〕《全元文》卷一一一一，第 35 册，第 2 页。
〔3〕转引自范行准：《中国医学史略》，第 276 页。
〔4〕《古今图书集成医部全录》卷五○三，第 12 册，第 50 页。

泽斯深。二通儒道，儒医世宝，道理贵明，群书当考。"[1]
陈实功（1555—1636）在《外科正宗》中亦强调："先知儒
理，然后方知医业。或内或外，勤读先古明医确论之
书。"[2] 万历朝李梴著有《医学入门》九卷，其中《习医
规格》说："盖医出于儒，非读书明理，终是庸俗昏昧，不
能疏通变化。"[3] 缪希雍（1546—1627）在《本草经疏·祝
医五则》中说："昔称太医，今曰儒医。太医者，读书穷理，
本之身心，验之事物，战战兢兢，求中于道，造次之际，罔
敢或肆也。外此则俗工耳，不可以言医矣。"[4] 儒医完全
是按照儒家模式所培养出来的，他首先是儒，其次才是医。
否则连医也不能算，不过是"俗工"而已。

　　明代中后期是阳明心学大行于世之时，医家也多有遵奉
其学者。如著名医家张介宾（1563—1640）就受其影响。他
在《景岳全书·传忠录上》中说："万事不能外乎理，而医
之于理为尤切。散之则理为万象，会之则理归一心。夫医
者，一心也；病者，万象也。……故医之临证，必期以我之
一心，洞病者之一本。以我之一，对彼之一，既得一真，万
疑俱释，岂不甚易？一也者，理而已矣。故吾心之理明，则
阴者自阴，阳者自阳，焉能相混？"[5] 将"心即理"的观

---

[1]《万病回春》卷八《云林暇笔》，第 553 页。
[2]《外科正宗》卷四《医家十要》，第 286 页。
[3]《医学入门》卷七，第 635 页。
[4]《神农本草经疏》卷一，第 16 页。
[5]《景岳全书》卷一，第 3 页。

点运用于诊病，在当时可谓一种创新，其目的是以此来阐释医家重直觉体悟的所谓"心法"。

这种儒医格局一直延续到清代末期。大量史料表明，理学对后世医学的影响是巨大的。尽管医与儒之间仍有一定的区别，但其中颇为复杂的内在联系的确值得去做一番深入细致的发掘工作。

四、本书的宗旨与研究方法

《内经》及传统医学与整个中国文化之间的关系是错综复杂的，而本书所选取的只是其中一个方面，即其与儒家文化主要是与宋明新儒学之间的关系而展开论述的，因此不可能面面俱到。儒学，作为中国传统文化的主干，在漫长的封建社会中处于主导地位，它的影响遍及各个不同的思想领域。中医理论与古代哲学的联系密不可分，其中最主要的就是同儒学的联系。

在《内经》一书中，可以看到道家、墨家、名家、阴阳家等学派的思想痕迹，这是不可否认的事实。但其中的主要观念几乎都出自儒家。阴阳学说受到《周易》（特别是《周易大传》）的影响；五行学说滥觞于《尚书·洪范》；养德、养心和人贵的思想源于孔孟；气、形神、天人等观念深受荀子启发。作为先秦儒学集大成者，荀子哲学在天人关系方面对《内经》的影响特别突出。在荀子看来，"天"不过是列星、日月、四时、风雨等自然现象及其规律，而"人有气、有生、有知，亦且有义，故最为天下贵也"。通过"明天人之分"，荀子将天与人的职责加以区分，提出"养备而动时，则天不能病"等积极主动的养生原则。同时荀子又提出人与天地相"参"的观点，强调"善言古者必有节于今，善言天者必有征于人"，[1] 将天人、古今相互征验。这种将天地人作为一个整体来看的观点，成为后世儒家和医家共同遵循的原则，所以扬雄有"通天地人曰儒"，[2]《内经》有"上合于天，下合于地，中合于人事"的十分相近的主张。有鉴于此，笔者将本书分为"天论"与"人论"两大部分，以讨论医儒之间的内在联系。

宋明理学作为封建社会后期的重要哲学思潮，毋庸讳言是中国哲学思想发展的一次重大进步。理学的一个重要学术贡献是为儒学提供了哲学基础，完成了儒学哲理化的进程。笔者这里用"性理"二字代表理学的整个思想体系，并非独创，从南宋程端蒙的《性理字训》，到明胡广的《性理大全》，俱是将理学的宇宙观与人性论的诸哲学范畴统统包容为一体的。笔者即本于此。

"岐黄"即岐伯、黄帝。清徐大椿《医学源流论》卷下说："医家之最古者《内经》，则医之祖乃岐黄也。"[3] 岐黄既指《内经》也泛指整个传统医学。本书着重于《内经》及传统医学中的哲学思想，而不在于探讨具体的医学问题。

---

〔1〕《荀子集解》卷五《王制篇》，第 164 页；卷一一《天论篇》，第 307 页；卷一七《性恶篇》，第 440 页。
〔2〕《法言义疏·君子卷第十二》，第 514 页。
〔3〕《医学源流论》卷下，《徐灵胎医学全书》，第 119 页。

通过将《内经》独具特色的医学哲学与宋明理学之间的相互关系，作较为深入的探究，以明了在哲学与科学尚未充分分化的时代，两者相互促进所取得的理论上的成就，以及因这样或那样的原因而存在的失误和缺陷。总结两者关系上的经验和教训，是本书写作的基本宗旨。

本书所运用的研究方法就是对理学与医学之间相互关联的哲学范畴进行历史的考察，并研究它们的起源、发展和演变过程。在宋明理学的范畴体系中，除理、气、心、性之外，尚有天、太虚、太极、阴阳、火、恒动、数、养德、寡欲、静敬、中庸、修身等重要的范畴，它们在和古代自然科学（主要是医学）的相互作用、相互渗透中，产生出能够反映认识发展本身的规律和特点。中国哲学是在一个独立发展着的文化系统中孕育出来的，在其演进的不同阶段都合规律地出现了一系列哲学范畴，其中不少凝结了中华民族特有的文化传统和心理素质，包含了不同学科之间碰撞与融摄后所产生的新的哲学智慧，表现了中国人历史形成的逻辑思维的基本特征。特别是哲学思维达到的水平又是与那个时代的科学发展水平相一致的。因此，在研究理学的哲学范畴系统中，本书特别注意哲学和科学（具体到这里就是医学）的关系，既要看到医学的发展对哲学的推动作用，又要看到各个时代的医家在其医学实践活动中是如何运用哲学范畴的，进而拓宽、开掘出中国哲学新的研究领域。这就是笔者所遵循的方法论原则。

上篇　天论

第一章 | 天与太虚

在中国哲学史上，关于"天"的理论具有极其重要的地位，长期以来一直是哲学争论的中心问题。到宋代张载对天作了新的规定，即《正蒙·太和》所谓"由太虚，有天之名"，认为这"无形"的太虚之天就是宇宙的本原或实体。同时他还认为太虚是气的散而未聚的状态，说："气之聚散于太虚，犹冰凝释于水，知太虚即气，则无无。"[1] 张载的这一认识，是对古代天论哲学所提出的新见解，并对后世产生了深远的影响。当然，对于张载天论思想的形成如果作进一步探讨，无疑就要追溯到《黄帝内经》，关于此点张岱年先生已经指出过。[2]

---

〔1〕《张载集》，第8—9页。
〔2〕张立文、默明哲编:《中国古代著名哲学家评传（第三卷）》，第89页。

尽管"太虚"一词最早见于《庄子·知北游》的"不过乎昆仑，不游乎太虚"，[1] 但此处的太虚仅指极为广漠的地方，没有作任何的发挥与解释。《黄帝四经·道原》中有"恒无之初，迥同太虚"，[2] 这里的太虚意指极端的虚无，亦未展开论述。而在《内经》中，《素问·天元纪大论》提出"太虚寥廓，肇基化元，万物资始，五运终天，布气真灵，总统坤元，九星悬朗，七曜周旋"[3] 的太虚化生观点，才是太虚概念的真正哲学起源。这里所谓太虚是指充满了具有生化能力的元气的宇宙。它浩渺无垠，空寂深远，可以作为整个世界的始基。一切有形之体皆由元气的化生而生长发展，并由之才能够生生不息，彰明昭著，各司其职。《内经》太虚学说的提出，既论证了世界的物质统一性，同时也提出了物质运动所具有的规律性。并且，《内经》所提出的天体演化理论与宇宙结构学说，对于张载乃至于对宋明时期许多哲人的宇宙观念，产生过举足轻重的影响。

宇宙生成论与宇宙本体论，从本质上看尚应作严格的区分，前者是探讨宇宙自然界的生长、发展等问题，后者是研究世界本源、第一存在或第一原理等问题。但是具体到某个哲学家或某个哲学体系中，两者又很难截然区分，宇宙论和本体论是紧密联系着的。在《内经》中是这样，在张载以及其他人那里也是如此。当然，这两方面的思想在具体的哲学

〔1〕《南华真经注疏》卷七，第433页。
〔2〕《黄帝四经今注今译：马王堆汉墓出土帛书》，第399页。
〔3〕《黄帝内经素问》，第248页。

体系中并不平衡，虽然宋明理学对本体论的认识较为突出，但其哲学的逻辑进程仍然是从宇宙论开始的。"天"与"太虚"观念的提出就是明显的一例。

汉代的宇宙结构及天体演化理论中较有影响的有三家，即所谓盖天说、浑天说和宣夜说。盖天说即"言天形如车盖，地形如覆盘"。其学说的主要内容是：半圆形的天，拱形的大地，日月星辰附着天而平转，不能转到地的下面。其说已为当时越来越多的天文观测事实所否定，因此显得比较落后。浑天说则是"言浑然而圆，地在其中",[1] 即认为天地的关系好像是鸡蛋壳包着蛋黄那样；天地形体浑圆如弹丸，"浑天"之名即由此而得。浑天说是一种以地球为中心的宇宙理论，在当时的历史条件下，能较近似地说明天体的运行。宣夜说认为"天了无质，仰而瞻之，高远无极……日月众星，自然浮生虚空之中，其行其止皆须气焉".[2] 即认为天没有形质，抬头看去高远无止境，日月星辰悬浮在空中，并依靠气的作用而运动。宣夜说较接近于宇宙无限的认识，从本质上说比浑天说深刻而正确得多，但它没有对天体运动的规律作更具体的论证，而仅停留在思辨性的论述上，因此其影响远不及浑天说。

还有一种天体模型，虽具有非同寻常的理论价值，却在很长时期内不为人们所知晓，这就是《内经》所提出的"宣

---

〔1〕《开元占经》卷二《论天》，第22页。
〔2〕《晋书》卷一一《天文志》，第279页。

夜浑天合一说"。《素问·五运行大论》说：

> 黄帝问曰：地之为下，否乎？岐伯曰：地为人之下，太虚之中者也。帝曰：冯乎？岐伯曰：大气举之也。[1]

这里提出了一种虽十分简括但观点明确的宇宙图式，它不同于浑天说和宣夜说，但同时吸取融摄了两者的理论。《内经》通过虚拟的黄帝与岐伯的两问两答，表达了两层意思。第一是当设问地是否在下，回答是只能说它在人之下，而不能说它在太虚之下。运转不息的大地无法说清它的位置，[2] 它只是存在于无穷太虚中之一物。这显然是采纳了浑天说的思想，将大地看作是一个圆形球体，这也在当时科学的基础上解释了天与地之间的关系，此处所谓的太虚应是指天而言。第二方面它又认为地体之所以能在清通无碍的太虚之中悬浮，就是凭借了大气的升举作用。这又和宣夜说相一致。因此，《内经》所初步揭示的这一宇宙图式较之于盖天、宣夜和浑天三说有着不同的优点和特点。但由于《内经》的论述过于简略，加上它本身又是一部医学典籍，因此这一独特的宣夜浑天合一说就淹没在大量的医学论述中了，没能引起人们足够的重视。

逮至北宋时期，由于自然科学的昌明，理论思维水平的

---

〔1〕《黄帝内经素问》，第254页。
〔2〕唐王冰注曰："言转不居，为下乎？为否乎？"谓地旋转不居，无可确定其为上或否。

普遍提高，人们也增加了对宇宙奥秘的探求兴趣。这一时期宣夜说变成了"显学"，沈括、程颢、程颐等人都持此说。[1] 浑天说仍有研究者如邵雍等人，盖天说则基本上已无人问津。而张载由于具有较为深厚的医学和天文学素养，能够探赜钩沉，慧眼独具地发现了《内经》所草创的这一宇宙图式，并且作了进一步的阐释与发挥。

张载区分了所谓"太虚之天"与"天地对举之天"。首先，他认为天无边无际，包载万物，是一个充满无形之气的"太虚"。他不仅指出太虚就是天的名称，并且指出"太虚即气"，"太虚无形，气之本体"。[2] 这种将没有垠涯的大气称作"太虚"并包载历物，显然是对《内经》上述说法之中的宣夜观点的一种借鉴。张载又根据自己的见解，将无限的宇宙空间亦称作天。与此同时，他还认为有一个与地相对举的"天"。这个"天"仅将地包裹在其中，"地纯阴凝聚于中，天浮阳运旋于外，此天地之常体也"。通过这个浮阳之天可以观察日月星辰的运行规律，"恒星不动，纯系乎天，与浮阳运旋而不穷者也；日月五星逆天而行，并包乎地者也"。作为"圜转之物"的地也顺着天旋转不已，"地在气中，虽顺大左旋，其所系辰象随之"。[3] 将地作为旋转不息的圆形球体，这种见解不用说又参考了浑天说。

张载运用"宣夜浑天合一"说的确解决了当时的一些天

---

[1] 参见拙文《二程与自然科学》，《中州学刊》1985 年第 3 期。
[2] 《正蒙·太和》，《张载集》，第 7 页。
[3] 《正蒙·参两》，《张载集》，第 10—11 页。

文学难题。比如关于太阳、月亮距离地球孰远孰近的问题。当时持宣夜说的沈括、二程都搞不清楚。二程说："日月一也，岂有日高于月之理？"对于"日月有定形，还自气散，别自聚否"的问题，也只能说："此理甚难晓。"[1] 沈括虽是大科学家，但在这个问题上也不甚了了。《梦溪笔谈》卷七中有"日、月，气也，有形而无质，故相值而无碍"[2]之说。他以为日月可以遇合，实际上也是不知道两者孰远孰近。这是因为宣夜说认为日月众星在虚空中漂浮，无所根系，所以也无一定的运行轨道。由此可见，宣夜说虽可容纳天体纵深配置的思想，但由其不能推算日月星辰具体的运行规律，所以不具有实用性。邵雍认为："天覆地，地载天，天地相函。故天上有地，地上有天。"[3] 他还认为太阳不是在地下"水中"行，只是在地下"重浊之气"中行。水在下，也是"重浊之气"，所以水也算地体，填满了下半个天壳。[4] 邵雍这种"天地相函""天体出没水中"的看法，宇宙视野十分狭窄，显得相当陈旧。张载的天体观正是因为避开了宣夜说和浑天说各自的短处，方能够提出相对于地球来说日远月近的正确判断。他在《正蒙·参两》中说：

---

[1]《二程集·遗书卷第十八》，第 237—238 页。

[2]《梦溪笔谈》卷七，第 67 页。

[3]《皇极经世》卷一二，《邵雍全集》第 3 册，第 762 页。

[4] 参见王立兴：《浑天说的地形观》，《中国天文学史文集（第四集）》，第 126—148 页。

亏盈法：月于人为近，日远在外，故月受日光常在于外，人视其终初如钩之曲，及其中天也如半璧然。此亏盈之验也。[1]

虽然月受日光而亮之说并非张载首先提出，但用日远月近之说解释月亮的亏盈，从而将天体距地有远有近之说引入天文学，这的确是一重要的突破。至于张载是如何从理论上对这一问题进行论证的，本书将作专门的讨论。

除此之外，张载的天论思想还有一些引人注目的地方。比如，他提出了天体之间相互作用的问题。在《正蒙·参两》中，张载指出，日、月与金、木、水、火、土五星"间有缓速不齐者，七政之性殊也"。即是说，七政（日、月、五星）在运行中各有迟、缓、疾、速，是因为它们的性质各不相同。他又进一步指出："金火附日前后进退而行者，其理精深，存乎物感可知矣。"即认为金星、火星与太阳之间有相互作用的关系，从而影响了金火二星的运行速度。另外，张载还进一步明确阐发了地球运动的思想。他说："凡圜转之物，动必有机；既谓之机，则动非自外也。"还说："地有升降，日有修短。地虽凝聚不散之物，然二气升降其间，相从而不已也。"[2] 既发挥了前人关于"地动""地游"的观点，同时还指出地球自己运动的动因来自其内部阴

---

[1]《张载集》，第 11 页。
[2]《张载集》，第 11 页。

阳二气的相互作用。上述这些观点，都属于张载天论思想中十分出色之处，有的尚值得去作进一步的探讨。

在当时的思想界中，对张载的"天即太虚"的观点有着不少不同或者反对的意见，其中以司马光与二程等人的说法最具代表性。

司马光在《潜虚序》中说："万物皆祖于虚，生于气。气以成体，体以受性。……故虚者物之府也，气者生之户也，体者质之具也，性者神之赋也。"[1]一些论者认为这里的"万物祖于虚"等同于张载的"虚者天地之祖"，[2]都指的是形成有形万物的无形本然之气。为了证实二者之间的内在关系，尚还举出他们两人有甚深的私交。司马光对张载的学术思想最为推崇，在为悼念张载而作的《哀张子厚先生》中，甚至将张载视为圣人"师道久废阙"[3]后的正宗传人，可见司马光对其人品学识的极度钦赞。然而即使这样就能说司马光的"虚"等同于张载的"太虚"吗？问题恐怕没有这么简单。诚然，司马光既没有讲虚与气的统一，也没有讲虚能生气，似乎使人很难判断其所谓"虚"的实质。但是如果通观司马光的天道论的全部内容，就能一目了然：《潜虚》一书在司马光看来，反映的是"天地人之道"，显然对于"天"的认识是其整个天道思想的基础。司马光心目中的"天"依然是宇宙的人格化的最高主宰。他说："天者，

---

[1]《全宋文》卷一二一七，第56册，第118页。
[2]《张子语录·语录中》，《张载集》，第326页。
[3]《宋文鉴》卷一六，第221页。

万物之父也"，"违天之命者，天得而刑之；顺天之命者，天得而赏之"。又说："贵贱贫富，天之分也"，所以"僭天之分，必有天灾；失人之分，必有人殃"。[1] 仍未脱离董仲舒所确立的"天人感应"说的窠臼。司马光认为"万物皆祖于虚"和"人之生本于虚"[2]，同时认为天为万物之父，这里的"虚"和"天"显然也是可以画等号的。这说明他曾受到张载"由太虚，有天之名"说的影响，但两者却有本质上的不同，张载的太虚之天是以物质性的气为本体，而司马光的"虚"或"天"则是指的精神性的人格神。

二程亦曾论及"天""太虚"，其学说与张载不无关系。二程是张载的表侄，属于晚生后辈。他们很敬重张载，认为张载"道尽高，言尽醇，自孟子后儒者，都无他见识"，又说："某接人多矣，不杂者三人：张子厚、邵尧夫、司马君实。"把张载与邵雍、司马光相提并论。在宇宙结构问题上，二程在很大程度上同意张载的观点。比如二程说："天地之中，理必相直，则四边当有空阙处。空阙处如何，地之下岂无天？今所谓地者，特于天中一物尔。如云气之聚，以其久而不散也，故为对。凡地动者，只是气动。凡所指地者，只是土，土亦一物尔，不可言地。"即是说地是悬浮于天中的一个物体，之所以能与天相对待，是由于它像云气一样是凝聚不散的。这种认识和《内经》——张载的观点相近，只是

─────────────

[1]《迂书·士则》，《全宋文》第一二二二，第56册，第200页。
[2]《潜虚》，《宋元学案》卷八《涑水学案》，第299页。

他们说"日月星辰皆气也","天地日月一般",未区分物质具体形态的特殊性,仅吸取了其中所包含的"宣夜说"思想。但在本体论方面,二程与张载的分歧就十分明显了。他们否定张载"太虚即气"之说,《二程遗书》卷三:"又语及太虚,曰:'亦无太虚。'遂指虚曰:'皆是理,安得谓之虚?天下无实于理者。'"[1]和司马光不同的是,他们直指张载的太虚说,虽承认自然之天为气化流行,但太虚之天在他们看来并非最高范畴,而将"理"提升为宇宙本体,把理说成是无形而实有之物,从而颠倒了理气关系,亦从割裂天与太虚之间的关系,而走向张载天论观的反面,形成以理言天的观点。

当然,张载的气一元的本体论观点显然是正确的,但其关于宇宙结构和天体演化的思想并非没有缺陷和失误,有时甚至会出现一些与当时的天象观测事实明显发生矛盾之处。即使在这些地方也能找到《内经》的影响。张载曾经反复探讨过天体的旋转方向问题。他说:"天左旋,处其中者顺之,少迟则反右。"即认为天是向左旋转的,日月众星(即所谓"处其中者")也顺天左旋。只是由于日月众星左旋的速度慢,所以显得像是往右旋转。不仅如此,张载还说:"地在气中,虽顺天左旋,其所系辰象随之,稍迟则反移徙而右尔。"[2]

---

[1]《二程集·遗书卷第十八》,第196页;《遗书卷第二上》,第21页;《遗书卷第二下》,第55页;《粹言卷第二》,第1226页;《遗书卷第十一》,第129页;《遗书卷第三》,第66页。
[2]《正蒙·参两》,《张载集》,第11页。

这段话不仅重复了天地以及日月星辰"稍迟则反移徙而右"的观点，还指出了地也是"顺天左旋"的。这就形成了天地日月星辰等天体都向左旋转的看法。古人很早就根据太阳的周日视运动认识到，地球周围的星辰，其中最显著的标志就是太阳，随着天球每天从东向西转，这即所谓的"天左旋"；而地球则每天绕着地轴由西向东转动，这又被称作"地右转"。《尸子》中的"天左舒而起牵牛，地右辟而起毕、昴"，[1]《春秋纬·元命苞》中所谓"天左旋，地右动"，[2]等等，都是对这一天象观测事实的描述。在天文学上用功甚勤的张载是不会不知道这由来已古的看法的。况且，他已提出了地球自己运动的思想，从根本上解释了天体周日视运动的实质性问题，用不着再为这类现象问题而纠缠不休，并且表露出一些较为肤浅的观点。笔者以为，这里面有相当复杂的原因。首先，作为张载天体观念蓝本的《内经》中就有一些将日、月、五星的运行与政治人事、吉凶祸福等非天文学的内容强行组合、机械归类之处。比如在论及五星"其行之徐疾逆顺"时，《素问·气交变大论》认为："以道留久，逆守而小，是谓省下。以道而去，去而速来，曲而过之，是谓省遗过也。久留而环，或离或附，是谓议灾与其德也。"[3] 即是说五星在自己轨道上滞留徘徊不去或逆守光芒变小者，是省察下面的情况：按轨道运行而去又迅速返回或

---

〔1〕《太平御览》卷三七《地部二》，第318页。
〔2〕转引自《文选·励志》诗李善注，第275页。
〔3〕《黄帝内经素问》，第282页。

迂曲而行者，为省察下面的过失；五星久留其位，环绕不去或时离时附其位，是评议善恶，议论降灾降德。其次，在传统儒学的正统观念中有所谓"天尊地卑"的信条，如《易传·系辞上》说："天尊地卑，乾坤定矣！卑高以陈，贵贱位矣！"[1] 天是至高无上的，君临一切，卑贱者应服从于高贵者。这两方面的思想，说到底都是把封建社会的等级观念投射于自然界，同时又把自然之天加以政治化了。作为理学家的张载受到上述思想的影响是显而易见的。天既然向左旋转，那么，地和日月星辰作为卑贱的"臣民"必然也都要"顺天"向左旋转。在这里，伦理理性明显战胜了科学理性，表现了张载作为宋代新儒学的奠基者的另一方面的特点。

当然，由张载详细论证的这一"宣夜浑天合一"说以及他的整个天论思想体系，无疑是科学理性始终占据着主导地位，这是必须充分肯定的。有的科学史著作断言宋代天文学没有任何创意，这种看法显然是不全面的。综合本身也是在进行着创造，特别是张载这种独特新颖的天体模型，确有不少超迈前人之处。宣夜浑天合一说能够将无限的宇宙与直接观测到的天体加以区别，这样就既能够从本质上正确理解宇宙的无限性，同时又可以用以指导探索地球及其周围天体的规律性。这一独特的宇宙理论内部并不存在相互抵牾之处。因为宣夜说虽然能够得出一个无限宇

---

[1]《十三经注疏（清嘉庆刊本）》，第156页。

宙的结论，但只能展示出一幅比较混沌的宇宙画面；而浑天说尽管描绘的只是以地球为中心的局部的天体图景，却力图从量上去把握其运动变化规律。由张载确立的这一天体结构理论，体现了宋人对宇宙认识的进一步深化，代表了宋代天文学的新水平，并且也拓展了后人的宇宙视野。

但是，由于张载的这一宇宙结构理论在表述中，对所谓"太虚之天"与天地对举之"天"的区分没有作明确的界说，容易引起人们的误解。丁韪良等人就认为张载所说的太虚之天是一个无限大的不断向左旋转的旋涡。[1] 这种理解存在着自相矛盾之处。太虚之天既然是无限大的，其整体运动又如何能够分出方向呢？这种观点还认为，张载否认圆形天体。笔者认为也不尽然。张载所说的"太虚之天"无边无际，自然不会是圆形的，这毋庸置疑。但是张载所说的天地对举之天却是圆形的。他虽然没有用东汉张衡那种"天之包地，犹壳之裹黄"[2] 之类的比喻，但明确地讲述了天地都是旋转之物，日月星辰都随着二者的旋转作规律性的运动。在古代，人们为了观测天象、确定位置，必须假想一个天球，而以地球作为它的中心，这样才能坐标定位，以便观察。而浑天说便能满足这种要求。这

---

〔1〕 参见（美）丁韪良著，程宜山译：《笛卡尔的"以太""旋涡"说与张载的"太虚即气"说》，《陕西师范大学学报（哲学社会科学版）》1982年第4期。

〔2〕 张衡：《浑天仪》，《全上古三代秦汉三国六朝文·全后汉文卷五十五》，第1554页。

就是人们无论用肉眼或是用浑仪观测都只能得出圆形天体看法的原因。所以，对张载的太虚与天等论述必须仔细加以辨析，才能作出正确的理解。

张载之后，南宋的朱熹吸取了宣夜浑天合一说的思想，承继了张载关于宇宙结构的假说，提出了自己对宇宙结构及其运演状况的看法。其理论的形成与《内经》亦有很大的关系，《朱子语类》卷九四载："或举天地相依之说云：'只是气。'曰：'亦是古如此说了。《素问》中说，黄帝曰："地有凭乎？"岐伯曰："火气乘之。"是说那气浮得那地起来。这也说得好。'"[1] 可见朱熹探讨过《内经》的宇宙学说。

朱熹在批评盖天说时，往往以浑天说作为参照系，明显倾向于后者，他说：

> 浑仪可取，盖天不可用。试令主盖天者做一样子，如何做？只似个雨伞，不知如何与地相附着。若浑天，须做得个浑天来。

或说：

> 有能说盖天者，欲令做一盖天仪，不知可否。或云似伞样。如此，则四旁须有漏风处，故不如浑天之可为仪也。[2]

---

〔1〕《朱子语类》卷九四，第 2377 页。
〔2〕《朱子语类》卷二，第 27 页。

朱熹通过盖天仪做不出，浑天仪则可制造的天文学事实，肯定了天体为圆形。他还详细地描述了天体的状况，说："天之形圆如弹丸，朝夜运转，其南北两端后高前下，乃其枢轴不动之处。其运转者亦无形质，但如劲风之旋。当昼则自左旋而向右，向夕则自前降而归后，当夜则自右转而复左，将旦则自后升而趋前，旋转无穷，升降不息，是为天体，而实非有体也。地则气上渣滓聚成形质者，但以其束于劲风旋转之中，故得以兀然浮空，甚久而不坠耳。"[1] 在这里朱熹指出天体犹如弹丸，不停运行旋转，"旋转无穷，升降不息"。然而朱熹认为，天体虽名为"体"，但实际上并无体，它是由气构成的；而地则是由气之渣滓构成，有形有质，其所以能兀然浮空，是因为大气如劲风旋转之故。朱熹的上述表述，其实已经脱离了张衡的"经典"的浑天说。张衡《浑天仪》说："浑天如鸡子，天体圆如弹丸，地如鸡中黄，孤居于内。天大而地小，天表里有水，天之包地，犹壳之裹黄。天地各乘气而立，载水而浮。"[2] 这里张衡指出天地都是圆形的，天有体"犹壳之裹黄"。这种说法显然存在着重大的缺欠。朱熹很明白这一问题，尽管他认为使用浑仪去测定天体位置是必要的，但他并非完全支持浑天说，而是引入宣夜说来阐释自己的宇宙图式。他明确指出"天无体"，显然是继续了张载"太虚无形"的认识路线。朱熹对气的运动有深刻

---

[1]《楚辞集注》卷三《天问》，第41—42页。
[2]《全上古三代秦汉三国六朝文·全后汉文卷五十五》，第1554页。

认识，包含着今天所说的空气动力学的因素。他说："盖天只是气，非独是高。只今人在地上，使只见如此高。要之，他连那地下亦是天。天只管转来旋去，天大了，故旋得许多渣滓在中间。世间无一个物事恁地大。故地恁地大，地只是气之渣滓，故厚而深。"他认为天体的演化就是由气之运动为其原动力的，天体的运动归根结底是因为大气"如劲风之旋"的缘故。当然，这一观点的出现，并非以朱熹为最先，《内经》中"大气举之"的说法是关于天地何以不坠不陷思想的滥觞。朱熹对此也有一番表述："天以气而依地之形，地以形而附天之气。天包乎地，地特天中之一物尔。天以气而运乎外，故地榷在中间，隤然不动。使天之运有一息停，则地须陷下。"[1] 天如果停止旋转，地就会陷下，这是由于地就会脱离"附天之气"。然而朱熹说"地榷在中间，隤然不动"，认为地球是静止不动的，这显然是对张载天论思想的倒退，因为张载"地动""地游"的观点是很明确的。

朱熹在其天论中引入宣夜说的地方确实不少。比如他认为，日月星辰都是清轻之气所构成，并且不是缀在天球之上，而是"只在外，常周环运转"。他还说："星不是贴天。天是阴阳之气在上面，下人看，见星随天去耳。"[2] 日月列星"其悬也，固非缀属而居；其运也，亦非推挽而行"[3]

---

〔1〕《朱子语类》卷一，第15页；卷一八，第395页；卷一，第6页。

〔2〕《朱子语类》卷一，第6页；卷二，第16页。

〔3〕《楚辞集注》卷三《天问》，第42页。

将日月众星看作在大气中悬浮，本是宣夜说的基本观点。由此可以认为，朱熹在天体观念上也是持宣夜浑天合一说。

朱熹天论思想中最有亮色之处是他的宇宙发生学说。《朱子语类》说：

> 天地初间只是阴阳二气。这一个气运行，磨来磨去，磨得急了，便拶许多渣滓，里面无处出，便结成个地在中央。气之清者便为天，为日月，为星辰，只在外，常周环运转。

又说：

> 譬如甄蒸饭，气从下面滚到上面，又滚下，只管在里面滚，便蒸得熟。天地只是包许多气在这里无出处，滚一番，便生一番物。他别无勾当，只是生物。[1]

朱熹的上述说法虽未超出地球中心说，但认为天地日月星辰都是滚滚的气团相磨荡而形成的，这一认识明显是从宣夜浑天合一说逻辑地推导出来的。但它从动态的、从发生学的角度来加以描述，确比以往的任何宇宙形成理论都更具体、详细和生动。因此，在与西方科学家相比时，可以看到，朱熹的这一论述与笛卡尔（1596—1650）的宇宙漩涡理论有某些

─────────────

[1]《朱子语类》卷一，第6页；卷五三，第1281页。

相似之处。如果仅就形成宇宙的漩涡机制来说，朱熹可视为笛卡尔的先驱。同时，与康德（1724—1804）的星云假说相比，虽然科学背景和科学水平不同，但就提出宇宙最初是一个滚滚的气团的说法却比康德早了五六百年。近来有学者认为："如果从中国天文学发展史的角度评价朱熹的这一思辨的理论，可以认为，他把浑天说和宣夜说在本体论的基础上有机地结合起来，使之达到一个新的认识高峰。"[1] 笔者认为，这一看法不无道理。朱熹正是发挥了《内经》——张载的天体思想，方能猜测出宇宙形成之时只是一团在运动中的混沌之物。

当然，朱熹对宣夜浑天合一说并没能坚持到底，时常产生矛盾，甚至又回到浑天说的老路。如说，天地间充满了气，但"气外更须有躯壳甚厚，所以固此气也"。[2] 这说明朱熹对于浑天说有着过分的偏执，使其原来就建筑在幻想和猜测基础上的宇宙观念显得那样摇摆不定，徘徊在宇宙有限与宇宙无限的观念之间。

宋末元初，宣夜浑天合一说的代表人物为邓牧（1247—1306）。邓牧在《超然观记》中说：

> 天地大也，其在虚空中，不过一粟耳；而况大涤在
> 天地之间哉？虚空，木也，天地，犹果也；虚空，国

---

〔1〕董光璧:《朱熹与科学》,《朱子学刊》1991 年第 1 辑。
〔2〕《朱子语类》卷一〇〇，第 2548 页。

也，天地，犹人也。一木所生，必非一果；一国所生，必非一人。谓天地之外，无复天地焉，岂通论耶?[1]

所谓"虚空"不过是太虚的另一说法，他认为偌大的天地在虚空中就像沧海一粟，以此来形容宇宙的无边无际，并由之而得出结论：天地之外仍有天地。但他用木、用国等来比喻宇宙的无限性和宇宙间天体的复杂多样，仍显得较为直观与肤浅，缺乏思辨的深刻性。然而这种"天地外复有天地"的思想，却得到了较为广泛的响应，像元代伊世珍辑《琅嬛记》也表述了类似的观点："人物无穷，天地亦无穷也。譬如蛔居人腹，不知是人之外更有人也；人在天地腹，不知天地之外更有天地也。"[2] 当然，从《超然观记》到《琅嬛记》的上述表述都可以说是对张载的观点的引申与形象说明，至少是对这一哲学思想更加通俗化的阐发。

明代重要的哲学家王廷相博学多识，对天文学、医学都有颇深研究，著有《玄浑考》《答天问》《摄生要义》等著作。王廷相的宇宙演化理论十分独特，这和他善于将传统医学的基本理论与术语引入其哲学体系有关。在《答天问》中，他说："太古鸿蒙，道化未形，元气浑涵，茫昧无朕。不可以象求，故曰太虚。"[3] 这和《素问·天元纪大论》提出的太虚化生观点有明显的前后继承性。元气作

---

〔1〕《全元文》卷四五五，第 13 册，第 199 页。

〔2〕《希通录琅嬛记》，第 19 页。

〔3〕《王氏家藏集》卷四一，《王廷相集》，第 715 页。

为太虚之体，同样是整个世界的始基，同样是物质性的混沌之气，但王廷相更明确地指出太虚的无形无象的性质。在论述宇宙运演的具体过程时，他援引了中医学上"真阳"和"真阴"两个术语，以和一般的阴阳二气相区分，他说："天者，太虚气化之先物也，地不得而并焉。天体成，则气化属之天矣；譬人化生之后，形自相禅也。是故太虚真阳之气感于太虚真阴之气，一化而为日、星、雷、电，一化而为月、云、雨、露，则水火之种具矣。有水火，则蒸结而土生焉。日卤之成醝，炼水之成膏，可类测矣。土则地之道也，故地可以配天，不得以对天，谓天之生之也。有土，则物之生益众，而地之化益大。金木者，水火土之所出，化之最末者也。"[1] 在传统医学中，真阳又称肾阳、元阳，真阴又称肾阴、元阴，二者构成人体生理功能的动力和物质基物。王廷相借用这一对术语就在于强调宇宙在形成之初时其物质形态具有的独特性：太虚真阳之气和太虚真阴之气，不同于万物既成之后所存在的阴阳之气；同时这种真阳和真阴之气仍具有"气"的物质属性。这里，王廷相还运用了五行生克理论，指出阴阳真气相感先生成水火，其次由水火而生成土，再由水火土而生成金木，从而形成比前人更为详细而清晰的宇宙演化模式。另外，他还十分赞赏张载"太虚即气"的观点，说："横渠

---

[1]《慎言》卷一《道体篇》，《王廷相集》，第752页。

此论，阐造化之秘，明人性之源，开示后学之功大矣。"〔1〕说明其太虚化生理论与张载也不无关系。但是在宇宙结构学说方面他赞同盖天说和浑天说，反对宣夜说。他说："浑器圆测，《周髀》盖天，术不同祖，厥理并玄。"〔2〕认为盖天说和浑天说，阐发的都是真实的道理。他评价宣夜说则完全是另外一种态度，说："气虚而浮，浮则变动无常。观三垣、十二舍、河汉之象终古不移，非有体质，安能如是?"〔3〕否定了天为积气的进步观点，这样他又回到了天为固体的陈旧观念。究其原因，这和王廷相过分强调实际验证有关。他说："学者于道，贵精心以察之，验诸天人，参诸事会，务得其实而行之，所谓自得也已。"〔4〕这种说法原本有其正确性的一面，但在当时天文观测条件尚不具备的情况下，反而会束缚自己的科学发现能力，最终陷入怀疑论的泥沼。王廷相虽然运用浑天说也合理解释了不少天文现象，但他始终没能解决宇宙有限与无限之间的矛盾，他说："或曰无穷。既有形度，安有穷尽? 或曰有穷。天际之外，当是何物? 或曰天外有天。彼天之外，又何底止? 夫人在天内，耳目所加，心思所及，裁量知识，亦此天内。覆帱之表，茫芴限隔，一言何施? 何也? 神识之所不能及

---

〔1〕《王氏家藏集》卷三三《横渠理气辩》，《王廷相集》，第 602 页。

〔2〕《王氏家藏集》卷四一《答天问》，《王廷相集》第 717 页。

〔3〕《王氏家藏集》卷三四《玄浑考》，《王廷相集》，第 618—619 页。

〔4〕《慎言》卷五《见闻篇》，《王廷相集》，第 772 页。

也。"〔1〕由于盖天、浑天两说的局限，王廷相认为天既然是有形体和可度量的，怎么不能穷尽呢？因此，那种天外有天的看法，实在值得怀疑。但是像张载等人所说的"天无体"，宇宙无穷，天地之外复有天地等看法，又否定不了，王廷相只能归咎于"神识所不能及"，怀疑起自己的认识能力了。王廷相的例子，从反面证明了宣夜浑天合一说在当时的天文学理论方面所具有的进步性。

明清之际的著名哲学家王夫之，一贯服膺张载之学。他说："横渠学问思辨之功，古今无两，其言物理也，特精于诸老先生。"〔2〕特别提及张载的"物理之学"，因此他"杜门著书，神契张载《正蒙》之说，演为《思问录》内外二篇"，〔3〕并专门为张载的《正蒙》作注，还在《序论》中努力宣扬张载之学。直到临终前，王夫之在其自题墓志铭中尚说："抱刘越石之孤忠而命无从致，希张横渠之正学而力不能企。幸全归于兹丘，固衔恤以永世。"〔4〕可谓对张载的崇信达到无以复加的程度，但其对张载之学并非亦步亦趋。王夫之独赞赏浑天说，而对宣夜说似乎未置一词。在《思问录外篇》中他说："乃浑天者，自其全而言之也，盖天者，自其半而言之也，要皆但以三垣二十八宿之天言天，

〔1〕《王氏家藏集》卷四一《答天问》，第716页。
〔2〕《读四书大全说》卷七《论语》，《船山全书》第6册，第853页。
〔3〕《国史儒林传》，《船山全书》第16册《传记》，第97页。
〔4〕王敔：《大行府君行述》，《船山全书》第16册《传记》，第76页。

则亦言天者画一之理。"[1] 意思是，浑天说讲天的全体，像个完整的鸡蛋。盖天说只讲天的一半，所以天像个伞盖形状的半球面形（"则倚盖之譬"）。如果只讲三垣二十八宿这些星辰，不讲天体形状，那么它们就完全统一了。从以上论述来看，王夫之显然是一个浑天论者。有人还曾认为王夫之是浑天盖天合一论者，其实非也。因为在王夫之看来，盖天说仅是一个较零散的看法。笔者以为，如果仅仅根据上述一段引文就断定王夫之是一个浑天论者，亦未免有以偏概全之嫌。因为王夫之在论天时全然摒弃了浑天说对宇宙有限的见解，提出了另外截然不同的看法。他说：

> 天者，固积气者也。[2]
>
> 凡虚空皆气也，聚则显，显则人谓之有；散则隐，隐则人谓之无。
>
> 阴阳二气充满太虚，此外更无他物，亦无间隙，天之象，地之形，皆其所范围也。
>
> 人之所见为太虚者，气也，非虚也。虚涵气，气充虚，无有所谓无者。[3]

这就是说，太虚（或天）完全是积气而存在的，太虚之中除

---

[1]《船山全书》第 12 册，第 458 页。

[2]《读四书大全说》卷一〇《孟子》，《船山全书》第 6 册，第 1112 页。

[3]《张子正蒙注》卷一《太和篇》，《船山全书》第 12 册，第 23、26、30 页。

了充满二气之外，此外更无其他。虚空中的气无形状，因之人或说是无，其实有形的物体是气，无形的虚空也是气，只不过是气的聚散的运动表现形态不同罢了，而不可以有无来论。这正是对张载"太虚即气""由太虚，有天之名"思想的发展。

宇宙在王夫之看来既然是积气而成，自然是无形之形、无体之体。他特别强调宇宙是没有界限的，这就和浑天说的有限宇宙论割断了关系。他说：

> 上天下地曰宇，往古来今曰宙，虽然，莫之为郭郭也。惟有郭郭者，则旁有质而中无实，谓之空洞可矣，宇宙其如是哉！宇宙者，积而成久大者也。二气缊缊，知能不舍，故成乎久大。[1]

即是说，无论是空间还是时间，对于宇宙来讲并无一座围城（"郭郭"）。宇宙虽然具有物体的性质，但它并不是实心的，也不是一个空洞，因此只能说它是无限大的。宇宙是由无数具体事物的时间、空间不断积累而成的。有限时间的不断积累而构成无限的时间之"久"，有限空间的不断积累而构成无限的空间之"大"。这不断积累的内部动因，就在于阴阳二气的相互作用和天地乾坤的运转不息。尽管王夫之在这里没有进一步发挥"天外有天"的思想，但其总的观点还是否

---

[1]《思问录内篇》，《船山全书》第12册，第420页。

定了浑天说关于天地像一个鸡蛋的宇宙构成模式。王夫之虽然没有提及宣夜说，但天积气、太虚为气、宇宙无限等正是宣夜说的基本观点。由此，可以得出结论说，王夫之也是持宣夜浑天合一说的。

在查阅中国天文学史籍时，我们很难发现古代天论各家中有所谓"宣夜浑天合一说"这一名称。当然，这是必须承认的事实。因为这是今人根据古人天论思想的实际情况，把浑天说和宣夜说有机结合在一起的这种比较先进的宇宙模型的观点总结出来，冠以上述名称的。在中国古代，浑天说曾在天文学界占统治地位达一千多年，由于它能够制订比较准确的历法，能够正确解释日食、月食现象等等，因此具有较多的实用性。所以一些学者（包括刚刚提到的王夫之）都在打出浑天说的旗号的同时，而又组合进去《内经》所首倡的新的天体观。这种状况在宋以后特别明显，南宋王应麟《困学纪闻·天道》说：

《黄帝书》曰："天在地外，水在天外，水浮天而载地。"又曰："地在太虚之中，大气举之。"道书谓，风泽洞虚，金刚乘天。佛书谓，地轮依水轮，水轮依风轮，风轮依虚空，虚空无所依。风泽洞虚者，"风"为风轮，所为大气举之也。泽为水轮者，所谓浮天载地也。金刚乘天者，道家谓之刚风，岐伯谓之大气。葛稚川云："自地而上，四千里之外，其气刚劲者是也。"张湛解《列子·汤问》曰："太虚无穷，天地有限。"朱文公曰："天之形虽包于地之外，而其气常行乎地之中。"则风轮依虚空可见矣。[1]

这里将儒、释、道与《内经》各家天论观加以排比，从而将水浮天而载地的浑天说与大气举之的宣夜说结合在一起，通过引证"太虚无穷，天地有限"的论述，提出了与宣夜浑天合一说的基本思路相一致的观点。

元代名儒吴澄也有一段相近的看法：

> 天地之初，混沌鸿蒙，清浊未判，莽莽荡荡，但一气尔。……天之成象者，日月星辰也。地之成形者，水火土石也。天包地外，旋绕不停。地处天内，安静不动。天之旋绕，其气急劲，故地浮载其中，不陷不坠，岐伯所谓"大气举之"是也。天形正圆如虚球，地隔其中，人物生于地上。地形正方如博骰，日月星辰旋绕其外，自左而上，自上而右，自右而下，自下而复左。[2]

吴澄与上面所引王应麟的论述一样，都反复提及《内经》中岐伯所说的"大气举之"这句话，表现出他坚持了从《内经》以来的用"气"来解释天体运动的思想传统，同

---

[1] 《困学纪闻》卷九，第 353 页。
[2] 吴澄：《原理》，《全元文》卷四八八，第 14 册，第 444—445 页。

时仍保留了天圆地方之说。当然，这也说明，在中国古代由于种种条件的限制，能够完全以一种较为先进的天体观念来观察宇宙的人并非多数。而出现这一状况的原因，似乎《内经》也不能完全辞其咎，因其内容里也零星保留了盖天说的痕迹，如《灵枢·邪客》说："天圆地方，人头圆足方以应之。"[1] 当然，这毕竟是极个别处，《内经》的天体学说主要是在宣夜说的基础上将浑天说和宣夜说统一起来的。

由上可知，《内经》的天体观念对于宋明理学尤其对张载、王夫之为代表的气学派别产生了重要影响。可以说，宣夜浑天合一说的创立给儒家传统天论中的宗教观念以致命的打击，从《灵枢·经水》所说的"天至高，不可度，地至广，不可量"，[2] 到张载、王夫之的宇宙无限性的种种表述，使天神、上帝、造物者等幽灵没有了藏身之处，使人类理性精神得以发扬光大。这一影响一直延续到清代早中期。名医喻昌（1585—1664）在《医门法律》中，名学者戴震（1724—1777）在《续天文略》中，还一直在引用"太虚之中""大气举之"等命题。同时，宣夜浑天合一说在物质性气范畴的基础之上，将天体演化、宇宙构成和气的运动变化三种学说统一起来，组成了完整的也可以说是最为进步的宇宙论体系，其意义已经远远超出了古代

---

[1]《灵枢经》，第 119 页。
[2]《灵枢经》，第 39 页。

天文学的范围，从而为实现元气自然论到元气本体论的转变迈出了重要的一步。

当然，宣夜浑天合一说虽比其他几说多有进步，但仍属于人类认识宇宙的初级阶段。由于它是建筑在思辨与猜测的基础之上，其所提出的一些观点，已为现代天文学所取代，而成为历史的陈迹。然而，这一天体理论中所蕴涵的智慧仍值得今人汲取与反思。

第二章 气化与神化

气化与神化都是表述自然界本身运动变化及其根源的哲学范畴，二者相连并提，是因为它们所探讨的是关于这种运动变化的过程、功能和属性。但二者又有区别，气化论研究"气"运动变化生成万物的过程及其规律；神化论研究的重点为包括"气"在内的事物变化的奇妙和复杂，着眼于概括自然界运动变化的种种功能和形式。气化与神化的思想在先秦时都已分别形成，《内经》既讲气化亦讲神化，并对这一对哲学范畴做了较为详细的论述，后为理学中不同流派人物所吸取，成为宋明理学重要的哲学范畴。

气化思想比较早的说法有：《管子·内业》的"化不易气"，[1]

---

[1]《管子校注》卷一六，第937页。

《庄子·知北游》的"通天下一气耳",[1]《易传·系辞》的"天地絪缊，万物化醇"，等等，表达了由气本身变化出各种各样事物的基本观点，但都较原始简略。神化学说始于《易传》。《系辞》中有"知变化之道者，其知神之所为乎""易之为书也不可远，为道也屡迁，变动不居，周流六虚，上下无常，刚柔相易，不可为典要，唯变所适"，《说卦》中有"神也者妙万物而为言者也",[2] 这些都表示变化的复杂性，同时又有神秘性的意味。《内经》的气化—神化学说，发展了上述先秦思想，使这一学说进一步系统化。

《内经》认为气是世界的本原，是构成万物的元素，气的运动变化是事物从产生到消亡过程的原因。《素问·五常政大论》说："气始而生化，气散而有形，气布而蕃育，气终而象变，其致一也。"把气的"始""散""布""终"看作万物生、长、壮、老的根源与动因。《素问·气交变大论》中的"各从其气化也"，直接提到"气化"一词。《内经》在其阴阳学说中也经常论及气化，如"阳和布化，阴气乃随"，"阴气内化，阳气外荣"，"阳化气，阴成形"，从阴阳互动的深层结构中描述气化的过程，进而引入了"神"的概念。《素问·天元纪大论》说："神，在天为风，在地为木；在天为热，在地为火；在天为湿，在地为土；在天为燥，在地金；在天为寒，在地为水。故在天为气，在地成形，形

---

[1]《南华真经注疏》卷七，第 422 页。
[2]《十三经注疏》，第 184、167、186—187、197 页。

气相感，而化生万物矣。"即认为"神"表现了阴阳形气相互作用的复杂性，同时"神"本身又是阴阳气化过程的体现。因为客观世界纷纭变化，错综复杂，其气化过程奥妙神奇，所谓"物生谓之化，物极谓之变，阴阳不测谓之神，神用无方谓之圣"，[1] 所以《内经》强调要尽量去把握这种复杂性和随机性。而把握这种复杂性和随机性的关键就在于"神"是万物变化的根源，它不是虚无缥缈的，而是有规律可循。《灵枢·本神》说："天之在我者德也，地之在我者气也，德流气薄而生者也。故生之来谓之精，两精相搏谓之神。"[2] 天地万物内部阴阳二气的交感互动就是神化的根本特性。《内经》认为："善言气者，必彰于物。"王冰解释说："化气生物，万物皆禀，故言气应者，以物明之。"[3] 这种将气化作用与万物变迁的复杂过程相互统一起来的思想，即气化—神化学说，给宋明理学以较为普遍的影响。

持理本论的程颢、程颐兄弟，对气化学说也作了一定程度的吸取。他们认为："气化之在人与在天，一也。""万物之始，皆气化；既形，然后以形相禅，有形化；形化长，则气化渐消。"还说："陨石无种，种于气。麟亦无种，亦气化。厥初生民亦如是。至如海滨露出沙滩，便有百虫禽兽草木无种而生，此犹是人所见。若海中岛屿稍大，人不及者，安知其无种之人不生于其间？若已有人类，则必无气化之

---

〔1〕《黄帝内经素问》，第 305、282、295、296、21、247、246 页。
〔2〕《灵枢经》，第 23 页。
〔3〕《黄帝内经素问·气交变大论》，第 283—284 页。

人。"即认为世界上一切见诸形体的事物开始都是由气所化生,所以说"万物之始,皆气化"。各种事物的第一个由气化生之后,就再也用不着气化,而是形形相禅,即形化。有形化,气化就渐渐消失。这无论是陨石、麒麟以及"百虫禽兽草木",乃至作为"万物之灵"的人都是如此。但是,二程对气化学说的阐释虽颇有新见,却引起时人的疑问,其中一个最主要的疑问是:古有气化,今无气化,这是什么原因呢?二程于是回答道:"有两般。有全是气化而生者,若腐草为萤是也。既是气化,到合化时自化。有气化生之后而种生者。且如人身上着新衣服,过几日,便有虮虱生其间,此气化也。气既化后,便不化,便以种生去。此理甚明。"[1]认为气化有两种形式,一种"腐草为萤"式的,一种是"新衣生虮虱"式的。今天看来,二程这种"两般"气化而生论是十分幼稚和荒唐的,但从历史的角度来认识,还是应该肯定这种用气化学说来解释生命的起源和新事物的产生原因的积极意义。

二程在其学说中反复提到气的运动变化问题。如说:"气行满天地之中⋯⋯气充塞,无所不到","凡地动者,只是气动","地气不上腾,则天气不下降。天气降而至于地,地中生物者,皆天气也"。天上地下无不是气及气的运动,这表明二程受到《内经》科学理性的影响,在考察自然界的

---

〔1〕《二程集·粹言卷第二》,第 1226 页;《遗书卷第五》,第 79 页;《遗书卷第十五》,第 161 页;《遗书卷第十八》,第 199 页。

过程中排斥了有神论的因素，这也是应该肯定的。但是，二程的气化万物说在对气本质的理解上存在着根本性的错误，最终彻底偏离了《内经》气化学说的轨道，而走入了歧途。二程曾创设了一种所谓的"真元之气"，并认为人就是这种气构成的，说："人气之生，生于真元。"并对其作了较为详细的阐述：

> 真元之气，气之所由生，不与外气相杂，但以外气涵养而已。若鱼在水，鱼之性命非是水为之，但必以水涵养，鱼乃得生尔。人居天地气中，与鱼在水无异。至于饮食之养，皆是外气涵养之道。出入之息者，阖辟之机而已。所出之息，非所入之气，但真元自能生气，所入之气，止当阖时，随之而入，非假此气以助真元也。[1]

所谓"真元之气"，与外气即充塞于天地之间的物质性气并不相同，其关系如同鱼水，虽然鱼离不开水，但鱼的性命却不是由水构成的。他们还从人的生理活动来进一步阐述这一问题，认为人呼出之气，并非所吸入之气，而所入之气充其量也不过起辅助真元的作用，而真元本身自能生气。这真元的性质显然是非物质性的。二程精通《灵》《素》，对于

---

[1]《二程集·遗书卷第二上》，第36页；《遗书卷第二下》，第55页；《遗书卷十一》，第129页；《遗书卷第十五》，第148、165—166页。

《内经》中关于气的种种说法自然很熟悉。《内经》中确乎有很多关于气的说法，如天气、地气、大气、金木水火土五行之气、风寒暑湿燥火的六气。此外，还有真气、正气、邪气、营气、卫气、经气、脉气、形气、五脏六腑之气、喜怒忧思之气、气血之气、五谷之气、气味之气等等，包括了生理、病原、病理以及许多事物的各个方面，都是具有实质性的东西。十分明显，二程所谓"真元之气"是对《内经》所谓"真气"的模仿。《素问·上古天真论》说："恬淡虚无，真气从之，精神内守，病安从来。"王冰解释说："法道清净，精气内持，故其气从，邪不能为害。"[1] 真气即精气，是构成人体和维持人体生命活动的基本物质，"若雾露之溉"[2] 的精微之气。对于真气的来源，《灵枢·刺节真邪》说得很清楚："真气者，所受于天，与谷气并而充身者也。"[3] 总之，真气作为人体内部生化的物质基础，与充塞天地间的气一样，并非精神性的。而二程却通过区别气的不同种类，将真元之气与天地之气的关系割断，从而将精神性的东西纳入哲学本体论的范围。因此二程气化学说提出了气有生灭的主张：

> 凡物之散，其气遂尽，无复归本原之理。天地间如洪炉，虽生物销铄亦尽，况既散之气，岂有复在？天地

---

〔1〕《黄帝内经素问》，第3页。
〔2〕《灵枢经·决气》，第68页。
〔3〕《灵枢经》，第131页。

造化又焉用此既散之气？其造化者，自是生气。至如海
水潮，日出则水涸，是潮退也，其涸者已无也，月出则
潮水生，非却是将已涸之水为潮，此是气之终始。[1]

就是说构成事物的气，是随着事物形体的散失而消灭的，绝
无复本归原的道理。整个天地如同一座硕大无比的熔炉，即
使再坚固的东西也会被它销铄得一干二净，何况是既散之
气。天地造化不会再回收既散之气。二程还以潮水的涨落来
比喻气的生灭终始。前引《素问·五常政大论》说："气始
而生化，气散而有形，气布而蓄育，气终而象变，其致一
也。"似乎也是认为不仅事物的形体为气所构成，并且它们
的运动发展也本原于气的"始""散""布""终"的作用。
但《内经》这里所说的始、散、布、终只不过是说万物的形
态、特性和运动法则虽各不相同，但它们都是气自身的生化
过程。二程虽然也说气之始终，其意已与《内经》大相径
庭，所谓始终即是从生到灭。但是，什么是气的生灭，二程
也说不清楚，所以当他们用潮涨潮落这个比喻，恰恰证明了
物质（气）只有聚散而无生灭。潮涨潮落，是由于自然界中
的潮汐现象所引起的，并不是海水时而有时而无。二程之所
以强调气有生灭，只是为论证精神性的理无生灭，他们说：
"屈伸往来只是理，不必将既屈之气，复为方伸之气。生生

---

〔1〕《二程集·遗书卷第十五》，第 163 页。

之理，自然不息。"〔1〕 就是说，有生有灭的气是由不生不灭的理产生的。尽管二程曾充分肯定了气是构成具体事物不可缺少的原始材料，但它却不是世界的最后本原，而要受理的统属，成为理的派生物。二程最终把气纳入了理本论的思想体系。

在理本论的基础之上，二程对神化学说也做了自己的阐释与发挥。如说："冬寒夏暑，阴阳也；所以运动变化者，神也。神无方，故易无体。若如或者别立一天，谓人不可以包天，则有方矣，是二本也。"〔2〕 自然界的运动变化由阴阳二气构成，但决定阴阳二气运动变化的，却是"神"的作用。神在这里不过是理的换一种说法。二程又说："通变不穷，事之理也。天下之有，不离乎阴阳。惟神也，莫知其乡，不测其为刚柔动静也。"认为事物之理是掌握运动变化的根本。天下有形的事事物物，其运动变化离不开阴阳二气，但神却是无方所、无形迹的，刚柔动静等变化就是神的神奇奥妙之所在。这里暗示了理与神之间的内在关系，在本体范畴言理，在变化范畴为神，二者本为一体，所以说："知变化之道，则知神之所为也。……言所以述理。"〔3〕 这里就十分明确地指出神是用来表述理的。另外，二程还有"圣人之神化，上与天地同流者"〔4〕 的说法，将神化作为主

〔1〕《二程集·遗书卷第十五》，第167页。
〔2〕《二程集·遗书卷第十一》，第121页。
〔3〕《二程集·经说卷第一》，第1029、1030页。
〔4〕《二程集·遗书卷第十一》，第122页。

体精神的外化，其与天地互相融汇，即表现出天人合一的境界。总之，二程神化观是其理本论气化观的延伸，其目的是为静止不动的理与运动变化的气之间开凿一条通道。

　　真正继承并发展了《内经》气化—神化学说的是张载。张载在他的宇宙论中特别强调了气化的重要性。他说"由气化，有道之名"，[1] 将气化看作"道"（或"天道"），即整个宇宙物质运动变化的基本过程，其本身既是客观的又存在着规律性。张载吸取《易》《灵》《素》"物生谓之化，物极为之变"的思想，认为在气化的过程中，有着"变"与"化"两个不同的发展阶段，说："变，言其著；化，言其渐。"[2] 又说："变则化，由粗入精也。化而裁之谓之变，以著显微也。"[3] 这里著变是指事物的显著运动，渐化是指事物逐渐而细微的变化。而且，张载还将从有形之物到无形之气的转化过程称为"化"，说："自无而有，故显而为物。"[4] "雷霆感动虽速，然其所由来亦渐尔。"[5] 当然，"变"与"化"两者是密不可分的，著变可以引起渐化（"变则化"），渐化过程的中断即为著变（"化而裁之谓之变"）。气与气之间，气与具体事物之间，具体事物与具体事物之间的生灭聚散过程是循环往复，交错纷纭，变化莫测的。

---

〔1〕《正蒙・太和》，《张载集》，第 9 页。
〔2〕《横渠易说・系辞上》，《张载集》，第 198 页。
〔3〕《正蒙・神化》，《张载集》，第 16 页。
〔4〕《横渠易说・系辞上》，《张载集》，第 183 页。
〔5〕《正蒙・参两》，《张载集》，第 12 页。

正由于张载看到气化过程的种种复杂性和不固定性，从而引进了"神"的范畴。他总结了前人这方面的见解，说，"推行有渐有化，合一不测为神",[1] 明确承认气的渐变与著变是那样神妙莫测、难以预料的客观事实。但张载并没有简单地停留在前人的理论认识水平之上，而是将气的这种神妙不测的变化学说提高到本体论的层面，并且以辩证思维的目光来审视这一学说，提出的"神化"理论超迈前人，为宋代哲学的发展写下了光辉的一页。当然，在这一理论的形成过程中，十分明显地可以看到，《内经》中的相关学说在其中起到了催化剂的作用。

首先，张载认为"神"是事物运动变化的内在本性，"神"是物质性的气本身所固有的。他说："气之性本虚而神，则神与性乃气所固有。"[2] 张载把"虚"与"神"看作是等值的、同义的，它们不过是"气"的本性而已。在前面所引《素问·天元纪大论》曾经说过，天中的风、热、湿、燥、寒是无形之气，地上的木、火、土、金、水是有形的元素，这些"形"和"气"都归之于"神"，万物的产生和变化也都根源于"神"。很明显，张载吸取了《内经》这种将"神"直接等同于物质性气的说法，但同时又作了自己的理解，将"神"明确地作为"气"的本性，这样就不至于引起不必要的误解。《内经》还讲到"神"与天地之间的

---

〔1〕《正蒙·神化》，《张载集》，第16页。
〔2〕《正蒙·乾称》，《张载集》，第63页。

关系，如说："天之在我者德也，地之在我者气也，德流气薄而生者也。故生之来谓之精，两精相搏谓之神。"[1] 把德作为天气，地即地气，二气流薄而生生不已，这一过程即可称为"神"。张载对上述思想观点也作了生发与开掘，说："神，天德；化，天道。德，其体；道，其用。一于气而已。"他以体用关系来看"神"与"化"，即认为"神"是气的内在本性，因而是体；"化"是指气化的运行过程，因而是用。并将二者分别称之为"天德"（根本的性德）和"天道"（基本过程）。张载把"神"作为世界运动变化的根源，所以他说："惟神为能变化，以其一天下之动也。"[2] 同时，他还把神与宇宙本体太虚之气相提并论："神者，太虚妙应之目。"[3] 即认为神是太虚本身的感应。总之，在张载看来，神表示物质性的宇宙本体"气"的运动变化本性。

其次，张载指出，"神化"是宇宙间万事万物运动变化的源泉和动力。他认为，气的不断运动变化，乃是由于其中有"虚实、动静之机"，[4] 而所谓"机"，就是内在的动力，他说："动必有机，既谓之机，则动非自外也。"[5] 在《素问·五常政大论》中有言："根于中者，命曰神机，神去则机息。"《素问·六微旨大论》也说："出入废则神机化灭，

---

[1]《灵枢经·本神》，第 23 页。
[2]《正蒙·神化》，《张载集》，第 15、18 页。
[3]《正蒙·太和》，《张载集》，第 9 页。
[4]《正蒙·太和》，《张载集》，第 8 页。
[5]《正蒙·参两》，《张载集》，第 11 页。

升降息则气立孤危。"[1] 然而,《内经》中所谓"神机"多指个体生命的内在活力,而张载则将"机"作为一切运动变化的源泉和动力,这当然是理论上的一个新贡献。

尽管张载看到宇宙间物质运动变化是奇妙莫测的,但他仍在努力探寻其中的规律性。他说:"太和所谓道,中涵浮沉、升降、动静、相感之性,是生絪缊、相荡、胜负、屈伸之始。"[2] 张载所谓"太和"是指气的"氤氲"变化状态,这其中有规律性("道"),而浮沉、升降、动静、相感以及聚散等等,都是气化过程的具体运动形式。下面先就与张载天体说关系密切,对前述日远月近观点作理论论证的升降运动作一较为详细的阐述。

升降作为气化运动中最重要的形式之一,最初也是由《内经》提出的。《素问·六微旨大论》说:"升已而降,降者谓天;降已而升,升者为地。天气下降,气流于地;地气上升,气腾于天。"即是说天地的形成,其动因就是气自身的升降,自然界的万事万物"无不出入,无不升降"。[3] 在《内经》看来,这种升降运动是由阴阳二气的基本性质决定的,清阳上升,浊阴下降,二气相互作用而产生天地万物。张载认真地吸取了这一观点,并作出了自己创造性的发挥。他说:"浮而上者阳之清,降而下者阴之浊。"[4] 他还认为,

---

〔1〕《黄帝内经素问》,第304—305、271页。
〔2〕《正蒙·太和》,《张载集》,第7页。
〔3〕《黄帝内经素问》,第270、272页。
〔4〕《正蒙·太和》,《张载集》,第8页。

天地各有其自身的升降运动。天因为其中各个星体所涵气的清浊不同，而升降不息；地虽然为一"凝聚不散之物"，但其内部也具有气的升降。进而推论到一切物体无不有升降。张载例举了一些自然现象，如天上降雨，其因是"阳为阴累，则相持为雨而降"，又如云气上扬，则是因为"阴为阳得，则飘扬为云而升"，[1] 等等。

尤其值得注意的是，张载运用这一升降理论来解释不同天体在宇宙间的不同位置的原因，这一尝试是前无古人的。他指出，整个宇宙虽然都由气所充塞弥漫，但是构成宇宙间各个具体物体的气的成分却各有不同。比如，太虚之气是"无形""无体"的，而阴阳之气却是"可状""可象"的，因此显示出物质世界的多样性。

张载认为，太虚之气具有"清""通""神"的特点，说："太虚为清，清则无碍，无碍故神。""凡气，清则通，昏则壅，清极则神。……不行而至，通之极欤！"[2] 根据升降学说的原理，这种清通至极的太虚之气，高远无极，自然是人的感官所不能直接感受到的。因此，张载在《正蒙·神化》中认为，由太虚之气所形成的"天"是无边无际（"浩然"）、高远无极（"湛然"）的无形虚空。因此它可以被看作宇宙之本根、天地之始祖，"虚者天地之祖，天地从虚中来"。[3] 并且，张载还指出："太虚无体，则无以验其迁动

---

[1]《正蒙·参两》，《张载集》，第12页。
[2]《正蒙·太和》，《张载集》，第9页。
[3]《张子语录·语录中》，《张载集》，第326页。

于外也。"〔1〕即是说太虚无形体，无法验证它的运动变化。所以，张载只能将天地对举之天作为指示天体位置的坐标系。由此也可以再一次证明，张载所说的太虚之天与天地对举之天，并非是同一个。

在张载看来，天地对举之天是由浮阳之气构成的（即所谓"天浮阳运旋于外"）。这种浮阳之气由于其质量轻，自然浮升在很高的位置上。而恒星的成分，照张载的说法也是由浮阳之气所构成的，即所谓"恒星不动，纯系乎天，与浮阳运旋而不穷者也"。因此，恒星与天处于同一位置，都距地甚远。其次是所谓"纯阳之体"。它们包括金星、火星和太阳（显然张载没有把太阳算作恒星），其空间高度略低于天与恒星，而处在一条平行的运行轨道之上。张载说："金火附日前后进退而行者，其理精深，存乎物感可知矣。"就是说它们之间有两层关系：一是太阳与金火二星有相互感应的关系；二是金火二星和太阳一样也是纯阳之体，如说："火者亦阴质，为阳萃焉，然其气比日而微。"否则它们也不会达到与太阳平行的高度。而镇星（即土星）是与地相类似的"纯阴之物"，虽然它"不纯系乎地"，〔2〕但在张载眼里，它显然是距离地球最近的。

那么，张载又是如何运用升降学说的原理来解决关于日远月近这一当时的天文学难题的呢？他在《正蒙·参两》

---

〔1〕《正蒙·参两》，《张载集》，第11页。
〔2〕《正蒙·参两》，《张载集》，第10—11页。

中说：

> 月阴精，反乎阳者也。
>
> 日为阳精……亦不纯系乎天，如恒星不动。[1]

这两段话的意思是，月属于阴精，是阳性物质的相反物；日为阳精，但它却不能像恒星那样纯粹牵系于天。张载将日称为阳精，月称为阴精，是明显把它们与或由阴气或由阳气构成的其他天体从质料上区别开来。那么什么是所谓"精"呢？据王夫之《张子正蒙注》解释是，"始聚而为清微和粹，含神以为气母者"就是"精"。[2] 这种气之精既"清微和粹"，且又"含神"，当然从质料的分量上讲是比阴阳之气清轻的。根据阳清阴浊之理，阳精之体当比阴精之体更为清轻，自然太阳在太空中的位置要高于月亮。因此，太阳距离地球比月亮远的道理也就不难理解了。但在张载看来，阳精似乎又没有浮阳之气那么清轻，因为太阳"亦不纯系乎天，如恒星不动"，其高度显然是低于"天"的。毫无疑问，张载的这一日远月近的观点，并非来自对天象的实际观测，而是一种大胆的猜想，或者更准确说是根据气化升降学说所作的一种逻辑上的推论，其中的确包含着许多与现代科学相抵牾之处。但是应该看到，张载所处的时代并不具有先进的天

---

〔1〕《张载集》，第 11 页。

〔2〕《张子正蒙注》卷一《参两篇》，《船山全书》第 12 册，第 54 页。

象观测条件，而他能充分运用理论思维去努力探索宇宙的奥秘，并提出一些正确的结论，显示出哲人的睿智与深刻，这是应该给予充分肯定的。

在张载的气论中，最难理解的是所谓"神"与"糟粕"之间的关系问题。前面已经提到，张载所谓"神"即是指气的本性，又是指气的变化神妙莫测，无形体、无方所，不可直接为感官所把握。因此，他说："物形乃有小大精粗，神则无精粗，神即神而已。"〔1〕认为神和具体的物体不同，没有大小精粗之分。而所谓"糟粕"，则是指有形有象，能够直接观察其运动变化的物体。张载说："凡天地法象，皆神化之糟粕尔"，"万物形色，神之糟粕"。过去一些论者认为，张载在这里陷入了唯心主义，将"神"与"形"对立起来。笔者不同意这种看法，因为在张载的气论乃至他的整个自然哲学中，"神"从来与一般所谓精神之"神"不是一回事，这通过前面所引其原话便可分辨清楚。在笔者看来，张载所谓"神"与"糟粕"不过是区别有形与无形这两大类物质形态所做出的界定。因为张载认为，"神"和"糟粕"不过是"一物两体"，它们都统一于物质性的气。他说："两不立则一不可见，一不可见则两之用息。两体者，虚实也，动静也，聚散也，清浊也，其究一而已。"〔2〕这里所谓虚、动、散、清即是指的神的性质，而所谓实、静、聚、浊则指的是

---

〔1〕《横渠易说·系辞上》，《张载集》，第200页。
〔2〕《正蒙·太和》，《张载集》，第9—10页。

糟粕的性质，两者相互依存，是一个统一体。然而，张载在关于"神"与"糟粕"之间关系的表述上是有缺陷的，像"神之糟粕""神化之糟粕"，给人的印象仿佛糟粕是由神而产生的，虽然其本意并非如此。

另外，将"天地法象""万物形色"即自然界的一切有形之物统统称为"糟粕"，这的确是很成问题的。因为"糟粕"二字使用在这里不能不说是一种贬称。究其原因，笔者以为有二：一是受《内经》中关于人体代谢过程论述的影响。细观《灵枢》之《营卫生会》《决气》《阴阳清浊》诸篇，多有清阳发腠理、实四肢、出上窍，浊阴走五脏、归六腑、出下窍的说法。如《营卫生会》说："中焦亦并胃中，出上焦之后，此所受气者，泌糟粕，蒸津液，化其精微，上注于肺脉，乃化而为血，以奉生身，莫贵于此。"[1] 张载熟谙医理，由此推演出由清入浊、由神化而糟粕的说法不是不可能的。如真是如此，这种比附显然是不恰当的。二是和张载头脑中根深蒂固的"天尊地卑"观念不无关系。和二程兄弟一样，当张载把封建伦理道德观念与自然哲学搅和在一起时，就会陷入思想上的混乱。当他说"成吾身者，天之神也"[2] 这句话时，是否想到此身也应是糟粕呢？而这样就和儒家"天地之性人为贵"（《孝经·圣治章》）[3] 的传统观念又相矛盾了。总之，将自然界的一切有形之物说成是"糟

---

[1]《灵枢经》，第 50 页。

[2]《正蒙·大心》，《张载集》，第 25 页。

[3]《十三经注疏》，第 5551 页。

粕"，无疑是张载神化学说中的一个疵点。

朱熹既讲气化也讲神化。其气化学说多宗二程，即认为天地万物形成之前，只有气化而无形化，气逐渐凝聚生物，然后便有形化。天地便是气化所生，人与物也是气化的结果。人初生时无种，由气化生出两个人来，然后通过形化生出人类。朱熹说："天地之初，如何讨个人种？自是气蒸结成两个人后，方生许多万物。……那两个人便如而今人身上虱，是自然变化出来。"并认为其他生物的产生与繁殖，道理也是如此。朱熹的气化生物说虽亦是一种臆测，但其无神论倾向是相当明显的。至于神化范畴，朱熹则极力推崇张载的论述精当。他说："神化二字，虽程子说得亦不甚分明，惟是横渠推出来。推行有渐有化，合一不测为神。"并且反复赞叹张载此说："横渠说得极好。""两者，阴阳、消长、进退。'一不立，则两不可得而见；两不可见，则一之道息矣。'横渠此说极精。"又说："横渠云：'阴阳二气推行以渐，谓化；阖辟不测，谓神。'伊川先生说神化等，却不似横渠较说得分明。"这里，朱熹再三再四称引的的确是张载神化学说的精髓。张载"一故神，两故化"的思想表明，没有矛盾的对立，就没有矛盾双方的依存和统一；但没有矛盾双方的互相依存，矛盾双方的对立作用也就会停止。朱熹认为这是对于事物运动变化根源的极好说明。显然，张载神化学说对于朱熹哲学中辩证观念的形成是起到十分积极的影响的。但是，朱熹与张载截然不同的是，他坚持以精神性的本体"理"来阐释"神"范畴。他在《通书》中说："理则神而莫测。"又说："神，即此理也。"[1] 即认为理就是神，为一奇妙莫测的虚幻之物。这样，"神"就离开了物质性的"气"而转化到精神性的"理"中去了，朱熹也就离开了对客观世界辩证本性的研究。

明代讲气化或神化学说的理学家有罗钦顺（1465—1547）、王廷相等人。罗钦顺坚持了气一元论的基本立场，不仅批判了程朱一派以理为神的观点，同时又着重批判了陆王一派以心为神的观点。他认为陈献章（1428—1500）以心之知觉作用为"神"，其实际就是宣扬"禅学"。但罗钦顺对气化或神化学说未作较完整的论述。王廷相在其气论思想中较多地论及"神化"范畴。他提出了"神者，形气之妙用"的命题，认为"神"是形气的功能与作用。他虽然亦用"神""化""机"等范畴来阐述宇宙间气化生物的过程，如说："愚以元气未分之时，形、气、神冲然皆具"，[2] "天地未判，元气混涵，清虚无间，造化之元机也"，[3] 形成宇宙生成论的思想。但其更多地是从形神关系方面来讨论气与神这一对范畴的。他说："夫神必藉形气而有者，无形气则神灭矣；纵有之，亦乘夫未散之气而显者，如火光之必附于物而后见，无物则火尚何在乎？""神者生之灵，皆气所固有

---

[1]《朱子语类》卷九四，第2380页；卷九八，第2511、2512、2516页；卷九四，2403、2404页。
[2]《内台集》卷四《答何柏斋造化论十四首》，《王廷相集》，第963、971页。
[3]《慎言》卷一《道体篇》，《王廷相集》，第751页。

者也，无气则神何从而生?"[1] 坚持了形气具而神生的唯物论立场，然而已不像张载那样着重讨论自然界的"神化"问题了。

较之罗钦顺、王廷相二人，明代著名医家张介宾的气化—神化学说则显得更富有特色。他是一名典型的儒医，认为要做合格的医生"惟有穷理尽性，格物致知，以求圣人之心斯可也"。[2] 因此，张介宾研究儒家经典，尤精于《周易》，强调"医不可无易，易不可无医"。[3] 他熟悉理学各派观点，在著作中常征引周敦颐、邵雍、张载、二程、朱熹等人的原话。对于稍早于他的王阳明、王廷相等人的学说也不陌生。当然，张介宾最有心得的还是《内经》。撰写《类经》三十二卷，约八十万字，"凡历岁者三旬，易稿者数四，方就其业"。[4] 其书以《灵》《素》的不同内容，而分门别类，故名之曰《类经》。《类经》贯通医哲，故时人谓"非特医家所当传习，儒者尤当服膺"。[5] 张氏另著有医著《景岳全书》《类经图翼》《质疑录》等。可以称得上是一位渊博洽通的著名学者。

张介宾认为，从宇宙生化过程来看，气为天地万物之

---

〔1〕《内台集》卷四《答何柏斋造化论十四首》，《王廷相集》，第963—964、966页。

〔2〕《类经图翼序》，《类经（附：类经图翼类经附翼）》，第519页。

〔3〕《类经附翼》卷一《医易》，《类经》，第669页。

〔4〕《类经》自序，《类经》，第4页。

〔5〕《类经》叶秉敬序，《类经》，第2页。

本。他说："夫生化之道，以气为本，天地万物莫不由之。故气在天地之外，则包罗天地，气在天地之内，则运行天地，日月星辰得以明，雷雨风云得以施，四时万物得以生长收藏，何非气之所为？人之有生，全赖此气。"[1] 同时表明气不是静止不动的，它运行于天地万物以及人身，使之获得生机与嬗变。他认为气的变化存在着"阴阳之理"，即阴阳二气变化的规律，就是《天元纪大论》说的"物生谓之化，物极谓之变"，就是《易》说的"在天成象，在地成形，变化见矣"，就是朱子说的"变者化之渐，化者变之成"，总之，就是"阴可变为阳，阳可化为阴。然而变化虽多，无非阴阳之所生，故为之父母"[2]。虽然变化形式多种多样，但归根结底是由阴阳二气所产生。

张介宾详细讨论了阴阳精气升降的运动形式，认为借此可见天人一理。他说："天地者，阴阳之形体也。云雨者，天地之精气也。阴在下者为精，精者水也，精升则化为气，云因雨而出也；阳在上者为气，气者云也，气降则化为精，雨由云而升也。自下而上者，地交于天也，故地气上为云，又曰云出天气；自上而下者，天交于地也，故天气下为雨，又曰雨出地气。《六微旨大论》曰：升已而降，降者谓天；降已而生，升者谓地。天气下降，气流于地；地气上升，气腾于天。可见天地之升降者，谓之云雨；人身之升降者，谓

〔1〕《类经》卷一《摄生类》三，《类经》，第3页。
〔2〕《类经》二卷《阴阳类》一，《类经》，第7页。

之精气。天人一理，此其为最也。"即是说云为天地之气，为阳，处上；雨为天地之精，为阴，处下。通过升降运动二者交感互动，方能够天地交泰，阴阳和谐。揆之于人体亦是如此，"精者，坎水也，天一生水，为五行之最先。故物之初生，其形皆水，由精以化气，由气以化神，是水为万化之原，故精归于化"。[1] 然而张介宾的认识并没有仅仅停留在前人的水平上，而是提出了自己新的见解。在气化升降这一对矛盾中，他认为升为主，降为次，说："天地之气，阳主乎升，升则向生；阴主乎降，降则向死。"[2] 这是指的整个自然界。至于有生命的人更是如此，他说："凡阴阳合而万形成，无不先从精始，故曰常先身生是谓精。"[3] 精为水为阴，因此必须不断升举，"故幼年之气在下者，亦自下而升也"。[4] 只有这样才能保证机体的发育与功能的旺盛。所以他强调："惟动惟升，所以阳得生气；惟静惟降，所以阴得气死。"[5] 他说："死生之机，升降而已。"[6] 归结为阳主升，为生；阴主降，为死，从人到整个自然界都是如此。并且他还探讨了形成这一状况的原因："天之大宝，只此一丸红日；人之大宝，只此一息真阳。"[7] 所以天地万物都以阳

〔1〕《类经》二卷《阴阳类》一，《类经》，第 8 页。
〔2〕《类经》三卷《脏象类》十四，《类经》，第 30 页。
〔3〕《类经》四卷《脏象类》二十五，《类经》，第 39 页。
〔4〕《类经》三卷《脏象类》十四，《类经》，第 30 页。
〔5〕《景岳全书》卷三《传忠录下》，第 73 页。
〔6〕《类经附翼》卷一《医易》，《类经》，第 666 页。
〔7〕《类经附翼》卷一《求正录》，《类经》，第 685 页。

升为主，阴降为次。毋庸讳言，张介宾的这一观点也是建立在直观猜测基础之上的，但却包含了要把握矛盾中主导方面的朴素辩证法因素。而且和张载类似，张介宾也在事实上获得一些正确的结论。他在总结自己的临床经验时说："余之立方处治，宜抑者则直从乎降，宜举者则直从乎升，所以见效速而绝无耽延之患，亦不过见之真而取之捷耳。"[1] 这种较好的临床效果正是来自其独特的气化升降理论的指导。

张介宾对神化范畴也作了阐述。他说："神者，灵明之化也，无非理气而已。理依气行，气从形见，凡理气所至，即阴阳之所居，阴阳所居，即神明之所在，故曰阴阳者，神明之府也。"[2] 其以理气关系论神化，似乎受程朱影响，但不同的是他认为"理依气行"，即理存在于气中，阴阳二气为神明存在的基础。因此他反复强调"神"的物质性意义，说："阴阳精气者神也"，"神者，阴阳合德之灵也"。[3] 这里以气为实体、以神为作用的观点是很明确的。但张介宾又以形神关系来论述"神"的性质，如说："凡万物生成之道，莫不阴阳交而后神明见。故人之生也，必合阴阳之气，构父母之精，两精相搏，形神乃成，所谓天地合气，命之曰人也。"认为天地万物与人同样是阴阳二气交合之后而产生精神。这里就出现了一种错误认识，即把神作为物质的属性同

---

〔1〕《景岳全书》卷二《传忠录中》，第63页。
〔2〕《类经》三卷《脏象类》九，《类经》，第23页。
〔3〕《类经》三卷《脏象类》十四，第30页。

人的精神现象相混淆，进而完全模糊了两者的界限，如说："然万物之神，随象而应，人身之神，惟心所主。"〔1〕万物之"神"即人身之"神"，反之亦是如此，"又其精神性识渐有知觉，此则气之神也"。这样，就把物质性的东西与精神性的东西完全等同起来了，而导致了"灵魂不灭"的结论。张介宾说："邵子曰：气形盛则魂魄盛，气形衰则魂魄亦从而衰。魂随气而变，魄随形而化，故形存而魄存，形化则魄散。朱子曰：魂神而魄灵，魂阳而魄阴，魂动而魄静。生则魂载于魄，而魄检其魂；死则魂游散而归于天，魄沦坠而归于地。运用动作底是魂，不运用动作底是魄。"〔2〕依照邵雍、朱熹魂魄即精神可以离开形体而归于天地的观点，使之与气又合而为一，表明张介宾对某些精神现象不能解释时，陷入了理论上的困惑。

王夫之亦曾论述过气化—神化学说，并提出了自己的一些见解。他说："神者化之理，同归一致之大原也。化者神之迹，殊途百虑之变动也。"〔3〕即是说："神"是变化之理，即所以变化的规律，"化"是其变化过程，神与化是变化规律及其过程的关系。王夫之强调了"神化之理"寓于物质性的"气"之中，"神化"是指气化的某种表现，他说："气，其所有之实也。其缊缊而含健顺之性，以升降屈伸，条理必信者，神也。神之所为聚而成象成形以生万变者，化

---

〔1〕《类经》三卷《脏象类》九，《类经》，第23页。
〔2〕《类经》三卷《脏象类》十四，《类经》，第30页。
〔3〕《周易内传》卷六上《系辞下传》，《船山全书》第1册，第592页。

也。故神，气之神；化，气之化也。"〔1〕 神不是别的神秘之物，其实只是"二气清通之理"，〔2〕 所以以阴阳二气为其物质基础。总之，王夫之的神化学说有两个要点：一是指出神化是物质的内在本性，"神"对于物质实体具有从属性；二是指出神作为变化之理是有序的，不是变化莫测、不可捉摸的，也即是说一切运动变化都是有其内在规律性的。这是对张载神化学说的继承，同时，也是对《内经》气化学说的发挥。王夫之曾说过："《素问》之言天曰运，言地曰气。运者，动之纪也，理也，则亦天主理、地主气之验也。故诸家之说，唯《素问》为见天地之化而不滞五运之序。"〔3〕 认为《内经》既论述了气的运动过程，并指出这一过程是有条理和次序的。可见王夫之的神化学说是与从《内经》到张载一脉相传的。

当然，如果仔细加以分辨，以上我们所论及的气化—神化说虽都肇端于《内经》，但随着理学诸派对理、气、神等重要概念的理解的不同，他们各自阐述的理论也有很大的差异。有一点值得注意，"神"与"神化"虽然具有某些神秘主义色彩，理学家在运用这些范畴讨论宇宙运动变化的根源和过程时，可以说都摒弃了汉代神学目的论中以神为有人格之主宰的观点，这是整个时代的进步。不同的是，气学派强

---

〔1〕《张子正蒙注》卷二《神化篇》，《船山全书》第12册，第76—77页。
〔2〕《张子正蒙注》卷一《太和篇》，《船山全书》第12册，第16页。
〔3〕《思问录外篇》，《船山全书》第12册，第464页。

调神为物质性气的属性与功能，而理学派以神为本体理及其功能。而像张介宾这样的医者，虽精究医哲，但毕竟不是专门从事哲学研究的，其认识上出现一些摇摆，也是可以理解的。关于儒医的这一特点，笔者后面还要论及。另外，从整体规模上讲，无论是程朱还是王廷相、王夫之，他们对气化—神化理论的阐述从深度到广度都远远不及张载。张载在这一问题上提出了许多精湛深邃的观念，超越了前人。总之，张载以善言"神化"著称，他的"神化"学说"在中国古代辩证法思想史上发放着灿烂的光辉"。[1]

---

〔1〕 程宜山：《张载哲学的系统分析》，张岱年"序"，第 1 页。

第三章 二火与恒动

在中国古代哲学中，火论与气论有着密不可分的关系，因此有所谓"火"一元论与"气"一元论之争，进而出现"火—气"一元论的说法。毋庸讳言，从《内经》金、木、水、火、土的五行之气的一种，到方以智《物理小识·人身类》所谓"火即真阳之元气"，[1]"火"似乎都未曾完全离开"气"而独立存在。但是，尽管如此，中国古代火论哲学不仅应有它一定的地位，而且应该继续进行深入的探究，以充分展示这一极富特色的哲学范畴的理论价值。笔者认为，中国古代火论哲学从别具一格的角度，对物质世界的运动方式作了独特的理解，特别从动态的方面、从具体的物质元素来揭示物质世界的辩证本性，充分论证了事物发展的源泉和

---

〔1〕《物理小识》卷三，第78页。

内在动力。借用十八世纪法国学者霍尔巴赫（Paul Heinrich Dietrich，1723—1789）在《自然的体系》（上）中的一句话就是："在自然内，火这个原素似乎是活动的本源。"[1] 而且这种动力的源泉具有永不枯竭的恒久性。然而以往对火论的研究，仅仅局限于个案的、片断的，如果要系统地进行探讨，仍然不能不从《内经》开始。

从殷商卜辞到春秋战国时期，已经断断续续有过关于火的一些认识，如《尚书·洪范》在阐述原始的五行思想时指出"火曰炎上""炎上作苦"[2] 等火的性质，又如《国语·郑语》中史伯所谓"先王以土与金、木、水、火杂，以成百物"[3] 的说法，等等，严格说这些认识还未真正上升到理论的高度。《内经》对先秦以来的阴阳五行说进行了必要的吸取与重铸，在《素问》运气七篇大论（《天元纪大论》《五运行大论》《六微旨大论》《气交变大论》《五常政大论》《六元正纪大论》《至真要大论》）中提出了君火相火说。这二火学说的确立标志着中国古代火论的正式形成。

《内经》是五行尊火论，在金、木、水、火、土中格外突出了火的地位，并对火进行了细致的区分与研究。

《素问·阴阳应象大论》中有所谓"少火"与"壮火"之分，说：

---

[1]《自然的体系》（上卷），第 32 页。
[2]《十三经注疏》，第 399 页。
[3]《国语集解》，第 470 页。

壮火之气衰，少火之气壮。壮火食气，气食少火。壮火散气，少火生气。[1]

即认为人体内部存在着两种火，并区分为一正一邪。正者名为少火，为正常的生理之火，能温养阳气并促进气化过程；邪者则称为壮火，其火势过于亢盛，因此耗气、食气、散气，为病理之邪火。这种所谓壮火，能使阳气亢盛，使之更多地消耗阴精，导致机体正常生理状态失衡，从而产生病理性的变化。

另外，《内经》认为在自然界中也存在着两种火，即君火和相火。君火、相火属于运气学说的六气系统。"运气"为"五运六气"的简称。运气学说是中国古老的气象医学，它通过研究天体日月运行，金、木、水、火、土五类元素运动引起风、寒、暑、湿、燥、火六气变化的状况，并加以理论上的归纳与演绎推理，对宇宙天地万物以及人和疾病等方面加以整体观察的规律性总结。它特别强调了天气变化对人类生活尤其对疾病有着直接的影响。运气学说为《内经》的重要理论组成部分。

首先，宇宙的整体恒动性是运气学说的出发点。《内经》认为自然界万事万物处于永恒运动变化的过程之中。《素问·六微旨大论》说，"夫物之生从于化，物之极由乎变，变化之相薄，成败之所由也"，"成败倚伏生乎动，动而不

---

〔1〕《黄帝内经素问》，第22页。

已，则变作矣"，"不生不化，静之期也"，说明了任何事物有了运动才有变化与发展。同样人的生命过程也是如此，"出入废则神机化灭，升降息则气立孤危。故非出入，则无以生长壮老已；非升降，则无以生长化收藏"。如果运动停止，生命过程也即中断，因此说没有运动也就没有生命。其次，《内经》认为在风、寒、暑、湿、燥、火六气中，火是最明显的气候变化要素。《素问·五运行大论》说："燥以干之，暑以蒸之，风以动之，湿以润之，寒以坚之，火以温之。故风寒在下，燥热在上，湿气在中，火游行其间，寒暑六入，故令虚而生化也。故燥胜则地干，暑胜则地热，风胜则地动，湿胜则地泥，寒胜则地裂，火胜则地固。"[1] 这里所谓的"火游行其间"，指出了火的游动性与善变性，已在有意突出火的地位。而且六气之中的"暑"与"火"的实质都是热，这就更加强调了火热的作用。但为了区分二者在程度上以及其他方面的不同，所以将其分别称为"君火"与"相火"。

在六气系统中有所谓主气。主气即主时之气，用来说明一年之内二十四节气的正常变化规律。它反映的是一年之内总会有春夏秋冬的交递与差别，把这些交递与差别固定地用厥阴风木、少阴君火、少阳相火、太阴湿土、阳明燥金、太阳寒水等标出，便是主气。《素问·六微旨大论》说：

---

[1]《黄帝内经素问》，第270—271、254页。

显明之右，君火之位也；君火之右，退行一步，相
火治之；复行一步，土气治之；复行一步，金气治之；
复行一步，水气治之；复行一步，木气治之；复行一
步，君火治之。

这是一段关于主气推演过程的重要论述。其以君火为开端，
最后又回到君火。所谓"显明"，就二十四节气而论，即指
春分，对应于地平方位的就是正东之卯位；以一日而论，日
出于卯时，天色由暗转明，故亦称显明。至于何以先言君
火，就是为了确定主时之气的标志，《素问·天元纪大论》
中所谓"君火以明，相火以位"，[1] 即是指此而言。

就运气而论，少阴君火主春分后六十一日，少阳相火主
夏至前后三十日。少阴君火时值季春孟夏，暖热之气渐盛；
少阳相火正值炎日酷暑，火气熏蒸，为一年中最热的时节。
在六气之中，其余各气只有一，唯独火有二。《素问·逆调
论》中另有"一水不能胜二火"的说法。这说明《内经》
的确把火作为自然界中最重要的物质元素。因此，《素问》
运气七篇大论特别注重火在运气过程中的流布情况。这是因
为运气失常，多是君火、相火错位而引起的，如果这样则必
然引起自然界气候、气象、物象等一系列变异，也可使人体
气血受扰，导致疾病。据唐代王冰所举出的情形有："君火
之位"相火居之，则"大热早行，疫疠乃生"，但君火之气

---

[1]《黄帝内经素问》，第264—265、250页。

过其也可导致"天下疵疫";如燥金之位,君火居之,则气候温热,"热病时行";如风木之位,天气炎热,则"少阳居之,为温疫至";若少阴居之,则"为热风伤人,时气流行"……凡此种种,基本上都是列举君火、相火失常而发生时行疫病的情形,这与火的性质善于游动、升腾、弥漫、变化等密切相关。

但是,《内经》同时认为,六气,主要是君、相二火如能做到相承制约,则为万物生化的重要保证。按其相承的顺序是:"相火之下,水气承之;水位之下,土气承之;土位之下,风气承之;风位之下,金气承之;金位之下,火气承之;君火之下,阴精承之。"[1] 即是说,当相火亢盛之时,由于水气上承,万物才得以正常生长,即所谓"热盛水承,条蔓柔弱,水象可见",而"君火之位,大热不行,盖为阴精制承其下也"。其余各气相承制约之状亦然。总之,"所胜之气乘于下者,皆折其摽盛",各种正常的自然现象,均寓有"承制"之理。王冰对《内经》中有关火的内容极为重视,在其注中多有发挥。他说:"夫病之微小者,犹人火也,遇草而焫,得木而燔,可以湿伏,可以水灭,故逆其性气以折之攻之。病之大甚者,犹龙火也,得湿而焰,遇水而燔,不知其性以水湿折之,适足以光焰诣天,物穷方止矣;识其性者,反常之理,以火逐之,而燔灼自消,焰光扑灭。"[2]

---

〔1〕《黄帝内经素问》,第135、265页。
〔2〕《黄帝内经素问》,第265—266、364页。

他这里从分析病理现象而提出人火与龙火两种性质不同的火，前者能够以水湿灭之，后者却只能以火逐之，必须根据经验与事实而做出正确判断。这显然是依照《墨经》"五行无常胜"的观点并参之以现实中的不同火势而推演出来的。后世医家通过对人火、龙火与君火、相火相类比，提出了种种不同的理解。

总之，《内经》提出的火论有以下三个特点：

一、强调了客观物质世界的恒动性。《素问·天元纪大论》说："应天之气，动而不息。"[1] 火论以火作为气的基本性质，将宇宙间的种种现象，以燃烧、升腾、炎热、游动、善变、燔扬、光亮等动态更加形象、更加生动地表现出来。这和古希腊哲人赫拉克利特（鼎盛年约在前504—前501）所说的世界是一团过去、现在和未来永远燃烧的"活火"有相似之处。

二、对"火"内部本身做了进一步的区分。《内经》将火主要区分为君火与相火（此外尚有人火和龙火、壮火与少火），二者之间存在着辩证的互补关系，互相依存、互相影响同时又互相对立。而且，君、相二火又处于运气这样一个开放性的系统之中，它除了参与五行的生克乘侮之外，还要受到六气亢害承制关系的制约。在《内经》看来，火只有当它在过与不及之时，才会给自然界或人体造成危害，而在正常的情况下，无论是君火还是相火，对维系自然界时序的转

---

[1]《黄帝内经素问》，第250页。

换、人体内部功能的相互协调是具有重要作用的。

三、将火的内容加以广泛化。尽管《内经》没有像赫拉克利特那样将火作为构成世界的唯一物质元素，但是，火概念的外延实际上已经被大大地扩展了。凡具有上述火的性质的事物及其现象，从宇宙到人体，从有形到无形，统统都被囊括其中。所以其往往又和古代哲学中表示构成天地万物的始基物质"气"范畴有着密切的联系。

入宋以来，《内经》的思想学说得到较为广泛的传播，人们对运动的永恒性即绝对性有了较为深刻的理解。张载认为宇宙间万事万物都处于运动变化之中，他说："物无孤立之理，非同异、屈伸、终始以发明之，则虽物非物也；事有始卒乃成，非同异、有无相感，则不见其成，不见其成则虽物非物。"[1] 即认为物体都处于运动中，同异、屈伸、始终等相互对立、相互作用的内在矛盾，都是具体的运动形式。他又说："至虚之实，实而不固；至静之动，动而不穷。实而不固，则一而散；动而不穷，则往且来。"[2] 虚实、固散、往来之本源皆在于"动而不穷"，并由此而阐发了"动必有机""动非自外"[3] 的思想。程颐在其所著《程氏易传》中注释《复卦·象传》"复其见天地之心乎"一句时，批评了王弼以静为本之说，他指出："一阳复于下，乃天地生物之心也。先儒皆以静为见天地之心，盖不知动之端乃天

---

〔1〕《正蒙·动物》，《张载集》，第 19 页。
〔2〕《正蒙·乾称》，《张载集》，第 64 页。
〔3〕《正蒙·参两》，《张载集》，第 11 页。

地之心也。非知道者，孰能识之？"即认为阳动为天地之心，也即明确肯定在动静二者之中，动始终是主要的。他还在同书《恒卦》注释中反复强调这一观点："动则终而复始，所以恒而不穷"；"天下之理，未有不动而能恒者也"[1]。张载与程颐可谓对恒动说发挥得淋漓尽致，只是后者最终认为有恒常不变的逻辑观念"理"。张载对火的性质也作了种种探讨，如说："火者亦阴质，为阳萃焉"，"火日外光，能直而施"，"火者，阳丽而阴未尽也。火之炎，人之蒸，有影无形，能散而不能受光者，其气阳也"[2]，肯定了火所具有的阳性、易动、炎上等性质。二程亦曾将"动"作为产生"火"的原因，说："动极则阳形也，是故钻木戛竹皆可以得火。夫二物者，未尝有火也，以动而取之故也。击石火出亦然。"[3] 这是对钻木取火等现象所作出的直观判断。当然，无论是张载还是二程，对火论本身都没有做更加专门系统的论述。但是他们的上述观点对后世理学家和那些身兼医儒双重身份的学者还是产生了相当大的影响的。

金元时期，火论大炽，讨论者虽多为医家，但无不涉及哲学方面的问题。如生于宋金时代的刘完素提出了"六气皆从火化"的观点，即认为风、湿、燥、寒皆可为火热之气兼化与同化，就是说火热既能相兼各气，各气又都能同化转归为火热，同时火热又能衍生各气。他根据古人"燥万物者，

---

[1]《二程集》，第819、862 页。
[2]《正蒙·参两》，《张载集》，第11、12、13 页。
[3]《二程集·粹言卷第二》，第1224 页。

莫煨乎火"[1] 的认识，指出诸病悉属火热，说："热火为阳，主乎急数。故寒则息迟气微，热则息数气粗而为喘也。……胃膈热甚则为呕，火气炎上之象也。凡郁结甚者，转恶寒而喜暖，所谓亢则害，承乃制，而阳极反似阴者也。"因此，他治病主张用寒凉药物。刘完素十分赞赏运气学说，说："且运气者得于道同，盖明大道之一也。观夫医者，唯以别阴阳虚实，最为枢要，识病之法，以其病气归于五运六气之化，明可见矣。"[2] 但其所著《素问玄机原病式》与《素问病机气宜保命集》二书都没有明确说出火为世界的本原，因此也不能认为刘完素就是火一元论者。和刘完素同时代的另一医家张元素（生卒无考），在其所著《医学启源》中依据《难经》三焦的论述，把相火配属于三焦，提出"三焦为相火之用""命门为相火之源"的说法，将相火作为统领人体正常生理活动的元气之火。又有主攻下的张从正，在《儒门事亲》中提出了人火、龙火与君、相二火配属的观点："夫君火者，犹人火也；相火者，犹龙火也。"[3] 这是对王冰的说法作出了自己的解释。张元素的传人李杲将火与元气看作对立之物，他在《兰室秘藏·内障眼论》中认为"火与气势不两立"，[4] 因此无论君火还是相火都属反常。李杲尤恶相火，称之为阴火，认其为"元气之贼"，他说："相火、

---

〔1〕《素问病机气宜保命集》卷上《病机论第七》，第12页。
〔2〕《素问玄机原病式（注释本）》，第45—46、73、24页。
〔3〕《儒门事亲》卷三，第58页。
〔4〕《兰室秘藏》卷上，第30页。

下焦胞络之火，元气之贼也，火与元气不两立，一胜则一负。"[1] 但其观点甚为偏颇，后人多有批评，如张介宾《质疑录》就指出："此火本非邪火，而何得云元气之贼？……是元气即相火之所化，而非贼元气之物。其贼元气者，乃壮火而非相火也。若谓相火为下焦包络之火，即指为元气之贼，而曰火与元气不两立，一胜则一负，则生元气者，更有何火耶？"[2] 指出李杲在概念上的自相矛盾。总之，张元素、张从正、李杲和刘完素一样也都参与了对火的讨论，但对火论的哲学思想发展都未能做出较大贡献。

著名理学家许谦的弟子朱震亨，学问渊博，著述颇丰，据明人宋濂《故丹溪先生朱公石表辞》说："先生所著书，有《宋论》一卷，《格致余论》若干卷，《局方发挥》若干卷，《伤寒论辨》若干卷，《外科精要发挥》若干卷，《本草衍义补遗》若干卷，《风水问答》若干卷，凡七种，微文奥义，多发前人之所未明。"[3] 朱震亨既有深厚的理学基础，又在医学方面冠绝一时，因此其著作对医学与哲学方能多有发明。其《格致余论》一书特别对火论作了许多别开生面的论述，不仅使古代火论哲学的发展迈出了新的一步，而且也开启了后人研究火论的新思路。

朱震亨的火论首先特别强调了火与恒动的关系。他说：

---

[1]《脾胃论》卷中，第29页。
[2]《质疑录》，《类经图翼·类经附翼·质疑录》，第300—301页。
[3]《朱丹溪医学全书》附录，第226页。

"火内阴而外阳，主乎动者也，故凡动皆属火。"即是说，阴主静而藏于内，阳主动而显于外，火既具有这种性质，因此其"主乎动"，并进而推而广之，凡是动者都属于火。既而朱震亨又深入到火的内部作更进一步的探讨，他说：

> 天主生物，故恒于动，人有此生，亦恒于动；其所以恒于动，皆相火之为也。见于天者，出于龙雷，则木之气；出于海，则水之气也。具于人者，寄于肝肾二部，肝属木而肾属水也。

在继续发挥恒动思想的基础之上，他指出无论天还是人，之所以恒动不息，皆因相火。朱氏曾经说过"惟火有二：曰君火，人火也；曰相火，天火也"，[1] 天火即整个自然界之火，人火亦来自天火，他显然是主相火论者。所以在其看来，相火息君火亦息，相火旺君火亦旺。他并例举道：在天龙雷[2]（属木）与海（属水）动势则最著；而应于人者，则肝（属木）与肾（属水）也最善于变化。这些观点显然是对《内经》天人相应的基本原则所作的发挥。

由于相火对于天人有如此重要的作用，因此朱震亨对相火的性质与功能做了十分详细的阐述。他说：

---

〔1〕《格致余论·相火论》，第41—42页。
〔2〕古人认为龙能致雨，雷能焚木，木能生火。雷声之先，有闪电为火，在于天空，不自人为，故称天火。朱氏沿用此说。

天非此火不能生物，人非此火不能有生。天之火虽出于木，而皆本乎地。故雷非伏，龙非蛰，海非附于地，则不能鸣，不能飞，不能波也。鸣也，飞也，波也，动而为火者也。肝肾之阴，悉具相火，人而同乎天也。或曰：相火，天人之所同，何东垣以为元气之贼？又曰：火与元气不两立，一胜则一负。然则，如之何而可以使之无胜负也？曰：周子曰，神发知矣，五性感物而万事出，有知之后，五者之性为物所感，不能不动。谓之动者，即《内经》五火也。相火易起，五性厥阳之火相扇，则妄动矣。火起于妄，变化莫测，无时不有，煎熬真阴，阴虚则病，阴绝则死。君火之气，经以暑与湿言之；相火之气，经以火言之，盖有其暴悍酷烈，有甚于君火者也。故曰：相火元气之贼。周子又曰：圣人定之以中正仁义而主静。朱子曰：必使道心常为一身之主，而人心每听命焉。此善处乎火者。人心听命乎道心，而又能主之以静。彼五火之动皆中节，相火惟有裨补造化，以为生生不息之运用耳，何贼之有？[1]

大致作一分析，笔者以为上述引文有以下三层意思：一、相火既是天地万物不可须臾或缺的生化之本，同时它又存在着易煽妄动的可能。整个世界正因为具有相火才获得永不止息的生机和无穷无尽的力量，这种永恒的动力在天在地在人是

---

[1]《格致余论·相火论》，第42页。

浑然一体的。因为龙虽出于海，却行于天；雷虽隐于地，而应于天；而海本身就附着地。离开这种互相关联，它们就不会飞、不会波、不会鸣、不会动而为火，而"肝肾之阴，悉具相火，人而同乎天也"。朱氏这里具体举出龙之飞、海之波、雷之鸣，其意在于表现出相火的迅急、猛烈，为解释相火何以易煽妄动引起灾祸埋下伏笔。朱震亨这里所依据的一些朴素的自然知识，不仅显得有些幼稚，而且将天人混而为一，为其相火之说留下了不能自圆其说的缺憾。二、辨析了李杲（东垣）火与元气不两立、元气之贼的说法。朱震亨借周敦颐之口，提出了五行之火与相火之间相互作用，则容易引起过于激烈的运动，即所谓"妄动"。他特别指出相火即《内经》六气中所说的"火"，而君火不过指的是"暑"或"湿"。对于人体来说相火其性暴悍酷烈，煎熬真阴，所以为元气之贼。在这里朱氏明显陷入了自相矛盾之中。因为他既然说相火为生命之本，天地万物赖之以有生，其性何以又"暴悍酷烈"，摧残人的生机呢？这些朱震亨未能讲清楚。有论者认为朱氏相火之中又分正火与邪火二种，并举《局方发挥·论相火》中"前者为人欲之火，后者为天造之火"为证明。[1]"人欲之火"即人火，亦即君火，朱氏已有明论，不能说其对相火的性质做了正邪的区分。三、提出了如何使相火不妄动的方法。在朱震亨看来，只有理学的修养之道才是终南捷径。他先是引周敦颐圣人定之以中正仁义主静之

---

[1] 章真如：《朱丹溪学术考论》，第45页。

说，认为主静即可无欲，五脏之火就不会过分煽动相火；接着又引朱熹道心人心的说教，以天理、人欲之辨，来说明如何遏制相火妄动。事实上相火在这里仅仅成为情欲的代名词。这里明显可以看出金元医学受理学的影响。当然还可以用药物治疗，以炒黄柏、生地黄，或四物汤加炒黄柏、炙龟板之类滋阴降火。但是，即使如此，朱氏也仅回答了问题的一半。人体内的相火妄动可以用理学修养等来调节，自然界的相火妄动又该如何呢？很明显这也是朱震亨火论的理论缺陷。然而，朱震亨对相火所作的论述比之金元时期的其他人都较深刻而全面。他能够从哲学宇宙论的角度来理解火，将火作为整个世界发展的内在动力，尽可能详尽地论证了火的性质、功能和属性。朱震亨的火论在中国哲学的发展史上应有其一定的地位，这从方以智、王夫之等人受其很深影响方面也可以得到理解。

朱震亨之后，其门弟子及私淑者在谈医论病时，也多涉及火论。明人戴思恭（1324—1405）少时即随父从学于朱氏门下。戴氏提出了"气属阳，动作火"的理论，讨论了气与火之间的关系。他在《气属阳动作火论》中指出："气之与火，一理而已，动静之变，反化为二"，"捍卫冲和不息之谓气，扰乱妄动变常之谓火。当其和平之时，外护其表，复行于里，周流一身，循环无端，出入升降，继而有常，源出中焦，总统于肺气"。即是说，气与火在性质上是一样的，气即火，火即气，因有动静变化才被认作二物。当其和缓平静时，护表行里，滋润一身，则谓之气；而当其扰乱妄动时则就是火了。其《火岂君相五志俱有论》又说："故凡动者皆属火。龙火一妄行，元气受伤，势不两立。偏胜则病移他经，事非细故，动之极也，病则死矣。"[1] 即认为龙火（相火）动到极点，就是妄行，从而灼伤元气，病至此即亡。由此可知，戴思恭的气化火之说是折中了东垣"火与元气不两立"与丹溪的"相火妄行，煎熬真阴"等加以发展形成的，其意在弥补二人理论上的某些偏颇与漏洞。另外尚有孙一奎（1522—1619）认为火"必先有定位，而后可以言变化"，[2]如以天火言，论时令节序则君火少阴主二之气，自春分至小满，为热；相火少阳主三之气，自小满至大暑，为暑。暑、热太过，人感之为病，是为外火。如以人火言，则也有君相之分。但他反对朱震亨所谓君火为人火、相火为天火，或龙雷之火之说，以为其不符合君相二火的定位和伦序。其余一些再传弟子，虽对火论也有一些引申发挥之处，但多不出朱氏师意。

明代医家尚有一派，一反刘完素、朱震亨等人喜用寒凉药物的习惯，而专主八味、六味地黄丸等温补药物，被称为温补学派，代表人物有赵献可（生活于明隆庆、崇祯间）、张介宾。他们尽管在医学观点上与寒凉学派互相抵牾，也曾酿成中国古代医学哲学史上一场公案（笔者将在下章作专门讨论），但其火论也多从恒动这一立场出发来加以阐释与

─────────

〔1〕《金匮钩玄》附录，第59—60、58 页。
〔2〕《赤水玄珠》卷一《明火篇》，第11 页。

发挥。

　　赵献可认为君主之火即命门之火，指出此火为生命的原动力，他曾形象地说："余有一譬焉，譬之元宵之鳌山走马灯，拜者、舞者、飞者、走者，无一不具，其中间惟是一火耳。火旺则动速，火微则动缓，火熄则寂然不动，而拜者、舞者、飞者、走者，躯壳未尝不存也。"[1] 正因为命门之火如此重要，所以只可保之、养之。但赵氏未论及宇宙间的火，哲学思辨方面较为肤浅，所以影响也不大。

　　张介宾对金元以来的诸家火论进行了广泛的探讨，对刘完素、李东垣、朱丹溪等人的观点一一辨析，提出了不同意见，并由此引出自己新的看法。张氏火论观点很多，主要有：一、阳气即火。他在《传忠录中·君火相火论》中说："至若五运之分，各职其一，惟于火字独言君相，而他则不及者，何也？盖两间生气，总曰元气，元气惟阳为主，阳气惟火而已。"即认为火即物质性气中的阳气部分，其意仍是强调火主动、善运化流行的性质。他虽然说朱震亨凡动皆属火不对，但在《传忠录下·辨丹溪》中又承认："如火本属阳，即言火为动，若为不可也。"张氏阳气即火的思想本身就蕴涵着恒动观念在内。二、情欲妄动为邪火。他说："人之情欲多有妄动，动则俱能起火，火盛致伤元气，即谓元气之贼，如何不可？予曰：此固邪正分歧最当明辨者也。夫情欲之动，邪念也，邪念之火为邪气，君相之火正气也。"将

_____

〔1〕《医贯》卷一《玄元肤论》，第5页。

情欲妄动排除在君相二火之外，这是对丹溪相火说的修正。

三、君火相火相互为用论。张介宾说："第火之为用，其道最微，请以火象证之。如轻清而光焰于上者，火之明也；重实而温蓄于下者，火之位也。明即位之神，无明则神用无由以著；位即明之本，无位则光焰何从以生？故君火之变化于无穷，总赖此相火之栽根于有地。虽分之则一而二，而总之则二而一者也。"〔1〕即从火之"象"来看，上有焰即火之明，下有源即火之位，两者相互依存，犹如朝廷中的君相之道。无明则显示不出火的作用，无位则光焰无以产生；君火变化无穷全赖相火作为根基。君火相火虽可一分为二，但实际上两者本为一体。张氏这种对火的认识，颇具辩证思维特点，既看到君火相火同中之异，又看到它们的异中之同。这样则可避免言君火即贬相火，言相火则忘君火的片面性。但是，张介宾从宇宙论的角度对火的运动变化方面的内容涉及较少，这不能说不是一种缺陷。

由此看来，宋金元明时期的火论是对《内经》火论所做的进一步发展，从自然界引申至天人之际，使之更具有哲学宇宙论的特点。进而将其中一些问题的讨论和研究，引向更深的层次，形成了中国古代火论发展史上的第二个阶段。

明清之际，火论哲学的代表为方以智和王夫之。方以智的家学即《内经》的"五行尊火"论。其祖父方大镇在所著《野同语》中说："满空皆火，物物之生机皆火也。火具

---

〔1〕《景岳全书》卷三，第44—45页；卷三，第86页；卷二，第45页。

生物、化物、照物之用。"[1] 其父方孔炤在《潜草》一书中说:"火丽薪而用其光,安于灶而享其熟物之功,心物交格而享其通",[2]"两间之光,皆太阳之火也"。[3] 他遁入空门后的师父觉浪也持此说:"杖人有五行尊火之论,金木水土四行皆有形质,独火无体,而因物乃见。吾宗谓之传灯。"[4] 方以智本人曾深入研究金元以来朱震亨等人的火论,并在自己的著作《物理小识》《药地炮庄》《易余》《愚者智禅师语录》《通雅》等中多所阐发。另外方氏尚有医学专著《医学会通》,包括有《运气论序》《运气辨》《君火论》诸篇,探讨了医学方面的诸多问题。王夫之对方以智的哲学思辨水平十分欣赏,尤其钦羡其兼"质测"(科学)与"通几"(哲学)为一体的火论。他曾经为方以智作诗道:"烘炉滴水试烹煎,穷措生涯有火传",[5] 即可略见一斑。王夫之的火论散见于《思问录》《张子正蒙注》等著作中。

方以智善于汇通古今,因此其视野十分开阔。他以能"坐集千古之智"[6] 而感到自幸,据《桐城耆旧传·方以智传》载,他博涉多奇,对天文、礼乐、律数、声音、文

---

[1]《药地炮庄》卷二《养生主》,第 157 页。

[2]《通雅》卷三,《方以智全书》第 4 册,第 180 页。

[3]《物理小识》卷一,第 5 页。

[4]《青原愚者智禅师语录》卷二,《冬灰录:外一种〈青原愚者智禅师语录〉》,第 304 页。

[5]《极丸老人书所示刘安礼诗垂寄情见乎词愚一往呐吃无以奉答聊次其韵述怀》,《王船山诗文集·六十自定稿》,第 214 页。

[6]《通雅》卷首一,《方以智全书》第 4 册,第 2 页。

字、书画、医药，无不析其旨趣。方以智尤其精于医，既亲自悬壶游方，且孜孜不倦地研读古人所著医书，对朱震亨的火论最有心得。他发挥朱氏的观点，说："五行各一其性，惟火有二，曰君火……相火……火内阴外阳而主动者也，以其名配五行，谓之君。……因其动而可见，故谓之相。天恒动，人生亦恒动，皆火之为也。"他同意朱氏火为物质世界发展变化的动力和源泉的观点，同时方以智又进一步指出"火"是不会有穷尽的，说："天与火同，火传不知其尽。"[1] 火与天一样，是永恒的；与万物的运动一样，也是永恒的。然而，方以智对火论并没有门户之见，他不仅吸取了朱震亨等滋阴派医家的观点，同时对张介宾等温补派的思想也作了借鉴与阐发。他说："天道以阳气为主，人身亦以阳气为主。阳统阴阳，火运水火也。生以火，死以火，病生于火，而养身者亦此火。""火即真阳之元气。"[2] 即在承认物质性火自身包含着相互矛盾的两个方面，一君一相，一阴一阳，但其中的主导方面是"真阳之元气"，强调了"阳统阴阳"，既指出火具有其内在的矛盾性，同时又指出其中的主要矛盾与矛盾的主导方面决定事物运动变化的方向。

方以智在阐发火为实有的物质，火的恒动本性的基础之上，着重探讨了火能烟煴化生万物的问题。他说：

---

[1]《物理小识》卷一，第14、15页。
[2]《物理小识》卷一，第15页；卷三，第78页。

上律天时，凡运动，皆火之为也，神之属也。下袭水土，凡滋生，皆水之为也，精之属也。[1]

火弥两间，体物乃见。[2]

火无体而因物为体，人心亦然。……明乎满空皆火，君相道合者，生死性命之故，又孰得而欺之![3]

火作为物质自我运动的原动力，存在着一定的规律性，因之而能化生万物。"火运水火"，水具滋生的功能亦赖此火；物体能够存在，因"火弥两间"；人之有生，也靠此真阳之火。因此他在著作中，把气的"氤氲"生物，改写成"烟煴"，表示因火具有规律性的运动而化生万物。方以智特别重视水与火之间的关系，指出："火为燥气"，"火烧冷水而热"，"气动皆火，气凝皆水，凝积而流，动不停运"。水由冷而变热，由凝积而流动，皆因火的神妙不测的作用。方以智指出，"火"是"气"的动态，"水"是"气"的静态，但水火既是"虚气实形二者"又是"一气而两行交济"，相辅相成，相互为用。然而"盖火之一分，足敌水之十分，岂可以平半为称乎?"[4] 所以才能"明乎满空皆火，君道相合者，生死性命之故，又孰得而欺之!"但是，正因为有水火相济的缘故，天地间万物方不至于出现张介宾所说的"燎原之凡

---

[2]《药地炮庄》卷三《大宗师》，第 209 页。
[3]《物理小识》卷一，第 15 页。
[4]《物理小识》卷一，第 11 页；卷三，第 79 页。

火，但能焦物、病物，未闻有以烘炙而能生物"[1] 的现象。方以智对万物生化滋养状态又做了具体描述："两间惟太阳为火，而月、五星皆属水；人身骨肉血脉皆水，惟阳火运之则暖，暖气去则死矣。"[2] 这也是宇宙与人体之所以能够生生不息的原因。方以智将其火论纳入了气一元论的体系之中，对宇宙万物的生成原理做了进一步的阐发，使之更接近真实与合理，从而为古代唯物主义自然哲学充实了新的内容。

方以智处于西学东渐时代，对西方传入的自然科学知识也相当注意。据其子方中通《与西洋汤道末先生论历法》诗注记载："先生（汤若望）崇祯时已入中国，所刊历法，故名《崇祯历书》。与家君交最善，家君亦精天学，出世后绝口不谈。"[3] 因此他的火论又能建立在一定的科学基础之上，用医学与光学的原理来证明"满空皆火"的学说。他说："人身以阳气为主"，"阳气附火，火日焚和，故能病人；然养人者，即此火也。庸医清火，惟恐不尽，火尽而人死"。[4] 人体的生理机能离不开火的温养。他又通过科学实验指出："满空皆火，惟此燧镜面前，上下左右光交处，一点即燃。"[5] 用凹面镜在一定条件下可使物体点燃的事实

---

〔1〕《类经附翼》卷一《求正录》，《类经》，第397页。
〔2〕《物理小识》卷三，第79页。
〔3〕《清代诗文集汇编》第133册，第83页。
〔4〕《东西均注释·公符》，第161页。
〔5〕《青原愚者智禅师语录》卷二，《冬灰录：外一种〈青原愚者智禅师语录〉》，第304页。

来证明自己的哲学观点。这两个例证，特别是后一例证其"质测"意味是很浓的。晚于方以智的英国化学家胡克（Robert Hooke，1635—1703）曾在用显微镜考查火花之后，提出了与之相类似的结论。胡克认为热是物体的一种性质，起因于它各部分的运动或骚动。热无非是一个物体各个部分的非常活跃而又剧烈的骚动，因为一切物体各个部分虽然绝不是那么紧密，但还是在振动，所以一切物体都包含一定的热，完全冷的物体是没有的。[1] 这说明，方以智不仅仅是在思辨的范围内建立自己的学说，而是吸取、借鉴了西方实验科学的方法，这也是其火论哲学能高于前人的一个重要原因。当时对于传入的外来文化存在着两种极端的态度，一是盲目崇拜，一是完全拒斥，而方以智却善于斟酌去取，认为西学"详于质测，而拙于通几",[2] 因此只能采取"借远西为郯子"[3] 的客观态度，取其长而补己短。当然，具体到上述胡克的认识，因其晚于方以智近三十年，或因传教士作为媒介间接受到方氏的启发或影响也不是不可能的。

过去论及王夫之总是笼统地谈他的气论，其实王氏的气论与其火论有着密切关系。他受方以智影响很深，曾说："密翁（方以智）与其公子（方中通）为质测之学，诚学思

---

[1]（英）亚·沃尔夫:《十六、十七世纪科学、技术和哲学史》（上册），第 320 页。
[2]《物理小识·自序》，第 1 页。
[3]《物理小识·总论》，第 3 页。

兼致之实功。盖格物者，即物以穷理，惟质测为得之。"[1]
因此王夫之对天文、医药等质测之学极感兴趣，尤极力推崇
方以智所阐发的火论。王夫之还钻研过《内经》以来有关
"火"的学说，如说："《素问》二火之说，以言化理尤密。"
他还指出："其化也速则消之速，其化也迟则以时消者亦以
时息也。故仓公谓'洞下之药为火齐'，五行之化，唯火为
速，大黄、芩、连、栀、檗之类，皆火齐也，能疾引人水谷
之滋、膏液之泽而化之。"[2] 他这里不仅盛赞《内经》君
火、相火之说理论详密，而且借西汉名医淳于意（仓公）之
言，来说明火的性质为善变易动。仓公善用所谓"火齐汤"，
以大黄、黄芩、黄连等寒凉药物化火滋阴。由此也可知王夫
之的医学根底十分深厚。

王夫之所探讨的火论内容多为现代所谓物质和能量不灭
等方面的问题。当然，方以智也曾论及，如"气且不死"
"火传不知其尽"等，但远没有王夫之这方面的论述生动而
深刻。王夫之说：

　　车薪之火，一烈已尽，而为焰、为烟、为烬，木者
仍归木，水者仍归水，土者仍归土，特希微而人不见尔。
一甑之炊，湿热之气，蓬蓬勃勃，必有所归；若盒盖严密，

---

[1]《搔首问》，《船山全书》第12册，第637页。
[2]《思问录外篇》，《船山全书》第12册，第447、435页。

则郁而不散。汞见火则飞，不知何往，而究归于地。[1]

> 汞受火煎，无以覆之，则散而无有；盂覆其上，遂
> 成朱粉。油薪蒸于空旷，烟散而无纤埃；密室闭窒，乃
> 有煤墨。[2]

炼丹术是实验化学的先驱，中国古人在炼丹试验中最早发现
了汞等矿物质的性能。王夫之熟谙这方面的知识，这里举了
两个烧汞的例子以做对比。第一例是在开放的环境中，汞受
火后即"飞"，飞是炼丹术语，意谓加热使汞升华。烧之既
久则汞消散殆尽，且不知何往，但王夫之断定其仍在大地之
中，绝对不会真的消亡。第二例则用以汞烧制朱粉的过程来
验证前面的论断。这是在密闭的条件下，经过一定的烧制方
法即生成朱粉（即一氧化汞）。这说明汞遇火之后的确没有
消失而是转化为它物。当然古代炼丹术的目的原是为了长生
不老，羽化登仙，王夫之这里将其作为物质不灭和转化的例
证，可谓善于化腐朽为神奇。第三例是说一车柴薪，烈火攻
之，即变为火焰、烟雾和灰烬，然而构成柴薪的木、水、土
诸元素并未消失。尽管它们细微难见，但决非化为乌有，而
是回复到原来的存在状态。第四例是用烧饭时饭和水一起沸
腾的生活现象；第五例是用燃烧松枝、取烟制墨的生产过
程。这两例和第二例的情况相仿佛，即是用开放与密闭两种

---

[1]《张子正蒙注》卷一《太和篇》，《船山全书》第 12 册，第 21—22 页。
[2]《俟解》，《船山全书》第 12 册，第 482 页。

不同的环境来加以对照，以说明这一道理，这里就不再细加解释。总之，由上述五例即可清楚地知道，王夫之对物质不灭和相互转化的问题的确有十分深刻的理解，因此他方能上升到理论的高度加以总结："有形者且然，况其细缊不可象者乎！未尝有辛勤岁月之积一旦悉化为乌有，明矣"，[1]"生非创有，而死非消灭，阴阳自然之理也"。[2] 无论有形之物或无形之气，经过"火"的验证，都可确知是永恒存在的，这可被认作自然界的一条规律。

因此，王夫之对火论评价很高，他认为君火、相火说从气化理论的角度来看比五行说要合理得多，说："气则分阴阳之殊矣。阴阳之各有其火，灼然著见于两间，不相近合，不能以阴火之气为阳火也。阴火，自然之火也；阳火，翕聚之火也。阴火不丽木而明，不炀金以流，不炼土以坚，不遇水而息。而阳火反是，萤入火则焦，烛触电则灭，反相息矣。故知二火之说贤于木金土各占二卦之强为增配也。"即是说君火即阳火，相火即阴火。阴火是自然之火，因此它不必依靠木、金、土的存在而存在；阳火是翕聚之火，像萤火、像烛光，十分微弱。由此可知，王夫之也受到朱震亨较大的影响，是一位主相火论者。所以，他认为相火是不会消灭的，说："龙雷之火，附水而生，得水益烈，遇土则蔑不伏也。""水克火，以水之熄火；乃火亦熯水矣，非水之定胜

---

〔1〕《张子正蒙注》卷一《太和篇》，《船山全书》第12册，第22页。
〔2〕《周易内传》卷五上《系辞上传》，《船山全书》第1册，第520页。

也。"水未必克火，土也不能制伏火，在他看来相火是生生不息、恒动无穷的。火恒动无穷，气也恒动无穷，因为阴火（相火）、阳火（君火）都存在于"浑然一气之中"。[1] 王夫之进一步从哲学本体论的立场发挥这一认识，说："太虚者，本动者也"，[2] 而"阴阳二气充满太虚，此外更无他物"，[3] 这就十分明确地指出作为物质性宇宙本体的太虚，其本身也是永恒运动的，从而彻底否定了主静论者将宇宙本体归结为精神的种种说法。这就是王夫之火论最终所达到的理论高度。

以上对富有中国特色的火论哲学进行了一番大致的回顾。可以看出，这一哲学范畴内容的丰富和深刻，在理论思维方面所做出的拓展与贡献，比之于西方的火论都有过之而无不及。特别值得一提的是，中国火论哲学特别是方以智、王夫之的有关论述，具有某种理论上的前趋性。除了前面提到的胡克之外，像十八世纪著名的法国学者狄德罗、霍尔巴赫等人在论证物质自己运动时所用的方法，都与方、王二人有着惊人的相似之处，这的确是令人深思的。[4] 当然，古代火论的缺陷也是明显的，主要是未能完全超出直观的水平，对物质多样性的形成原因做不出合理的回答。

---

[1] 《思问录外篇》，《船山全书》第 12 册，第 465、447、444、464 页。
[2] 《周易外传》卷六《系辞下传》，《船山全书》第 1 册，第 1044 页。
[3] 《张子正蒙注》卷一《太和篇》，《船山全书》第 12 册，第 26 页。
[4] 参见侯外庐主编：《中国思想通史》第四卷（下册）；萧萐父、李锦全主编：《中国哲学史》（下卷）。

第四章

太极与阴阳

　　"太极""阴阳"范畴在理学体系中处于十分重要的位置，在从宋到明清的医学理论中也同样受到重视。这一对范畴都和儒家经典《周易》有着直接关系。"太极"观念，始见于《易传·系辞上》，其云："易有太极，是生两仪，两仪生四象，四象生八卦。""阴阳"一词虽未见于《易经》，但阴阳观念已寓含于刚柔及卦爻之中。《易传》则已明确提出阴阳概念，《系辞上》曰："一阴一阳之谓道。"[1]《庄子·天下》篇也认为："《易》以道阴阳。"[2]即言《周易》主要论说的是阴阳学说。理学家无不热衷于《周易》之学，他们探讨"太极""阴阳"以及其他重要哲

---

〔1〕《十三经注疏》，第 169—170、161 页。
〔2〕《庄子集释》卷一〇下《天下》，第 1067 页。

学范畴时，纷纷借《周易》以立言，由此又掀起了一个医易学研究的热潮。

据《宋史·艺文志》载，仅北宋解《易》的著作就有六十余家。其中著名的有：欧阳修（1007—1072）、李觏（1009—1059）、胡瑗、周敦颐、邵雍、张载、王安石（1021—1086）、司马光、程颢、程颐、苏轼（1037—1101）等。这一时期易学研究的基本特征是，深入发掘《易经》中所蕴含的微言大义，从总体上把握《周易》的精神实质，并将《周易》的原理高度哲理化。宋易大致上可划分为象数派与义理派两大类型。象数派的代表人物为周敦颐与邵雍。周敦颐的易学著作为《太极图说》与《易通》。周氏接受释道之学，将道士陈抟的《无极图》改变为论证世界本体及其形成发展的《太极图》，他说："无极而太极。太极动而生阳，动极而静，静极而生阴。静极复动。一动一静，互为其根；分阴分阳，两仪立焉。阳变阴合，而生水火木金土。五气顺布，四时行焉。五行，一阴阳也；阴阳，一太极也；太极，本无极也。"[1]"五行阴阳，阴阳太极。四时运行，万物终始。混兮辟兮，其无穷兮。"[2] 将"太极"作为混沌未分之元气，经过动静阖辟而分出阴阳二气，阴阳互动又生出五行，五行之气按顺序流布，方有春夏秋冬的交递。这种太极动静观有一定的辩证因素，对宋明易学中的太极思想有较大

---

〔1〕《周敦颐集》卷一《太极图说》，第3—5页。
〔2〕《周敦颐集》卷二《通书·动静》，第28页。

影响。但其将太极归于静止之无极，承认世界本体为"动而无动，静而无静"的虚无精神，最终陷入了形而上学。邵雍的易学颇受后世学者重视。邵氏易学将《易传》关于八卦形成的解释与道教的宇宙生成说相糅合，构造出一个完整的宇宙生成图式和学说体系，以推衍解说自然和人事变化，形成其象数之学。他认为宇宙的本原为"太极"，说："太极一也，不动生二，二则神也。……神生数，数生象，象生器。"太极为绝对之"一"，在静止中产生"二"，"二"具有变化不测之性能"神"，因此而生出"数"与"象"，并由此而有了有形的个体事物，其"合之斯为一，衍之斯为万"。[1]邵雍又有"天由道而生，地由道而成"，[2] 即"道为太极"的说法。同时，他还认为"心为太极"，说："先天学，心法也。故《图》皆自中起，万化万事，生乎心也。"[3] "身生天地后，心在天地前。天地自我出，自余何足言。"[4] 这样"太极"又成为主观意识"心"的反映。康节易学较为驳杂，后人的评价也褒贬不一。贬之者认为其穿凿附会，褒之者认其阐扬伏羲、孔子之道。其易学中的一些概念，受到朱熹等人的阐释，因而对后世理学发展亦深有影响。义理派的代表人物为张载与程颐。张载善于以阴阳二气解《易》，于《易传》中特重《系辞》，其易学思想体系的建立主要是通

---

〔1〕《皇极经世》卷一二，《邵雍全集》第3册，第786、757页。

〔2〕《皇极经世》卷一一，《邵雍全集》第3册，第735页。

〔3〕《皇极经世》卷一二，《邵雍全集》第3册，第770、779页。

〔4〕《伊川击壤集》卷一九《自余吟》，《邵雍全集》第4册，第284页。

过阐释《系辞》来完成的。他在《正蒙·参两》中说:"地所以两,分刚柔男女而效之,法也;天所以参,一太极两仪而象之,性也。"[1] 以太极表示阴阳刚柔的统一。刚柔男女彼此对立,谓之两;对立又相互统一,谓之参。又说:"一物而两体者,其太极之谓欤!阴阳天道,象之成也。刚柔地道,法之效也。仁义人道,性之立也。三才两之,莫不有乾坤之道也。"还说:"两不立则一不可见,一不可见则两之用息。两体者,虚实也,动静也,聚散也,清浊也,其究一而已。有两则有一,是太极也。若一则有两,有两亦一在,无两亦一在。然无两则安用一?不以太极,空虚而已,非天参也。"[2] 这里可以看出,张载所谓"太极"又与"太虚"范畴似乎一样。二者都是将"气"的有无、虚实、动静等性质与状态统一起来,因此张载的"太极"范畴也应解作气本体论。张载将《周易》的"太极"与《内经》的"太虚"相联系的说法,被明代张介宾所吸取与发挥。程颐解《易》不讲太极,而以"理"为最高范畴。他在释《恒》卦象文"日月得天而能久照,四时变化而能久成,圣人久于道而天下化成。观其所以恒,而天地万物之情可见矣"时说:"此极言常理。日月,阴阳之精气耳,唯其顺天之道,往来盈缩,故能久照而不已。得天,顺天理也。四时,阴阳之气耳,往来变化,生成万物,亦以得天,故常久不已。圣人以

---

[1]《张载集》,第 10 页。
[2]《横渠易说·说卦》,《张载集》,第 235、233—234 页。

常久之道，行之有常，而天下化之以成美俗也。观其所恒，谓观日月之久照、四时之久成、圣人之道所以能常久之理。观此，则天地万物之情理可见矣。天地常久之道，天下常久之理，非知道者孰能识之?"[1] 就是说日月能久照，四时能生成万物，是因顺天之理（或道）。阴阳二气以阴阳之理为存在根据，有形之气只能顺其无形之理才能永恒存在，也即所谓"有理则有气"。[2] 程颐这种以理为本的观点多被朱熹所继承。

南宋朱熹为宋易的发展开辟了新局面。他主要继承发展程颐及张载的易学思想，以讲义理为主，同时又兼收邵雍的象数之学。朱熹以太极为其易学及整个哲学的最高范畴，其释"易有太极"时说："易者，阴阳之变。太极者，其理也。"[3] 又说："阴阳只是阴阳，道是太极。程子说：'所以一阴一阳者，道也。'" 太极就是理，就是所以一阴一阳的道。朱熹又提出"人人有一太极，物物有一太极"[4] 之说，《太极图说解》云："盖合而言之，万物统体一太极也；分而言之，一物各具一太极也。"[5] 又说："太极只是个极好至善底道理。人人有一太极，物物有一太极。"[6] 太极是最高的理，此理又是万物存在的根据。人人物物都依据此理

〔1〕《二程集·周易程氏传卷第三》，第 862 页。

〔2〕《易说·系辞》，《二程集·经说卷第一》，第 1030 页。

〔3〕《周易本义》卷三《系辞·系辞上传》，第 240 页。

〔4〕《朱子语类》卷九四，第 2390、2371 页。

〔5〕《周敦颐集》卷一，第 6 页。

〔6〕《朱子语类》卷九四，第 2371 页。

而存在，所以人人物物俱有此理。朱熹易学对后世影响深远，此后讲论易理者，多兼及象数。

医源于易或医易同源之说在宋以前并不明显。唐孙思邈《千金要方·大医习业》曾认为，"凡欲为大医"，除了熟谙《内经》等医著外，"又须妙解阴阳禄命、诸家相法，及灼龟五兆，《周易》六壬，并须精熟，如此乃得为大医"。[1] 只是将《周易》作为名医知识结构中的一项内容，并未放在特殊位置上。宋以后，随着对《周易》与《内经》的深入探讨，此说方成为医儒之共识。人们逐渐发现《易经》中《剥》《豫》《萃》《艮》《咸》等卦中，有医术方面的记载；而《内经》则吸取了《彖传》《象传》《文言》等的气阴阳论的思想。特别是理学家对于《周易》的高度重视，使医界受到重大的启迪，于是宋明时期知名医家无不谈《易》。刘完素在《素问玄机原病式序》中写道："自古如祖圣伏羲画卦，非圣人孰能明其意二万余言？至周文王方始立象演卦，而周公述爻，后五百余年，孔子以作《十翼》，而《易》书方完然。后《易》为推究，所习者众，而注说者多。……易教体乎五行八卦，儒教存乎三纲五常，医教要乎五运六气，其门三，其道一，故相须以用而无相失，盖本教一而已矣。"[2] 明确提出易、儒、医三位一体的观点。张从正以《易》之卦象比喻人之器官："《观》卦者（䷓），视之理也。

---

〔1〕《备急千金要方校释》卷一，第1—2页。
〔2〕《素问玄机原病式（注释本）·序》，第8页。

视者，目之用也。目之上纲则眨，下纲则不眨，故《观》卦上巽而下坤。《颐》卦者（☷），养之理也。养者，口之用也。口之下颌则嚼，上颌则不嚼，故《颐》卦上艮而下震。"〔1〕以《观》卦为视之"理"，以《颐》卦为养之"理"，明显带有理学时代的特色。李杲则以易象喻药理："荷叶之物，中央空，象《震》卦之体。震者，动也，人感之生。"〔2〕为言说荷叶性动，易发散的性质，特援易理以作例证。朱震亨治病"参之以太极之理，《易》《礼记》《通书》《正蒙》诸书之义，贯穿《内经》之言，以寻其指归"。〔3〕这段话更为明确，将朱氏熔《周易》、《礼记》、周敦颐《通书》、张载《正蒙》与《内经》为一炉，方能参之以太极之理，作为论医诊病的理论指导，表述得十分清楚。相互争鸣的刘、张、朱、李等"金元四大家"在学术上无不倡言医易相通论。至明代，医易相通之说又有很大发展。孙一奎说："《易》理明，则可以范围天地，曲成民物，通知乎昼夜。《灵》《素》《难经》明，则可以节宣化机，拯理民物，调燮札瘥疵疠而登太和。故深于《易》者，必善于医；精于医者，必由通于《易》。术业有专攻，而理无二致也。斯理也，难言也。非独秉之智不能悟，亦非独秉之智不能言也。……故曰：不知《易》者，不足以言太医。惟会理之精，故

---

〔1〕《儒门事亲》卷二，第49页。
〔2〕《兰室秘藏》卷上，第8页。
〔3〕戴良：《丹溪翁传》，《丹溪心法》附录，第119页。

立论之确，即通之万世而无弊也。"〔1〕认为将医易互参，明了太极之玄理，即可随证用药应手而瘳。张介宾则进一步将医易说发挥到极致。他说："《易》之为书，一言一字，皆藏医学之指南；一象一爻，咸寓尊生之心鉴。"又说："天之变化，观《易》可见；人之情况，于象可验；病之阴阳，有法可按。"即认为易学乃是医学的指南，天地万物的法则和人类的生理法则以及治疗疾病的法则，都无非是阴阳变易之理，而此基本法则，即存于《周易》一书中。因此他又说："虽阴阳已备于《内经》，而变化莫大乎《周易》。故曰：天人一理者，一此阴阳也；医易同原者，同此变化也。岂非医易相通，理无二致，可以医不知《易》乎?"〔2〕从而得出了"医易相通""医易同原"的结论。毫无疑问，这正是理学家的"易学热"对医学家的感染，也是理学作为具有重大影响的哲学思潮对传统医学领域的大规模渗透，从而给古老的《周易》与《内经》都赋予了种种新的内容，使人们从此在理学的基础上对医学与易学的相互关系去做更深入的了解与认识。

太极与阴阳既是宋明时期理学研究的重要范畴，同时也是这一时期医易学所探讨的重要问题。当然，医学家在探讨这两个范畴时受到理学思想的强烈影响是毋庸置疑的。但

---

〔1〕《医旨绪余》上卷《不知易者不足以言太医论》，《赤水玄珠》，第554页。

〔2〕《类经附翼》卷一《医易》，《类经》，第668、664页。

是，也应该看到，在以《内经》为代表的传统医学理论基础上所做的任何哲学探讨，都必然有自己独特的视角。宋明医易学对太极和阴阳所作的阐发就带有这种特点，从而为这两个范畴的研究提出了新的见解，提供了新的思路。

先从太极范畴谈起。理学开山周敦颐作《太极图》与《太极图说》，以太极为阴阳五行之本原，建立了一个宇宙论，以为阴阳五行，万事万物，皆由太极化生演变。由于此文十分简略，再加上版本不同造成某些关键文句的歧异，因此后人在对此文的理解上有很大的出入。但是，由于《太极图说》第一次把"太极"作为重要范畴，纳入理学体系，其影响还是十分深远的。后世理学家和医家都共同接受了周敦颐所描绘的宇宙图景，立论都从太极范畴入手，且多配之以图解，连周氏杂糅佛道两家思想的特点，也俱为后世所吸取。当然，邵雍、张载、朱熹等人对太极范畴的不同说解，使理学太极论出现了气本论、理本论和心本论等不同派别，医家也受此影响，虽其派别性并不显著，但也流露出一些不同倾向。下面仅就几位医家的太极观作一简要论述。

朱震亨是第一个将理学太极思想引入医学的。前面已经提到，朱氏的学说是将医、易与周敦颐《通书》、张载《正蒙》等相互杂糅贯通而产生的，其太极思想也因此而显得较为复杂难辨，须细加剖析方可弄明白其中的真正含义。《格致余论·相火论》中说：

> 太极，动而生阳，静而生阴。阳动而变，阴静而

合，而生水、火、木、金、土，各一其性。[1]

这明显是取周敦颐《太极图说》作为宇宙万物生成的说理根据，从太极动静推其原始，而论五行各一其性。过去一些论者认为朱震亨引用理学家周敦颐和朱熹的学说论证五行之火产生于先天太极，并以理学的体用、动静、人心道心、天理人欲等思想对恒动说作了种种限制，最终的结论却是主静。持此论者并以朱熹的"静者为主，而动者为客，此天地阴阳自然之理"[2] "若不是极静，则天地万物不生"[3] 等语作为自己观点的论据，从而认为朱震亨所言太极为绝对精神之本体。笔者认为上述观点不妥。首先，朱震亨所说的"人心听命乎道心，而又能主之以静"，实质上指的是用理学修养来调节过度之情欲，与宇宙生成论关系不大，笔者在前一章已作过专门论述。朱熹的上面几段引文的确是讲静为动本、静极生物的，这与其太极为理的思想也相一致。但朱震亨并无此意，他甚至与周敦颐《太极图说》中的相关说法也不完全一样。周氏原文是："太极动而生阳，动极而静，静极而生阴。静极复动。一动一静，互为其根；分阴分阳，两仪立焉。阳变阴合，而生水火木金土。五气顺布，四时行焉。五行，一阴阳也；阴阳，一太极也。"其中阴阳动静、互为其根的观点虽含有辩证因素，但其又割裂了阳动与阴静的关

---

〔1〕《格致余论》，第41页。
〔2〕《答徐彦章》，《全宋文》卷五五五九，第248册，第101页。
〔3〕《朱子语类》卷七六，第1941页。

系，让阴气仅同静止结合在一起，从而将静止绝对化。朱震亨恰是在此点上改造了周氏的说法，而仅仅保留了"太极动而生阳"的观点，同时又强调"天主生物，故恒于动"，"火内阴而外阳，主乎动者也，故凡动皆属火"，[1] 反倒露出太极本于阳动，其动恒而不穷的初衷。那么，朱震亨所谓"太极"到底是理抑或是气呢？他正和周敦颐一样没有作正面的回答，需通过对其全部思想加以分析，方可做出正确判断。朱震亨在《格致余论·夏月伏阴在内论》中说："天地以一元之气化生万物，根于中者，曰神机；根于外者，曰气血。万物同此一气。"[2] 这一思想明显来自张载。天地万物同此一气，气为宇宙的本原。这里为什么不提太极？这当然不是疏忽。笔者认为，朱震亨在这里没有描述宇宙生成的图式和程序，所以没有必要再论及太极，而可以直接明确地提出物质性的气范畴，以表明自己哲学上的传承关系。朱氏这方面的论述尚有："气也，即天之谓也。自其无极者观之，故曰大气。"[3] 此处的"无极"绝非周敦颐"无极而太极"的无极，而是指宇宙间的气无边无际。《素问·气交变大论》有："宣明大道，通于无穷，究于无极也。"[4] 这个"无极"作无限解，朱震亨所言即类此。由此可知，朱震亨是以气为本的太极论者。

---

〔1〕《格致余论·相火论》，第41页。

〔2〕《格致余论》，第11页。

〔3〕《格致余论·天气属金说》，第48页。

〔4〕《黄帝内经素问》，第283页。

张介宾的易学修养十分深厚，其友叶秉敬在《类经序》中说："世之能注《易》者，不出于程朱；能注《内经》者，不出于秦越人、王太仆。景岳一人，却并程朱秦王四人合为一人，而直接羲黄之脉于千古之上，恐非程朱秦王所能驾也。"[1] 指出张介宾学识渊博，兼通医易，超过或医或儒之人。细观张氏《医易义》诸篇，可知其对宋易各家各派都有研究，并深有心得。他以太极为天地万物和人类生命的本原，说：

> 太极者，天地万物之始也。《太始天元册》文曰：太虚廖廓，肇基化元。老子曰：无名天地之始，有名万物之母。……邵子曰：若论先天一事无，后天方要着工夫。由是观之，则太虚之初，廓然无象，自无而有，生化肇焉。化生于一，是名太极。太极动静而阴阳分。故天地只此动静，动静便是阴阳，阴阳便是太极，此外更无余事。

这里将太虚、道、先天、无极统统解释为太极，可谓熔医、易、道家、道教、儒学等的宇宙论为一炉。其中所引《太始天元册》中文，见《素问·天元纪大论》。其将《素问》所说"太虚"等同于《系辞》所说的太极，明显受张载的影响。在他看来，以"太虚"解释太极最为合适，因为"太虚之初，廓然无象，自无而有，生化肇焉。化生为一，是名太

---

[1]《类经》，"序"，第2页。

极"。但是，这里所谓太虚，已非《内经》或张载所指的充塞着物质性之气的宇宙，因其"自无而有"。他又说："太虚者，太极也，太极本无极，故曰太虚。"太虚又可看作周敦颐的《太极图说》中的太极本无极。并明确指出太极即朱熹所说的"理"，"夫太极者，理而已矣。朱子曰：象数未形理已具"。由此看来，张介宾所谓太极是指精神性的本体。但是张介宾又说"阴阳便是太极，此外更无余事"，似乎又以太极为阴阳二气未分之统一体。在《类经图翼·运气上》还有类似的论述，如"先儒曰：天下无理外之气，亦无气外之理。故理不可以离气，气不可以外理，理在气亦在，气行理亦行"，"先天者太极之一气，后天者两仪之阴阳"。[1] 这种说法又将太极解释为物质性的气。由此可以看出，张介宾的太极理论存在着内在的矛盾。同样的矛盾也见于朱熹哲学思想中，朱熹说："太极只是一个气，迤逦分做两个：气里面动底是阳，静底是阴。又分做五气，又散为万物。"当他讲到太极即气而化生万物时，显然受到包括《内经》、张载等在内的元气宇宙生成论的影响。而当其讲到世界本原时，理（太极）与气即为一种主从关系，如说："总天地万物之理，便是太极。"[2] "气之所聚，理即在焉，然理终为主。"[3] 这种宇宙生成论与宇宙本体论的矛盾在朱熹哲学中始终存在，使理和气形成两个相互对立的范畴。张介宾太极

---

〔1〕《类经图翼》卷一《运气上》，《类经》，第525—526页。
〔2〕《朱子语类》卷三，第41页；卷九四，第2375页。
〔3〕《答王子合》，《全宋文》卷五五三七，第247册，第159页。

理论中的矛盾状况与朱熹的十分相似。然而他将太虚说与太极说密切结合在一起，使医易学有了进一步提高，这也是一种贡献。

明清两代，朱熹理学已被提到儒学正宗地位，其太极论在医易学中影响也最著，孙一奎《医旨绪余》中的观点也多从朱熹处加以发挥。其《太极图抄引》说："天地万物，本为一体。所谓一体者，太极之理在焉。故朱子曰：太极只是天地万物之理。在天地，统体一太极；在万物，万物各具一太极。即阴阳而在阴阳，即五行而在五行，即万物而在万物。夫五行异质，四时异气，皆不能外乎阴阳。阴阳异位，动静异时，皆不能离乎太极。人在大气中，亦万物中一物耳，故亦具此太极之理也。"[1] 朱熹有所谓"理一分殊"之说，认为"万个是一个，一个是万个"，[2] 即是说"万个"事物之理，全具"一个"本体之理。孙一奎依据这种太极观，讨论太极与万物即"一"与"多"之间的相互关系，无论阴阳五行还是人或物都存在着太极之理，但太极之理也存在于万事万物之中。显然孙一奎发挥的多为朱熹宇宙生成论方面的内容。如说："天地间非气不运，非理不宰，理气相合而不相离者也。何也？阴阳，气也。一气屈伸而为阴阳动静，理也。理者，太极也，本然之妙也。"[3] 太极存在于

---

[1]《医旨绪余》上卷《赤水玄珠》，第 553 页。
[2]《朱子语类》卷九四，第 2409 页。
[3]《医旨绪余》上卷《不知易者不足以言太医论》，《赤水玄珠》，第 553—554 页。

一气屈伸之中，属于朴素唯物论方面的内容。清代名医吴瑭（约1758—1836）《温病条辨》中也有类似内容。他说："古来著本草者，皆逐论其气味性情，未尝总论夫形体之大纲，生长化收藏之运用，兹特补之。盖芦主生，干与枝叶主长，花主化，子主收，根主藏，木也。草则收藏皆在子。凡干皆升，芦胜于干。凡叶皆散，花胜于叶。凡枝皆走络，须胜于枝。凡根皆降，子胜于根。由芦之升而长而化而收，子则复降而升而化而收矣。此草木各得一太极之理也。"〔1〕即认为草木之中各有阴阳升降的性能，符合太极之理存在于阴阳二气之中的道理。可见医家从临床实践出发，其医理与药理较易接受物质实体性的哲学见解。另外也可看到，朱熹太极论对后世影响确实存在着积极性的一面。

当然，作为宋至明清时代的医家，他们对太极等理学重要范畴的兴趣，主要并不在理论思辨上，而是将其运用到具体的医学理论研究中。朱震亨说："先儒谓物物具太极，学者其可不触类而长，引而伸之乎！"〔2〕孙一奎也说："医之为教，正示人节宣天地之气而使之无过不及。攻是业者，不能寻绎太极之妙，岂知本之学哉！"〔3〕张介宾等人也有不少这方面的论述。这说明他们希望能用太极理论去探索人身的奥秘，医道似乎亟须易道来拓展。

于是，太极理论被用于医学研究的各个领域。有以太极

〔1〕《温病条辨》卷六《草木各得一太极论》，第179页。
〔2〕《格致余论·呃逆论》，第47页。
〔3〕《医旨绪余》上卷《太极图抄引》，《赤水玄珠》，第553页。

论胚胎发育的，如张志聪（1610—1674）说："人之始结胚胎，犹太极耳。"[1] 陈修园（1753—1823）《医学实在易》也持此说。有以太极论脏腑经络的，如汪绂（1692—1759）、邵同珍（清末人）等，汪绂《医林探源·例言》说："言同源，则五脏何莫非同源？五行，一阴阳也，阴阳，一太极也。以言其分，则五行之生，各一其性……而脏腑、经络、营卫可综于一。"[2] 邵同珍《医易一理》说："盖天地一大太极，人身一小太极，即两仪、四象、八卦，人身亦具焉。脾土色黄，居中，主静，藏意，为诸藏资生之本，太极也。"[3] 邵氏以脾脏为人身之太极，因其为补土派。有以太极论药理药性的，如高佑釲（十七世纪人），其在《本草述》序中说："太极之理，一阴一阳尽之矣。……然则人之阴阳，其得之以为脏腑气血营卫者，不由是乎？……惟察端于万物共此一太极，与一物各有一太极之理，而知人性之与四时通，及药性之与五脏六腑通，其理一也。……其于人也，备阴阳之太极，而五脏六腑具焉。于物也，又各分太极之阴阳，而若气若味分焉。此一本而万殊也。"[4] 另外，还有以太极论病机的，以太极论气血之治的，以太极论脾胃生化的，以太极论元精元阳的，以太极论命门的，凡此种种，不胜枚举。笔者以为其中最有理论价值的当数赵献可、张介

〔1〕《侣山堂类辩》卷上《辩两肾》，《张志聪医学全书》，第1046页。
〔2〕《医林纂要探源·例言》，第7页。
〔3〕《医易一理》，《三三医书（精校本）》第三册，第637页。
〔4〕《本草述校注》，"序"，第11页。

宾、孙一奎等的太极命门说。而赵献可对这一理论的形成最有建树。下面主要就赵氏的学术观点略加论述。

据《鄞县志》载，赵献可"尤善于《易》而精于医"，[1] 并能贯通儒、释、道于医学，其云："余所重先天之火者，非第火也，人之所以立命也。仙炼之为丹，释传之为灯，儒明之为德者，皆是物也，一以贯之也。"[2] 因此命名所著书为《医贯》。赵献可认为："人受天地之中以生，亦原具有太极之形在人身之中，非按形考索，不能穷其奥也。"[3] 即人体中的太极必有形迹可寻，而"人身太极之妙"即命门。"命门"一词最早见于《灵枢·根结》，但其未作详论。《难经·三十九难》说："命门者……男子以藏精，女子以系胞。其气与肾通。"[4] 仅说明了命门与肾有密切关系。而赵献可则直接提出了命门在人体中的具体位置，并绘出图式。他说："命门在人身之中，对脐附脊骨，自上数下，则为十四椎，自下数上，则为七椎。……此处两肾所寄，左边一肾属阴水，右边一肾属阳水。各开一寸五分，中间是命门所居之宫，即《太极图》中之白圈也。其右旁一小白窍，即相火也。其左旁之小黑窍，即天一之真水也。此一水一火，俱属无形之气。相火禀命于命门，真水又随相火。"

----

〔1〕引自《古今图书集成医部全录》卷五一二《医术名流列传》，第12册，第288页。

〔2〕《医巫闾子医贯序》，《医贯》，"序"，第2页。

〔3〕《医贯》卷一《玄元肤论》，第6页。

〔4〕《难经校释》，第95页。

命门在两肾之间，似周敦颐《太极图》中所画之白圈，位置虽很具体但无形迹。赵献可对此有所发挥，他说：

> 《系辞》曰：易有太极，是生两仪。周子惧人之不明，而制为《太极图》。无极而太极。无极者，未分之太极。太极者，已分之阴阳也。一中分太极，中字之象形，正太极之形也。一即伏羲之奇一而圆之，即是无极。既曰先天太极，天尚未生，尽属无形，何为伏羲画一奇，周子化一圈，又涉形迹矣？曰：此不得已而开示后学之意也。

太极即无极，虽包含阴阳两仪，但属无形，因此时天尚未生，伏羲《先天图》画一奇，周子《太极图》画一圈，已涉及形迹，但并非其本意，不过是为了开示后学而已。这是赵氏悟出命门的第一步。其次，他的太极命门说还受到佛学真如思想的启迪。赵献可又讲了他与一高僧交谈的经过："余一日遇一高僧，问之：自心是佛，佛在胸中也？僧曰：非也。在胸中者是肉团心，有一真如心是佛。又问僧曰：真如心有何形状？僧曰：无形。余又问：在何处安寄？僧曰：想在下边。余曰：此可几于道矣。因与谈《内经》诸书及铜人图，豁然超悟，唯唯而退。"[1] 佛教所谓真如心，又名"自性清净心""如来藏"，《楞伽经》卷一："此是过去未来现

---

〔1〕《医贯》卷一《玄元肤论》，第7—8、5—6、2页。

在诸如来、应供、等正觉，性自性第一义心。"[1] 谓此心坚固真实，不生不灭。而肉团心则指类似心脏的生理结构。佛教真如心显然属于"形而上者"，赵献可联想到其也为无形，因此断定肾非命门，太极也非实物；命门在两肾中间，无形可见。但此无形之命门则为生命的主宰，"相火禀命于命门，真水又随相火"，命门则为相火之源，"此先天无形之火，与后天有形之心火不同"，"但命门无形之火，在两肾有形之中"。因此，他认为命门为性命之本，即因其中有火的存在，"是为真君真主，乃一身之太极"，[2] 而此火因其无形又寄托在左肾（水）右肾（火）之中。用理学太极理论来讲，就是无形之太极存在于有形之阴阳中。所以，赵氏在临证中，为使命门火强，则强调培补肾阴或肾阳。赵献可独创性地提出人身的太极为两肾间的命门，其动力为无形之火，这是他运用《周易》原理于医学的一大贡献。他否定《内经》心为君主之说，另立命门为真君真主，在当时实属大胆设想。姜春华教授认为："赵氏命门学说想象力高，说得具体，其所提相当于现代医学之脑垂体与肾上腺皮质激素的某些功能。"[3] 这可谓是通过太极学说的辩证思维方法而得出的新结论，具有前瞻性的理论价值。赵献可同时也吸取儒家之外的一些思维成果，这在当时已为一种时尚，如孙一奎《医旨

---

〔1〕《楞伽阿跋多罗宝经》卷一，《大正藏》第 16 册，第 483 页。
〔2〕《医贯》卷一《玄元肤论》，第 4 页。
〔3〕《历代中医学家评析》，第 169 页。

绪余·太极图说》中也有"释曰圆觉，道曰金丹，儒曰太极"[1] 之说。溯其源，这当为周敦颐之遗风。

与赵献可同时倡太极命门说的尚有张介宾、孙一奎。黄宗羲《张景岳传》说，张介宾与赵献可同时，"未尝相见，而议论往往有合者"。[2] 特别是在此问题上，如出一辙。张氏也说："命门居两肾之中，即人身之太极。由太极以生两仪，而水火具焉，消长系焉，故为受生之初，为性命之本。"[3] 稍早于赵、张的孙一奎对此的认识与二人大同小异："命门乃两肾中间之动气，非水非火，乃造化之枢纽，阴阳之根蒂，即先天之太极。五行由此而生，脏腑以继而成。"此动气"禀于有生之初，从无而有"，[4] 亦无形迹。

以上说明，太极学说在宋明医界得到了较为普遍的承认和接受，不仅使《内经》的传统天论思想掺入上述宇宙论和本体论的内容，使之出现了多元性的倾向，而且许多医家运用太极学说的原理，去探索并解答医学上的一个个未知问题，其中一些讨论已经越出《内经》的范围，得出了"离经叛道"的结论，如赵献可等人的太极命门说。当然这些结论难免会有牵强附会之处，但从总体上说对促进古代医学——哲学的理论发展，对促进学派之间的相互争鸣，都有其一定的价值和意义。

---

〔1〕《医旨绪余》上卷，《赤水玄珠》，第553页。
〔2〕《黄梨洲文集·传状类》，第50页。
〔3〕《类经附翼》卷一《求正录》，《类经》，第686页。
〔4〕《医旨绪余》上卷《命门图说》，《赤水玄珠》，第555、554页。

阴阳学说与太极学说不同，其在《周易》和《内经》中都十分重要。后者虽受前者较深影响，但也有其不同之处。《周易》认为太极生阴阳，阴阳生四象，四象生八卦，用的是"二分法"。而《内经》却采取所谓"三分法"，即以三阴三阳配天之六气、地之五行，并以五行生克制用的学说，说明万物生衰的气化过程，构成了阴阳五行的系统。当然，两者还有不少相同之处，如在探讨阴阳之间的相互关系时就极为一致。《周易》与《内经》都认为，阴阳虽相互依存，然而两者在矛盾过程中所处的地位却不一样，那就是阳盛阴衰，阳主阴从，应该扶阳抑阴。《系辞下》说："阳一君而二民，君子之道也；阴二君而一民，小人道也。"《彖传·泰卦》说："君子道长，小人道消也。"《泰》卦，上坤下乾，阳爻居下卦，正处于由内向外发展的过程中，故云"君子道长"；阴爻居上卦，则处于被向上发展的阳爻所取代的过程中，故云"小人道消"。因此其卦辞说："小往大来，吉，亨。"[1] 总之，《周易》认为阳为天、为君、为尊，阴为地、为臣、为卑，等等。通过阴阳表示尊卑等级观念。《内经》则认为人体内部阴阳中，以阳为本，阳气既固，阴必从之。说："凡阴阳之要，阳密乃固。……阳强不能密，阴气乃绝"，"阳气者，若天与日，失其所则折寿而不彰，故天运当以日光明"[2] 即是说如果阳气不够强密，阴气就会

---

〔1〕《十三经注疏》，第182、54页。
〔2〕《黄帝内经素问·生气通天论》，第14、10页。

衰竭。人体中的阳气就像天中的太阳，若没有太阳发光，天空就要变得晦暗。生命的主导是体内的阳气，若其失常不固，人就要折寿夭亡。尽管《周易》讲的是政治思想，而《内经》讲的是医学思想，但都是认为在阴阳这对矛盾中，阳为主导方面，阴处于从属地位。

宋代的几位理学大师，在兼收并蓄《周易》与《内经》的思想时，也吸收了阳主阴从、阳盛阴衰的观念。二程说："阴阳于天地间，虽无截然为阴为阳之理，须去参错，然一个升降生杀之分，不可无也"，"天地阴阳之变，便如二扇磨，升降盈亏刚柔，初未尝停息，阳常盈，阴常亏，故便不齐"。[1] 即阳性升生，常盈；阴性降杀，常亏。并明确指出阴必须顺于阳，"阴体柔躁，故从于阳则能安贞而吉，应地道之无疆也"。[2] 还说："阴阳尊卑之义，男女长少之序，天地之大经也。"[3] 表示出阳尊而阴卑、阳大而阴小、阳强而阴弱、阳唱而阴随这种主次关系不能移易的固定观点。张载在《易说·系辞下》中说："阳之意健，不尔何以发散和一？阴之性常顺，然而地体重浊，不能随则不能顺，少不顺即有变矣。有变则有象，如乾健坤顺，有此气则有此象可得言。"[4] 即是说，天阳之气至健，所以主发散和一；地阴之气常顺，所以地体随天而行，少有不顺即有变异。张载虽认

〔1〕《二程集·遗书卷第二上》，第 39、32 页。
〔2〕《二程集·周易程氏传卷第一》，第 707 页。
〔3〕《二程集·周易程氏传·上下篇义》，第 694 页。
〔4〕《张载集》，第 231 页。

为阳刚健、阴柔顺，但却有变异方生成万象的辩证因素。然而其尽管承认阴有"不顺"，却终不能离开阳尊阴卑、阳主阴顺的基本立场。朱熹的阴阳观念也具有一定的辩证思维内容，如认为，"天地间一阴一阳，如环无端，便是相胜底道理"，指出阴阳之间可以互易其位；还说："变是自阴之阳，忽然而变，故谓之变。化是自阳之阴，渐渐消磨将去，故谓之化。"以阴阳二气讲变与化，但其在政治伦理观上始终不能突破阴阳之间所固定的地位，他说："乾坤阴阳，以位相对而言，固只一般。然以分言，乾尊坤卑，阳尊阴卑，不可并也。以一家言之，父母故皆尊，母终不可并乎父。兼一家只容有一个尊长，不容并，所谓尊无二上也。"[1] 以上诸家的说法表明阳尊阴卑观念已扎根在理学的深层结构之中。

不仅理学家们信持此论，宋明时期的一些著名医家也受这种观念浸染很深。当然，这和他们之中有些人本身就处于理学门户之中有关。在宋明医学的派别中曾出过"阳有余阴不足"与"阳非有余"两种相互对立的观点，并进行了十分激烈的争论。前者以朱震亨为代表，后者以张介宾为代表。

朱震亨阳有余阴不足的论据，亦还是通过其医易学的基本理论提出来的，他说：

　　　天地为万物父母，天大也为阳，而运于地之外；地

---

〔1〕《朱子语类》卷七六，第 1940 页；卷七四，第 1887 页；卷六八，第 1683 页。

> 居于天之中为阴，天之大气举之。日实也，亦属阳，而
> 运于月之外；月缺也，属阴，禀日之光以为明者也。

天为阳，天体比地球大，是阳有余；地为阴，地球比天体小，是阴不足。日为阳，恒圆而不缺，是阳有余；月为阴，虽圆而常缺，是阴不足。因此，从自然现象看是阳有余阴不足的。将自然现象类比于人体生理状况后，仍然处处可见阳有余阴不足的状况。但是，"阳"却变成了必须抑制甚至必须禁绝的东西。在他看来，火属阳，主动，肝肾"二脏皆有相火，而其系上属于心。心君火也，为物所感则易动，心动则相火亦动，动则精自走，相火翕然而起，虽不交会，亦暗流而疏泄矣"。这里的"阳有余"是指肝肾之中所存在的相火容易妄动，相火妄动就会使肾精流泄，又导致"阴不足"。并且天人相应，由于天大于地，"人受天地之气以生，天之阳气为气，地之阴气为血，故气常有余，血常不足"。又因为日明于月，"人身之阴气，其消长视月之盈缺"，也可见阳常有余，阴常不足。再加上"人之情欲无涯，此难成易亏之阴气"，[1] 最是难以长期持守，进一步使得阳有余而阴不足的状况更甚更烈。因此，朱氏认为要想不使此种状况发生，必须保持肾精的充足，这就要抑制相火，使之不得妄动。也就是说，如果要避免"阴不足"，关键在于不能够出现"阳有余"。具体方法就是节饮食，戒色欲，"主静""正心"，

---

[1]《格致余论·阳有余阴不足论》，第2—3页。

不使相火妄动,而保持"阳平阴秘"。可见所谓"阳常有余",尤在着重指出情欲容易妄动,导致相火妄动,而发生种种疾病。朱氏之后,从元至明其门人及私淑者为数甚多,较著名的有戴思恭、王履(1332—1391)、王纶(生卒不详)、虞抟(1438—1517)、汪机(1463—1539)等。其中多有能透过师承而加以发明的。如戴思恭认为,气属阳,阳主动,动而中节,方能周流全身,循环无已,外则护卫体表,内则温养脏腑百节。但是,气动得太过,便可以引起乖戾失常,使清者变浊,行者留止,甚或一反其顺降之势,而导致变生冲逆之象。因此,他说:"捍卫冲和不息之谓气,扰乱妄动变常之谓火。"〔1〕即谓病虽起于气行失常,实当归咎于气机的火化。说明火与气原属一家,因其常变不同而化为二:常则为气,足以化生万物;变则为火,足以败乱生机。这是对朱氏"气为阳"思想的补充。虞抟对朱震亨"阳有余阴不足"论的发挥,也独具心得。他说:"夫阳常有余,阴常不足者,在天地则该乎万物而言,在人身则该乎一体而论,非直指气为阳而血为阴也。《经》曰'阳中有阴,阴中亦有阳',正所谓独阳不生,独阴不长是也。"〔2〕因此他认为血虚可以从益气着手,借助阳气以化生阴血。这里虞氏是从《内经》的有关论述出发,指出阳也是不可缺少的,其实已与朱震亨的观点略有不同了。然虞抟在这本名为

〔1〕《金匮钩玄》附录《气属阳动作火论》,第59页。
〔2〕《医学正传》卷一《医学或问》,第4页。

《医学正传》的书序中云："愚承祖父之家学，私淑丹溪之遗风。"[1] 其宗于朱氏是有家学渊源的。

　　张介宾对朱震亨"阳有余阴不足"论持激烈的反对意见。他说："尝见朱丹溪阳常有余阴常不足论，谓人生之气常有余，血常不足，而专以抑火为言。且妄引《内经》阳道实、阴道虚，及至阴虚，天气绝，至阳盛，地气不足等文，强以为证。此诚大倍经旨、大伐生机之谬谈也。"[2] 以为丹溪之说歪曲了《内经》原意，因此他提出了"阳非有余"论，与之针锋相对。在《类经附翼·大宝论》中其着重阐述了阳气的重要性，主要内容可归纳为三个方面。第一，从水火辨阴阳，他说："水为阴，火为阳也。造化之权，全在水火。"说明水必须赖有阳气才能生物化气，所谓"天一生水"，就是说水赖天一之阳而生；水性就下，火性炎上，水得火则升，火得水则降，水火相济则能生物。第二，从形气辨阴阳，曰："阳化气，阴成形，是形本属阴，而凡通体之温者，阳气也；一生之活，阳气也；五官五脏之神明不测者，阳气也。"说明"阳气"是人体的根本，没有阳气人就无法生存。第三，从寒热辨阴阳，他说："热为阳，寒为阴；春夏之暖为阳，秋冬之冷为阴。"说明自然界的万物，都是依靠阳光的热能，方可生长发育；因此，春生夏长，秋收冬藏，显示出"热"能生万物，而"寒"则无生意。据此，

[1]《医学正传·序》。
[2]《景岳全书》卷三《传忠录下》，第84页。

张氏认为在阴阳之中，阳气是主要的。他说：

> 凡阳气不充，则生意不广，而况于无阳乎？故阳惟
> 畏其衰，阴惟畏其盛，非阴能自盛也，阳衰则阴盛矣。
> 凡万物之生由乎阳，万物之死亦由乎阳，非阳能死物
> 也，阳来则生，阳去则死矣。……天之大宝，只此一丸
> 红日；人之大宝，只此一息真阳。[1]

由于所持的理论立场截然不同，因此在治则上也不相同。朱
震亨一派主张应以补阴精而抑相火为主，张介宾却主张应以
温养阳气而填补真阴为主。所以朱氏一派被称为"滋阴派"，
而张介宾等人则被称为"温补派"。从治疗方法上来看，朱
氏针对人体无形之功能过度发挥，致使阴精过分损耗的状
况，创制并使用了滋阴降火之剂，如越鞠丸、大补阴丸、琼
玉膏等，在临床上确具显著疗效。但是仅用滋阴法尚不能完
全解决问题，因为在他看来人的欲望过度恰是造成阳有余的
重要原因，而这却只能靠"主静""正心"和"寡欲"等理
学修养来解决，这实际上已在表明其治疗方法有一定的局限
性。张介宾由于认为阳非有余，阴亦常不足，因此在临床上
主张慎用寒凉和攻伐之剂，他创左归饮治命门阴衰阳盛，右
归饮治命门阳衰阴盛；前者意在峻补真阴，后者意在温壮元
阳，所用主药均为熟地，结果被后人称为"张熟地"。张氏

---

[1] 《类经附翼》卷一《求正录》，《类经》，第 684—685 页。

这种治疗方法有其独到之处,但是在阳非有余理论的指导下,却导致后世滥用补药之流弊,无论何病都温补肾气,反而适得其反,造成一些不应有的后果。

尽管朱震亨与张介宾的理论看上去水火不容,事实上却不尽然。朱氏认为君、相二火均属阳,因情欲所煽而易动,所以以养心寡欲为要,因为心静则不会为物欲所感,而不致使相火妄动。所以朱氏所谓"相火妄动"则为邪火,而不是真正的火;其言"阳有余"则为阳之邪,并非是真正的"阳"。但朱氏本人并没有说清楚,故造成这一聚讼百年的公案。张介宾所以说凡贼人之火不是君相的真火,邪火与相火了不相涉,邪火方可言贼,而相火不可言贼。张氏之说实际上只是朱震亨说法的一种补充,但由于其也囿于一偏,致使竟形成了针锋相对的两种学派。

如果作进一步的考察,可以认识到上述问题的复杂化,和儒家政治伦理思想的介入有着直接关系。在《内经》中有"阴平阳秘,精神乃治,阴阳离决,精气乃绝"[1]的说法,朱震亨也说:"气为阳宜降,血为阴宜升,一升一降,无有偏胜,是谓平人。"[2]张介宾则说:"以精气分阴阳,则阴阳不可离。"[3]说明医家在临床实践中认识到人体中阴阳应该是平衡的。但是他们受到从《周易》到理学的影响,强调了在阴阳矛盾中,阳是主导方面,阴处于从属地位,并将此

---

〔1〕《黄帝内经素问·生气通天论》,第14页。
〔2〕《局方发挥》,《朱丹溪医学全书》,第44页。
〔3〕《景岳全书》卷五〇《新方八阵略引》,第1729页。

关系固定下来，造成了自己理论的局限性。清代中期名医章楠（生卒年不详）针对这一状况指出："乾阳为统天，而万物资始。坤阴为顺承，而万物资生。既以顺承为用，而比之人情世事，则如妻道、臣道也。故以乾比君德，而曰阳尊；坤比母仪，而曰阴卑。此尊卑二字，原从人情世事上立名，非阴阳之理，固有尊卑。所以言一阴一阳之谓道，见得二气流行，生化万物，其性能不同，其功用则一。……则尊卑扶抑之说，全是儒家为治世之道设喻而已。"[1] 儒家的"治世之道"与医家的"治病之道"应该有着原则性的区分，将其浑为一体，不加辨析，实则误人不浅。章氏此论可谓切中肯綮。

总之，通过对太极与阴阳范畴的研究，可以得知医易学是随着理学兴起而高涨的，它既古老而又年轻。这一理论的特点是，从天论出发而落实到人的层面，进行整体性思考；它通过考察事物的运动变化，极力去把握事物的内在联系。因此说它在一定范围内，促进了医学理论的发展。同时，它也为古代医学的进步设置了不少误区，增添了一些新的迷茫。当然，医学在追踪时代最新思想时，往往有得有失，而使之在坦途与误区中不断交错，纵然有迂回有曲折，然而古代医学仍在这样的矛盾运动中向前迈进了。

---

[1]《医门棒喝（初集医论）》卷三《论易理》，第131—132页。

第五章 明理与契数

宋明时期医家所谓"明理",既指谙熟医理,又指精通理学,如孙一奎《医旨绪余·张刘李朱滑六名师小传》说:"明理如丹溪","余观近世医家明理学者,宜莫如丹溪"。[1] 张介宾《类经图翼序》亦云:"医者理也,理透心明斯至也。"而"理"与"数"又有不解之缘,凡言理者莫不言数,张介宾说:"五行之理,原出自然,天地生成,莫不有数。"因此其时儒者若要"探赜索隐""探隐知原",皆须"明理"以"契数",这和医易学象数推演甚为发达有关。本章主要考察从《内经》到理学以至后世医学,古人对"理""数"范畴所做的种种探讨与研究,以进一步理清宋明时期医学与哲学的关系。

---

[1]《赤水玄珠》,第 584、585 页。

《内经》所论述的"理"大多为具体的生养之理。如"生长化成收藏之理"，《素问·气交变大论》说："高者抑之，下者举之，化者应之，变者复之，此生长化成收藏之理，气之常也。失常则天地四塞矣。"即是说要深刻理解气的流动变化在天在人都具有共同的规律，方能"善言化言变者，通神明之理"。而人的生命机体的变化规律，便符合生长化成收藏之理。又如"阴阳逆从之理"，《素问·征四失论》说："诊不知阴阳逆从之理，此治之一失矣。"[1] 认为治病必须按照阴阳逆从之理来用药施术，否则就会失误。所谓阴阳逆从之理，即人如何适应自然界阴阳变化的规律，并按照它来调节生理机能。类似的论述有："提挈天地，把握阴阳"，"和于阴阳，调于四时"，"处天地之和，从八风之理"，"逆从阴阳，分别四时"，即按阴阳四时的不同，而适当地摄养调理，就会"形体不敝，精神不散"。[2] 另外还有切脉之理："所谓揆者，方切求之也，言切求其脉理也"，[3] 针刺之理："病有浮沉，刺有浅深，各至其理"，[4] 等等。这些都是指的具体的规律和方法。但是还有所谓"至理"，《素问·六元正纪大论》说："黄帝问曰：……欲通天之纪，从地之理，和其运，调其化，使上下合德，无相夺伦，天地升降，不失其宜，五行宣行，勿乖其政，调之正味，从逆奈

---

〔1〕《黄帝内经素问》，第281、283—284、376页。
〔2〕《黄帝内经素问·上古天真论》，第5、6页。
〔3〕《黄帝内经素问·病能论》，第176页。
〔4〕《黄帝内经素问·刺要论》，第186页。

何？岐伯稽首再拜对曰：昭乎哉问也，此天地之纲纪，变化之渊源，非圣帝孰能穷其至理欤！"[1] 这个所谓"至理"也称作"道"，"道上知天文，下知地理，中知人事，可以长久，以教众庶，亦不疑殆，医道论篇，可传后世，可以为宝"。[2] 将天、地、人纳入一个整体而寻求其"至理"或"道"，其方法是寻找其中相通而互感的内在联系，即所谓"善言天者，必应于人。善言古者，必验于今。善言气者，必彰于物。善言应者，因天地之化"。[3] 这种寻求天人古今之间共同律则的哲学思索，在汉代成为一种时代精神，如董仲舒认为，"天人之征，古今之道也。孔子作《春秋》，上揆之天道，下质诸人情，参之于古，考之于今"。[4] 因此人之伦理要应天地之理。而《内经》所强调的这种将天与人、自然与社会以及身体与精神必须作为有机统一的整体存在，并认为其中有共同法则的认识，对二程"体贴"出"天理"范畴，有着重要的启迪作用。二程曾说："《素问》之书……善言亦多，如言'善言天者必有验于人，善言古者必有验于今，善观人者必有见于己'。"正是在包括《内经》在内的一些"善言"中，二程悟出了这个天地人共同的理："理则天下只是一个理，故推至四海而准，须是质诸天地，考诸三王不易之理。"并认为理"恢然而广大，渊然而深

---

〔1〕《黄帝内经素问》，第309—310页。
〔2〕《黄帝内经素问·著至教论》，第368页。
〔3〕《黄帝内经素问·气交变大论》，第283页。
〔4〕《汉书》卷五六《董仲舒传》，第2515页。

奥","至大而无不包",[1] 它不仅是自然界的最高准则,而且也是人类社会的最高准则。二程"理"范畴的确立,标志着理学的形成。

但是,理学之"理"最终不是想从天地万物中抽象出一个"理",而是认为"理"是天地万物的本体,这与包括《内经》在内的唯物主义是截然不同的。二程说:"有理则有气,有气则有数,鬼神者数也,数者气之用也。"理先气后,说明理为第一性,气从属于理。因此他们反对张载以太虚为气,而把太虚概念解释为理:"或谓'惟太虚为虚'。子曰:'无非理也,惟理为实。'"将张载以《内经》太虚之气为万物之源一变而为以理为万物的本原。二程提出"天者,理也"的命题,明确认为理是最高者,是万事万物的根据。二程常常将天与理并称,所谓天理本身是圆满自足的,它无欠亏,不加不损,是独立于人的宇宙精神,他们说:"天理云者,这一个道理,更有甚穷已? 不为尧存,不为桀亡。人得之者,故大行不加,穷居不损。这上头来,更怎生说得存亡加减? 是佗元无少欠,百理具备。"然而它却包含了一切事物,"万物皆只是一个天理"。[2] 朱熹进一步明确地说:"未有天地之先,毕竟是先有此理。""且如万一山河大地都

---

〔1〕《二程集·遗书卷第十五》,第 167 页;《遗书卷第二上》,第 38 页;《粹言卷第一》,第 1174 页;《周易程氏传·易序》,第 690 页。
〔2〕《二程集·粹言卷第二》,第 1227 页;《粹言卷第一》,第 1169 页;《遗书卷第十一》,第 132 页;《遗书卷第二上》,第 31、30 页。

陷了，毕竟理却只在这里。"[1] 不仅理先于气、先于万物而存在，而且万物消尽了，理也依然存在，理是一个永恒的精神实体。

同时，理还是封建等级秩序和封建道德的体现。二程说："君尊臣卑，天下之常理也。"君尊臣卑的关系既然是天理，世人就只能顺应而不能违背。二程还说："人伦者，天理也"，"圣人，人伦之至。伦，理也。"[2] 将人类社会特有的道德原则上升为整个宇宙的普遍规律，从而使儒家传统的道德观念与哲学本体论结合起来。这样，既为儒家的伦理原则找到了本体论的哲学依据，又从宇宙本体的高度论证了封建社会统治秩序和道德规范的合理性。

当然，理学中所谓"理"，也指物理，即事物的规律。二程说："物理最好玩。"将认识事物的规律作为很有意义的事。他们认为，事物的规律是普遍存在的，有一物即有与之适应的规律存在，"凡眼前无非是物，物物皆有理，如火之所以热，水之所以寒"，"一草一木皆有理，须是察"。水火之所以产生寒热，草木之所以枯荣，是事物自身的规律，人们必须通过认识事物来把握其中的规律性。因此，二程指出了许多具体的"明理"或"穷理"的途径。如说："凡一物上有一理，须是穷致其理。穷理亦多

---

[1]《朱子语类》卷一，第1、4页。
[2]《二程集·遗书卷第十八》，第217页；《外书卷第七》，第394页；《遗书卷第十八》，第182页。

端：或读书，讲明义理；或论古今人物，别其是非；或应接事物而处其当，皆穷理也。"[1] 将日常的践履活动纳入"穷致其理"的认识范围。

"格物致知"是理学认识论的重要范畴，为"穷理"的基本方法。虽然程朱诸人所谓"格物"有追求先验之知的一面，如二程说"致知在格物，非由外铄我也，我固有之也"，但其并不否认接触事物是获得知识的途径。对于"格物"，二程解释为："格犹穷也，物犹理也，犹曰穷其理而已也。"[2] 朱熹则说："言欲致吾之知，在即物而穷其理也。"[3] 而"致知"的意义则在于"明理"，二程说："问曰：何以致知？曰：在明理。或多识前言往行，识之多则理明，然人全在勉强也。"通过"多识"而达到从未知向已知的转变。二程认为由"格物"而"致知"是一个过程，说："须是今日格一物，明日格一物，积习既多，然后脱然自有贯通处。"[4] 这是对人生不断积累经验的一种体认。朱熹则指出"致知"即存在于"格物"之中，说："盖致知便在格物中，非格之外别有致处也。"而"物"就是所有的客观对象，"凡天地之间眼前所接之事，皆是物"，[5] "天道流行，

---

〔1〕《二程集·遗书卷第二上》，第 39 页；《遗书卷第十九》，第 247 页；《遗书卷第十八》，第 193、188 页。
〔2〕《二程集·遗书卷第二十五》，第 316 页。
〔3〕《四书章句集注·大学章句》，第 6 页。
〔4〕《二程集·遗书卷第十八》，第 188—189 页。
〔5〕《朱子语类》卷一八，第 399 页；卷五七，第 1348 页。

造化发育，凡有声色貌象而盈于天地之间者，皆物也",[1]
将"格物致知"的认识对象扩展到自然界的一切感性存在，
这比二程有所前进，但从总体上看都属于经验论的认识
方法。

"格物"或"穷理"的具体操作，在程朱等人看来主要
是"类推"。二程说："格物穷理，非是要尽穷天下之物，但
于一事上穷尽，其他可以类推。"虽说他们认为通过一理可
以反观万理，但又必须博识积累，故而仅格一物之理是不够
的。所以，"人要明理，若止一物上明之，亦未济事，须是
集众理，然后脱然自有悟处",[2] 即从亲身出发归纳积累出
来众多实例，这样方能明理切用。于是乎像"鸟兽草木之
名""药物"等一切知识，尽可能地多闻多识。这是运用的
不完全归纳法，现代逻辑学亦称为枚举归纳。这种积习的功
夫虽为程朱所重视，但又觉不够，因他们看到天下之理是不
可能穷尽的，因此穷得一理而类推其他诸理被看作是最好最
简便的方法。朱熹说："但事有日生者，须推类以通之，则
告者不费而闻者有深益耳。"[3] 由类推而得贯通，这相当于
现代逻辑所讲的推理方法。值得注意的是，他们多用人体的
生理状况来类推天地万物，如说："近取诸身，百理皆具"，
"自一身以观天地"。二程认为："一身之上，百理具备，甚

---

〔1〕《经筵讲义》，《全宋文》卷五六三九，第 251 册，第 197 页。
〔2〕《二程集·遗书卷第十五》，第 157 页；《遗书卷第十七》，第 175 页。
〔3〕《与吕伯恭》，《全宋文》卷五四八九，第 245 册，第 190 页。

物是没底？背在上故为阳，胸在下故为阴，至如男女之生，已有此象。天有五行，人有五藏。心，火也，著些天地间风气乘之，便须发燥。肝，木也，著些天地间风气乘之，便须发怒。推之五藏皆然。""世之人务穷天地万物之理，不知反之一身，五脏六腑毛发筋骨之所存，鲜或知之。善学者，取诸身而已。自一身以观天地。"[1] 传统医学强调天人相应，以人体为小宇宙。《内经》中这类论述很多，如说："人与天地相参也，与日月相应也。"[2] "天有四时五行，以生长收藏，以生寒暑燥湿风。人有五脏，化五气，以生喜怒悲忧恐。"[3] 不能说程朱等人没有借鉴《内经》这方面的知识。另外还可看到《内经》也十分重视类比方法。《素问·示从容论》说："不引比类，是知不明也"，"及于比类，通合道理……子务明之，可以十全"。[4] 人们知识与活动范围的局限性要靠外推来克服和补充，类比方法就是根据两类事物之间的某种共同点，加以推理和论证而获得新知识。《内经》善于运用这种方法，在一些事物中找出它们的异中之同，探索出不少人体生理和病理规律。理学家以一身之理穷天地万物之理的类比方法，明显受到《内经》的影响。但是，"由于《内经》有夸大世界统一性的倾向，再加上对自然界缺乏

〔1〕《二程集·遗书卷第十五》，第 167 页；《外书卷第十一》，第 411 页；《遗书卷第二下》，第 54 页。
〔2〕《灵枢经·岁露论》，第 141 页。
〔3〕《黄帝内经素问·阴阳应象大论》，第 23 页。
〔4〕《黄帝内经素问》，第 372、370 页。

深入的了解，所以在应用类比方法时，有时仅抓住两个事物某些表面相似之处，即作为推理的前提，从而作出荒唐的逻辑推理"。[1] 这种从人体与天地万物的抽象统一性出发的"类比"，在程朱等人那里表现得更甚，他们将最抽象的逻辑范畴"理"作为"无对"之宇宙本体，最终否定了物质世界的客观存在。这显然是十分错误的。但是，程朱诸人的格物致知说应该说还是有其积极意义的，因其毕竟还是承认了认识活动有客观性的一面，并对其中的规律性作了有益的探索。

理学中尚有"以心为理"的陆九渊、王阳明（1472—1529）一派。他们以"心"即主观精神作为世界的本原，对人的内心世界作了不少探讨与研究。陆、王也有格物致知之论，但不同于二程与朱熹。王阳明说，"若鄙人所谓致知格物者，致吾心之良知于事事物物也。吾心之良知，即所谓天理也。致吾心良知之天理于事事物物，则事事物物皆得其理矣。致吾心之良知者，致知也。事事物物皆得其理者，格物也。是合心与理为一者也"，[2] 强调从主体到客体，从主观到客观的认识过程，将主体的能动性推向极端，取消了认识客体的存在。尽管他们主要是讲心性而很少涉及物理，但其学说对明代中后期医家的思想仍有不小的影响。

因此，在这样的思想背景之下，医学之"理"与理学之

---

〔1〕刘长林：《内经的哲学和中医学的方法》，第337页。
〔2〕《王文成公全书》卷二《传习录中·答顾东桥书》，第55—56页。

"理"相提并论，其至讲医理必先论儒理已经成为一种时尚，以理学来统领医学被认为是天经地义的事。且听一些医学名家是如何说的。

陈实功（1555—1636）：

> 先知儒理，然后方知医业。

缪希雍：

> 昔称太医，今曰儒医。太医者，读书穷理，本之身心，验之事物，战战兢兢，求中于道。

龚廷贤（1522—1619）：

> 儒医世宝，道理贵明，群书当考。

李梴（生卒不详）：

> 盖医出于儒，非读书明理，终是庸俗昏昧，不能疏通变化。

张介宾：

> 故欲希扁鹊之神，必须明理；欲明于理，必须求

经。经理明而后博采名家，广资意见，其有不通神入圣者，未之有也。[1]

以上仅选了明代几位名医的言论，即可明了这种状况。而且，儒医往往认为理学较之医学更为高深，更为重要，平时决不轻易谈及。如朱震亨精通太极之理，但一般人是不可得而闻之的："一日，门人赵良仁问太极之旨，翁（朱震亨）以阴阳造化之精微与医道相出入者论之，且曰：'吾于诸生中，未尝论至于此，今以吾子所问，故偶及之，是盖以道相告，非徒以医言也。'赵出，语人曰：'翁之医，其始橐籥于此乎？'"[2] 所谓"以阴阳造化之精微与医道相出入者论之"，即是把理学的精粹之处太极学说与医学方面的内容相互参照、相互印证，并且从理学的基本立场出发，所以朱氏称为"以道（即理）相告"，而门人也明白其医道的理论源头了。这里，朱震亨尚有照顾此门人之意，因将个中三昧向其秘传，说明朱氏虽操岐黄之术而仍以濂洛传人自居。

但是，大多数医家并非严格意义上的理学家，尽管他们熟读四书五经，甚或曾自幼就受到理学的各种熏染，却并没有自觉投身于理学的某一派别或某一阵营，所以他们的理学思想并没有一以贯之的原则和完整的体系，往往随着他们所论证的医学问题不同而采取截然不同甚至完全相反的观点。

────────

[1]《类经图翼序》，《类经》，第519页。
[2] 戴良：《丹溪翁传》，《丹溪心法》附录，第121页。

明代著名医家方有执（1523—1593）就是如此。他在论述"医道"时说：

> 道者，日用事物当然之理也，理在事物，是故君子不能外事物以言道。医之事物，治病用药是也，穷药病之理，核药病之实，病与药对，药到病解，医家日用常行之所当然，此之谓道也。精此则神，明此则妙，外此而谈神论妙者，要皆不过渺茫臆度，而无捉摸，譬之无根之木，无源之水，何足与言道之所以为道哉。夫是则所谓理之所自出者安在，可得闻乎?[1]

理在事物，不能离事物而言道，显然是对程朱等人以理为宇宙本体思想的离异，而与南宋功利学派的代表陈亮（1143—1194）、叶适（1150—1223）提出的理在物中、理不离物的观点是一致的。陈亮曾说："夫渊源正大之理，不于事物而达之，则孔孟之学真迂阔矣。"[2] 即强调事物存在的客观性，认为把宇宙间任何普遍的原则和规律与具体事物相脱离是"迂阔"之谈。方有执看来是吸取了这一思想，而认为离开事物言理言道者"皆不过渺茫臆度"，是"无根之木，无源之水"，明显是对空谈天理心性的虚浮学风的有力针砭。然而在同一篇文章中，方有执在论"医病"时则提出了相反

---

〔1〕《伤寒论条辨或问》，《伤寒论条辨》，第223页。
〔2〕《陈亮集》卷九《勉强行道大有功》，第103页。

的观点。他说：

> 天生万物，莫不各皆赋之以事，有此物事，则有此
> 道，故曰道本乎天。天者，理也，自事物之得于理之所
> 固有者而言之，莫不各皆无余无欠，无亏无剩，而各成
> 其自然而然。是故决不可不循此自然而然者，以行之于
> 日用事物之间，而后可以言道。加之毫厘，损其丝忽，
> 差失其所当然，移易其所以然，要皆道之蠹也。故曰一
> 本万殊之谓道，至善之谓道，大中至正之谓道。[1]

此一段论述基本是依照程朱正统派理学观点拟就的：天即是
理，万事万物本于理。作为本体的理是无余无欠，无亏无
剩，自然而然的，其可以穿行于日用事物之间，成为必须遵
循、不可丝毫改变的律条。"道"或"理"又被称为"一本
万殊""至善""大中至正"等。这里的天理不仅是精神性
的宇宙本体，也是封建伦理道德规范、封建秩序的体现。以
上这两种截然相反的观点出现于同一作者同一文中，的确是
很值得注意的现象。这说明作为一名儒医，方有执在同具体
的病人和药物打交道时，首先要考虑病理、药理，而这些具
体的"理"自然存在于具体的病人和药物之中，于是就会自
发地产生（当然也不排除前人的影响在内）理在事物之中、
不能外事物而言理的观点。但是，当他以儒者自居时，程朱

---

[1]《伤寒论条辨或问》，《伤寒论条辨》，第224页。

理学作为正统观念便会自然而然地左右他的思想，而不敢越这一官方哲学雷池的半步。这种来回摇摆的哲学倾向，是否也可以算作儒医的一种特征呢？

另外像张介宾也是如此。他一方面受王阳明"心外无理""心外无物"思想的影响，说："万事不能外乎理，而医之于理为尤切，散之则理为万象，会之则理归一心。……苟吾心之理明，则阴者自阴，阳者自阳。"这明显是在心学范围中论理。以穷究当下的主体内心之理，作为认识外界对象的终南捷径，所以他又说："故医之临证，必期以我之一心，洞病者之一本，以我之一，对彼之一，既得一真，万疑俱释，岂不甚易，一也者理而已矣。"〔1〕可以看出，这是对王阳明"理也者，心之条理也。是理也……千变万化，至不可穷竭，而莫非发于吾之一心"〔2〕观点在诊病中的发挥。但是，张介宾对理还有另外的看法，他说："有是象则有是理，有是理则有是用。孰非吾道格致之学，所当默识心通者哉！余尝闻之滑伯仁〔3〕云：至微者理也，至著者象也，体用一源，显微无间，得其理则象可得而推矣。"〔4〕"象"，指阴阳体象；"理"，即阴阳变易之理。他这里显然是在论证理象关系的问题。在张氏看来，虽然体用一源，但理象统一

<hr>

〔1〕《景岳全书》卷一《传忠录上》，第3页。

〔2〕《王文成公全书》卷八《书诸阳伯卷》，第336页。

〔3〕滑寿（约1304—1836），字伯仁，元代名医，博通经史诸家言，著有《十四经发挥》等。

〔4〕《类经图翼》卷一《运气上》，《类经》，第527页。

的基础是象，而不是理，这样，就把程朱理学的"有理而后有象"的命题，改造为"有是象则有是理"，以物象为本，则唯物论的倾向又很明显。

值得一提的是，张介宾的"明理"说大多是在认识方法论意义上讲的，与所谓"心传""心悟""心法"之类有着密切关系。据近来有学者统计，元明清医著冠之以"心"字者不下一二十种，如朱震亨的《丹溪心法》、高鼓峰的《四明心法》、程国彭的《医学心悟》、吴谦的《四诊心法要诀》、聂尚恒的《活幼心法》、殷仲春的《痧疹心法》、尤在泾的《金匮要略心典》、高秉钧的《疡科心得集》、寇平的《全幼心鉴》、程芝田的《医法心传》、刘一仁的《医学传心录》、汪蕴谷的《杂症会心录》等等。[1] 邵雍以"先天之学"为"心法"，[2] 朱熹认为《中庸》"乃孔门传授心法"，[3] "心法"等词因此而得到广泛使用。所谓"心法"，强调的是内心体悟、默识心通的直觉思维方法。清代名医程国彭（生卒不详）说："或问曰：医道至繁，何以得其要领，而执简以驭繁也？余曰：病不在人身之外，而在人身之中。子试静坐内观，从头面推想，自胸至足；从足跟推想，自背至头；从皮肉推想，内至筋骨脏腑，则全书之目录，在其中矣。……学者读书之余，闭目凝神，时刻将此数语细加领

---

〔1〕 参见成都中医学院、王米渠编著：《中医心理学》，第 243 页。
〔2〕《皇极经世》卷一二，《邵雍全集》第 3 册，第 779 页。
〔3〕《四书章句集注·中庸章句》，第 17 页。

会，自应一旦豁然融会贯通，彻始彻终，了无疑义。"[1] 这种直觉思维方法强调在主体内部的融会贯通，把求索的对象完全转向内心，这不能不说是陆王一派心学的路数了。当然，医家的"心法""心传"等还涉及其他一些医学方面的具体问题，与理学无关，这里就不多谈了。

另外，程朱学派的"格物致知"对后世医学的影响也很显著。朱震亨认为医学研究是理学"格物致知"的组成部分，他在《格致余论序》中说："古人以医为吾儒格物致知之一事，故目其篇曰《格致余论》。"[2] 所以其论医理处处以儒理为指归。张介宾在其著作中反复强调"格物致知"的重要性，如前面所引的"孰非吾道格致之学，所当默识心通者哉"，认为应将其牢记在心。另外，他还认为如要精通医道"则惟有穷理尽性，格物致知，以求圣人之心斯可也"，可谓将"格物致知"作为学医的指南了。明代著名医药学家李时珍（1518—1593）也信持此说。他在《本草纲目·凡例》中说："虽曰医家药品，其考释性理，实吾儒格物之学，可裨《尔雅》《诗疏》之缺。"[3] 其意思是，《尔雅》《诗经》虽为儒家经典，但包含了许多医药学知识；而《本草纲目》作为药学著作，却深究格致之学。李时珍在其书中就引了《程氏遗书》《朱子大全》《性理大全》《王浚川雅述》等

---

〔1〕《医学心悟》卷一《医有彻始彻终之理》，第6—7页。
〔2〕《格致余论》，"序"，第2页。
〔3〕《本草纲目（校点本)》第1册，第34页。

理学名著的篇目，并一再指出："古人重格物"，"医者贵在格物也"，"物理万殊若此，学者其可不致知乎"，[1] 可见其重视程度之深。李时珍主要吸取了程朱等人多识多闻的认识方法，泛观博览，通考诸说，"上自坟典，下至传奇，凡有相关，靡不收采"[2]，在写作《本草纲目》的过程中，参阅了各类书籍八百多种，对自古以来的药物种类作了尽可能详尽的归纳。但其有高于程朱之处，就是挣脱了儒家内圣之学的束缚，努力进行科学实践活动，不辞艰辛，万里跋涉，寻方采药，历时二十七年，方完成了这部彪炳千秋的伟大著作。单就研究方法来说，程朱的格致之说也有相当大的弱点，那就是其仅局限在经验论的范围之内。元明清医著中出现的一些偏颇之见，格致之说是难辞其咎的。像朱震亨的"阳有余阴不足"与张介宾的"阳非有余"二说，正是根据这种研究方法，将各自的经验与体会加以类推而获得的。但是各人的经验体会不同，引发了在理论上的侧重点不同，结果就很难避免片面性与主观性。应该指出，程朱的格物致知说的目的毕竟不是为了认识客观世界，不是要取得真正的科学知识，而是为了实现"止于至善"的伦理价值。所以这种"明理"的心性体认方法，运用于医学研究之后就显示出种种局限，最主要的就是不能真正揭示人体生理病理及其与自然界的内在联系，使后世医家往往各执一端，在理论上走入

---

[1]《本草纲目（校点本）》卷三一，第 3 册，第 1846 页；卷一四，第 2 册，第 839 页；卷四七，第 2555 页。
[2]《进本草纲目疏》，《本草纲目（校点本）》第 1 册，第 24 页。

形而上学的困境。

"数"与中国古代哲学有着密切关系，几乎每一重要的哲学著作中都记载了有关数的运用与推演的内容。作为"大道之源"的《周易》，既有"易理"又有"易数"，《说卦传》云："昔者圣人之作易也，幽赞于神明而生蓍，参天两地而倚数，观变于阴阳而立卦，发挥于刚柔而生爻，和顺于道德而理于义，穷理尽性以至于命。"[1] 即用数去考察天地万物，以通其中之理。《周易》以二爻、四象、八卦以及"天数""地数"等等，加以推演排组而构成一个浩博整齐的数字系统，探求世间一切事物之间的因果联系。因此冯友兰先生称其为"宇宙代数学"。《内经》深受《周易》这方面的影响，用数来归类概括医理，其中运用较广泛的为"二"与"五"（阴阳五行）、"五"与"六"（五运六气）。《素问·天元纪大论》说："至数之机，迫迮以微，其来可见，其往可追，敬之者昌，慢之者亡，无道行私，必得夭殃。"[2] 认为自然界的变化周期和人的生理规律存在着一个定数，只有顺应它，才能保持康泰，否则就会招致灾祸。由此可见，"易"与"医"对于数的问题都是极为重视的。

理学兴起之后，诸家亦都论及数。一代开山大师周敦颐说，"二气五行，化生万物。五殊二实，二本则一。是万为一，一实万分。万一各正，小大有定"，[3] 谈到了二与五、

----

〔1〕《十三经注疏》，第195—196页。
〔2〕《黄帝内经素问》，第251页。
〔3〕《周敦颐集》卷二《通书·理性命》，第32页。

一与二、一与万的相互关系。其所著《太极图》即是由一、二、五等数字推演而成。朱熹认为周敦颐"大抵推一理、二气、五行之分合，以纪纲道体之精微"，[1] 其中"二气五行"说为宇宙生成论，"二本则一"说为本体论。周氏的阴阳二气与金木水火土五行变生万物之说，黄宗炎认为"乃方士修炼之术"，[2] 未必全面，却道出其与《内经》有关。《内经》最富二五之说，又被视为方士之术。周敦颐的太极阴阳说，讲了"一"与"二"的关系，却显得过于简略，许多地方没说清楚。邵雍为易学象数派的开创者，重视"乘生除消"的数学运算，《皇极经世》书"但著一元之数，使人引而伸之，可至于终而复始也"，[3] 以数作为贯穿全书的基线。邵雍有所谓"加一倍法"，即一分为二，层层倍分，也就是二分法，钱宝琮先生认为其为"重复排列的例题，在十一世纪中国数学史上增加一些新的内容"。[4] 邵雍又重"五"与"六"两数，说："天地之本起于中。夫数之中者，五与六也。"[5] 其说为后世医家所推重。张载与二程为易学中之义理派，对术数不感兴趣。二程说："某与尧夫（邵雍字）同里巷居三十年余，世间事无所不论，惟未尝一字及数耳。"他们反对邵雍"《易》之义起于数"的观点，认为，

----

〔1〕《周子通书后记》，《全宋文》卷五六二六，第 251 册，第 10 页。

〔2〕《图学辩惑·太极图说辩》，《易学象数论（外二种）》，第 454 页。

〔3〕邵伯温语，引自《宋元学案》卷九《百源学案上》，第 373 页。

〔4〕中国科学院自然科学史研究所编：《钱宝琮科学史论文选集》，第 578—588 页

〔5〕《类经图翼》卷一《运气上》，《类经》，第 536 页。

"有理而后有象，有象而后有数。《易》因象以明理，由象以知数，得其义则象数在其中矣。必欲穷象之隐微，尽数之毫忽，乃寻流逐末，术家之所尚，非儒者之所务也"。[1] 因此其论数则从义理出发，深究数道，也有精彩的论述。张载提出"一故神，两故化"[2] 的命题，二程有"天地万物之理，无独必有对""万物莫不有对"[3] 的说法，都包含有辩证思维的因素。下面，为了进一步理清数字和数字系统在理学与医学相互关系中的作用，特选择太极易数与运气学说做较详细的论述。因阴阳五行说的内容附在二者中，故不作专门讨论。

所谓太极易数就是"一"与"二"。《周易·系辞上》说："易有太极，是生两仪。""太极"为一，"两仪"即阴阳为二。"一"表示整体无对之统一数，"二"表示相对的二分之数，分别表示为阴爻（— —）与阳爻（——），然后"参伍以变，错综其数，通其变，遂成天下之文；极其数，遂定天下之象"，[4] 形成一个无限运演的数学图式，以穷尽天地万物的变化。《内经》虽未言太极，但也有关于"一"与"二"的论述，《素问·阴阳离合论》说："阴阳者，数之可十，推之可百，数之可千，推之可万，万之大不可胜

〔1〕《二程集·外书卷第十二》，第 444 页；《遗书卷第二十一上》，第271 页。
〔2〕《正蒙·参两》，《张载集》，第 10 页。
〔3〕《二程集·遗书卷第十一》，第 121、123 页。
〔4〕《十三经注疏》，第 167 页。

数，然其要一也。""一"即是指阴阳的统一体，王冰注曰："一，谓离合也。虽不可胜数，然其要妙，以离合推步，悉可知之。"这里的所谓"一"，后人即比况于《易》之太极。《内经》似乎又脱离"一"而讲"二"，如说，"自古通天者生之本，本于阴阳"，认为万事万物的存在，以阴阳二气为根本。又说："天为阳，地为阴；日为阳，月为阴"，"水为阴，火为阳，阳为气，阴为味"，一切皆为对待之体。但《内经》还认为阴阳之中复有阴阳，《素问·金匮真言论》说："阴中有阴，阳中有阳。平旦至日中，天之阳，阳中之阳也；日中至黄昏，天之阳，阳中之阴也；合夜至鸡鸣，天之阴，阴中之阴也；鸡鸣至平旦，天之阴，阴中之阳也。"[1] 这里阴和阳或指"一"或指"二"，表现出阴阳之间错综复杂的联系，"一中有二""二中有一"，显示两者之间的相对性与灵活性。这是《内经》不同于《周易》之处，具有其自身的特点。

《内经》的这一观点，深化了对"一"与"二"关系的认识，具有较高的辩证思维内涵，也是对《周易》太极阴阳观的重要发挥。宋儒在研治易学的过程中，都十分重视《内经》这一独特的观点，在各自的著作中作了不同程度的吸取与借鉴。作为象数学家的邵雍着眼于太极、两仪、四象、八卦、万物的分衍过程，提出了"一分为二"的命题，虽为数学发展作出了一些贡献，但从认识的角度上看，不过是一种

---

[1]《黄帝内经素问》，第33、10、22、16页。

机械的相分法，显得过于简单。然而《皇极经世》中还有另外的说法："自下而上谓之升，自上而下谓之降。升者生也，降者消也。故阳生于下而阴生于上，是以万物皆反生。阴生阳，阳生阴，阴复生阳，阳复生阴，是以循环而无穷也。""阳中之阴，月也，以其阳之类，故能见于昼。阴中之阳，星也，所以见于夜。"上述两段话中，邵雍认识到阴阳之间存在着相互渗透、相互作用的关系，两者又相互联结而为一统一体。因此他不仅体会到阴阳之间可以相"分"而且能"合"，"本一气也，生则为阳，消则为阴，故二者一而已矣"。[1] 这种阴中有阳、阳中有阴的看法明显是对《内经》的借鉴，但其发挥得十分不够，《内经》中关于二之中又各有一与二对立的思想，在邵雍这里还不明显。二程在谈"一"与"二"的关系时，侧重点往往在"二"上。如说："天下无不二者，一与二相对待，生生之本也。"又说："道无无对，有阴则有阳，有善则有恶，有是则有非，无一亦无三。"[2] 即认为天下没有孤立存在的"一"，只有相对待的"一"即"二"。这个观点和张载"两不立则一不可见，一不可见则两之用息"[3] 的"一物两体"思想颇为接近。二程的这一认识亦受到《内经》的启发。他们说："冬至一阳生，却须斗寒，正如欲晓而反暗也。阴阳之际，亦不可截然

---

〔1〕《皇极经世》卷一二，《邵雍全集》第 3 册，第 757、759、769 页。
〔2〕《二程集·周易程氏传卷第三》，第 910 页；《遗书卷第十五》，第153 页。
〔3〕《正蒙·太和》，《张载集》，第 9 页。

不相接，厮侵过便是道理。天地之间，如是者极多"。因此，"无截然为阴为阳之理"。[1] 这种阴与阳相互"参错""厮侵"的观点，在《周易》中是没有的，"阴阳相入"是中医自身的思想。但二程强调了"二中之二"，但对"一中之二"缺乏论述。后来朱熹纠正了这种偏向，他说："虽说无独必有对，然独中又自有对。"[2] 但是，朱熹从理本论立论，其辩证法思想与邵雍、二程同样都受到很大限制。

受到《内经》很深影响的邵、程等人的"一""二"观，却又影响到后世医家。张介宾吸取了邵雍的思想，说："道者，阴阳之理也。阴阳者，一分为二也。"[3] 又阐述了二分为四，四分为八等的道理，明显是沿用了邵雍的"加一倍法"。而持二程观点的医家则甚多，有朱震亨、赵献可、石寿棠、喻昌等等。如赵献可说："阴阳之理，变化无穷，不可尽述。姑举其要者言之。夫言阴阳者，或指天地，或指气血，或指乾坤，此对待之体。"[4] 显然是对二程"万物莫不有对"思想在医学上的推演。限于篇幅，对其余几位医家的观点就不再赘引。

运气学说是围绕着"五"与"六"两个数字而展开的理论探讨，其说由于过分玄奥与纷繁，至今仍为人们争论不休。

---

〔1〕《二程集·遗书卷第二上》，第 39 页。
〔2〕《朱子语类》卷九五，第 2435 页。
〔3〕《类经》卷二《阴阳类》一，《类经》，第 7 页。
〔4〕《医贯》卷一《玄元肤论》，第 8 页。

运气学说以五行学说为基础。从《洪范》到秦汉诸家都很重视五行学说，《内经》更为突出。《灵枢·阴阳二十五人》说："天地之间，六合之内，不离于五，人亦应之。"[1] 认为天人相合之数为"五"，从而构筑了一个前无古人后无来者的庞大的五行系统，将五行与五时、五方、五气、五色、五脏、五官、五神、五谷、五果等各种各样的事物对应起来，形成一个"五"的关系图式。《内经》的五行学说对宋儒有相当大的影响，如二程等将五行与五脏、五情对应起来的说法，即为明证。另外《内经》以五行为五气，如说："木火土金水，地之阴阳也"，"五行者，金木水火土也……而定五脏之气"。[2] 这一说法为周敦颐所吸取，其《太极图说》云："阳变阴合，而生水火木金土。五气顺布，四时行焉。……二气交感，化生万物。万物生生，而变化无穷焉。"[3] 这里即以阴阳为二气，以五行为五气，明显受《内经》影响。同样，理学对五行的一些新解，对后世医学也不无影响。朱熹有"阴阳是气，五行是质"[4] 的说法，所谓质即有定形的物体。张介宾《类经图翼·五行统论》说："五行即阴阳之质，阴阳即五行之气，气非质不立，质非气不行。行也者，所以行阴阳之气也。"[5] 这段话真像是

---

〔1〕《灵枢经》，第108页。

〔2〕《黄帝内经素问》，第249、96页。

〔3〕《周敦颐集》卷一《太极图说》，第4—5页。

〔4〕《朱子语类》卷九四，第2377页。

〔5〕《类经图翼》卷一《运气上》，《类经》，第528页。

对朱熹说法的阐释。

"五""六"并举的运气学说是在两宋时期开始兴起和盛行的。随着对《河图》《洛书》的研究的展开，宋儒对"六"和"五"一样重视起来。邵雍说："原《河图》合二十有五之天数为五十，蓍数也。合三十之地数为六十，卦数也。在五位相得而各有合，则五六为天地之中合。"又说："而天地五六，中合之数见矣。由是而衍之无穷，皆以是也。"[1] 认为"五""六"为中合之数，以之可推演于"无穷"。而同样精通象数之学的大科学家沈括，则直接倡导运气学说，他说："医家有五运六气之术，大则候天地之变、寒暑风雨、水旱螟蝗，率皆有法；小则人之众疾，亦随气运盛衰。"[2] 由于沈括在政界与学界都有相当大的影响，此说遂传播更广。而在此之前，医官林亿、孙奇、高保衡等指出《内经》运气七篇大论[3]为"古医经"，运气学说即源于此。到了嘉祐（1056—1063）之后，名医郝允、庞安常、杨子建等人提到此说。元符二年（1099）刘温舒著《素问论奥》，专门论述五运六气，并绘图说明，上之朝廷。此说倍受重视，并产生轰动效应。精通《素问》《灵枢》与《本草》的王安石，变法任相后即以运气学说作为太医局考试医生的重要科目。宋徽宗赵佶则在亲自主持编纂的《圣济总

---

〔1〕 邵雍：《观物外篇（节录）》，《唐宋明清文集（第一辑）：宋人文集（卷一）》，第610、617页。

〔2〕 《梦溪笔谈》卷七，第68页。

〔3〕 参见本书第三章。

录》与《圣济经》中专门加入运气学说，使之成为"钦定教材"，于是民间便有"不读五运六气，检遍方书何济"[1]的谚语，可见此说影响范围之深远。今有论者指出："运气学说和医家谈《易》一样，均是宋明理学昌盛之时，社会思潮在医学领域的一种表现形式。"[2]此论大抵不错。但值得一提的是，在理学的奠基人中，张载从不论及运气，而二程则是运气学说的坚决反对者，曾明确认为，《素问》善言虽多，"只是气运使不得"[3]。但由此也可看出，运气学说已成为当时人们普遍关注的一个学术焦点。

运气学说原本是医家研究气候变化对人体健康的影响，并试图找出其中的规律性的一种理论。所谓"五运"，即金木水火土五行，因其随着年岁的运转而各有所主，所以称之为五运。"六气"则指太阳寒、少阳火、阳明燥、太阴湿、少阴火、厥阴风，此六气亦随年岁不同而各有所主。也就是说，从时间上来说，每年都有一个"五运"和"六气"。同时又将五运与六气相互配属，如金属燥、木属风、水属寒、火属火、土属湿。由于六气之中有两火，所以就把少阳火称为相火，少阴火称为君火。又将古代纪年所用的天干、地支说引入，如此即可依据甲子、乙丑等年岁的推移，而预先判定某年某运为主运，某气为主气，然后再根据阴阳五行的生

---

〔1〕 雷丰：《时病论》附论《五运六气论》，《灸法秘传时病论》，第
　　　217页。
〔2〕 廖育群：《岐黄医道》，第197页。
〔3〕 《二程集·遗书卷第十九》，第263页。

克制化关系，定出"运"和"气"何者为主，即能判定某年为某气胜，易得何种疾病。不仅如此，其中还有许多更复杂的情况，如"司天""在泉""天符""岁会""胜复""加临"等说法，更显得神秘玄幻。[1]

因为运气学说贯穿了医易之理，比较深奥，一般医工难于掌握，往往作为一种"定法"加以套用。沈括针对这种情况说："今人不知所用，而胶于定法，故其术皆不验。假令厥阴用事，其气多风，民病湿泄，岂溥天之下皆多风，溥天之民皆病湿泄邪？至于一邑之间，而旸雨有不同者，此气运安在？欲无不谬，不可得也。大凡物理，有常有变：运气所主者，常也；异夫所主者，皆变也。常则如本气，变则无所不至，而各有所占，故其候有从、逆、淫、郁、胜、复、太过、不足之变，其发皆不同。……其造微之妙，间不容发。推此而求，自臻至理。"[2] 指出不应仅看到"常"，也应看到"变"，不能仅限于一种推演公式，而需要灵活处置。但沈括总体来说还是肯定运气学说的。二程却不同。他们批评运气学说的观点，基本上与沈括相同。如说："且如说潦旱，今年气运当潦，然而河北潦，江南旱时，此且做各有方气不同，又却有一州一县之中潦旱不同者，怎生定得？"[3] 因此断定"其间只是气运使不得"。对运气学说作了彻底的否定。如果仅从上

---

[1] 参见贾得道：《中国医学史略》，第158—159页。
[2] 《梦溪笔谈》卷七，第68—69页。
[3] 《二程集·遗书卷第十九》，第263页。

述两段引文来看，沈括显然比二程所说要全面些，合理之处也就多一点。

当然二程反对运气学说是有原因的。其原因就在于二程一贯不同意"用数推"的象数学方法，无论是邵雍的"加一倍法"抑或是医家的"五运六气"，都在其反对之列。二程说："静动者，阴阳之本也；五气之运，则参差不齐矣。"因为有阴阳动静的变化，所以五行的运转参差不齐。他们又进一步说："五德之运，却有这道理。凡事皆有此五般，自小至大，不可胜数。一日言之，便自有一日阴阳；一时言之，便自有一时阴阳；一岁言之，便自有一岁阴阳；一纪言之，便自有一纪阴阳；气运不息，如王者一代，又是一个大阴阳也。"[1] 虽然二程承认有不可胜数的"五"，但在日、时、岁、纪等之中，变化的原因仅仅在于"二"，也就是阴阳之间对立的矛盾运动。这种看法代表了宋易义理派的数字观，其实质在于以理统数。后世医家反对运气学说者多以"运气不齐，古今异轨"[2] 为依据，并接受了二程的理数观。如虞抟说："今草莽野人，而以人之年命，合病日而为运气钤法，取仲景之方以治之，是盖士师移情而就法也，杀人多矣。知理君子，幸勿蹈其覆辙云。"[3] 缪希雍认为运气为"杂学混滥，贻误后人"。[4] 张倬（清康乾间人）指出：

〔1〕《二程集·粹言卷第二》，第 1227 页；《遗书卷第十九》，第 263 页。
〔2〕张元素语，引自《金史》卷一三一《张元素传》，第 2812 页。
〔3〕《医学正传》卷一《医学或问》，第 21 页。
〔4〕《神农本草经疏》卷一《论五运六气之谬》，第 16 页。

"纵使胜复有常，而政分南北，四方有高下之殊，四序有非时之化，百步之内晴雨不同，千里之外寒暄各异，岂可以一定之法，而测非时之变耶?"[1] 这些否定运气学说的观点，皆不出二程所划定的理论范围。

但是，赞成甚至极力推崇运气学说的仍大有人在。金元明清的一些著名医家，像刘完素、张从正、李杲、张介宾、汪机、吴瑭等都有关于运气方面的著述，其中尤以汪机的《运气易览》、张介宾的《类经图翼》反响最大。而金人刘完素对运气说的发展则最有贡献。他在《素问玄机原病式》序中说："世俗或以谓运气无征，而为惑人之妄说者；或但言运气为大道玄机，若非生而知之则莫能学之者。由是，学者寡而知者鲜。"针对这两种情况，他"本乎三坟之圣经，兼以众贤之妙论，编集运气要妙说十九万言，九篇三部，勒成一部，命曰《内经运气要旨论》，备见圣贤经之妙用矣"[2]。将《内经》以来的运气学说衷集汇编，开创了金元学派对运气理论发挥的先河。

理学家中，元代吴澄也是一位运气学说的积极倡导者。该人十分崇拜邵雍，十九岁时就勉力为邵雍《皇极经世书》作续篇，称《皇极经世续书》。其以运气学说与邵雍的先天后天学相发明。他说："世之言运气者，率以每岁大寒节为今年六之气所终，来年一之气所始。其终始之交隔越一气，

---

〔1〕陈修园：《医学三字经》附录《运气》，第126页。
〔2〕《素问玄机原病式（注释本）·序》，第21页。

不相接续。予尝疑于是，后见杨子建[1]《通神论》，乃知其论已先于予。……余请以先天后天卦以明之。"[2] 于是以风木配艮震，君火配震巽，相火配离，湿土配坤兑，燥金配兑乾，寒水配坎，即主气之定布者。吴澄还进一步对运气与季节、方位之关系作了说明：风木为冬春之交，方位北东；君火为春夏之交，方位东南；相火为正夏之时，方位正南；湿土为夏秋之交，方位南西；燥金为秋冬之交，方位西北；寒水为正冬之时，方位正北。如果按邵雍的后天八卦顺序是"起震终艮一节，明文王八卦也"，[3] 而他的先天八卦顺序则为"自震至乾为顺，自巽至坤为逆"。[4] 吴澄考察了这两种顺序后说："世以岁气起大寒者，似协后天终艮始艮之义。然而非也。子建以岁气起冬至者冥契先天始震终坤之义。"他认为先天卦序始震终坤为一岁主气所行之序，因为这样"六气相生，循环不穷"，不至于"间断于传承之际"。[5] 这正是按照邵雍"震始交阴而阳生，巽始消阳而阴生"[6] 的阴阳消长理论而得出的结论。由此看来，运气学说与先天后天学是很容易融会贯通的。尽管邵雍《皇极经世书》没有一处提及运气，但两者在本质上有不少一致之处，最主要的

---

〔1〕杨子建（生卒年不详），北宋医家。精通运气学说，所著《通神论》亡佚于元明之际。

〔2〕吴澄：《运气考定序》，《全元文》卷四八三，第15册，第296页。

〔3〕《皇极经世书》卷一二，《邵雍全集》第3册，第785页。

〔4〕邵雍语，引自《周易本义·图目》，第14页。

〔5〕吴澄：《运气考定序》，《全元文》卷四八三，第15册，第297页。

〔6〕《皇极经世书》卷一二，《邵雍全集》第3册，第758页。

是都需要用数字系统进行推演。无怪乎有人将运气归属于"'式占'范畴内的一种有关医学上预测的病因学"。[1]

张介宾对运气学说的推崇更为突出。其论"五"与"六"亦以邵雍之说为张本，说：

> 邵子曰：天地之本起于中。夫数之中者，五与六也。五居一三七九之中，故曰五居天中，为生数之主；六居二四八十之中，故曰六居地中，为成数之主。《天元纪大论》曰：天以六为节，地以五为制。是以万候之数，总不离于五与六也。而五六之用，其变见于昭著者，尤有显证。……惟是数之为学，圆通万变，大则弥纶宇宙，小则纤悉秋毫。

这里的"五"与"六"已经不仅仅是一种疾病的气象预测学，宇宙间万事万物，千变万化，都可以用运气来加以推算，这是因为"以五而言，则天有五星，地有五岳，人有五常，以至五色、五味、五谷、五畜之类，无非五也"，"以六而言，则天有六合，岁有六气，卦有六爻，以至六律、六吕、六甲、六艺之类，无非六也"。[2] 所以上至苍天，下至黄泉，大如元气，小如毫末，都不能逃出数之外。如果以数来观天地，天地也不过数中之一物。仅观张氏此论，俨然是

---

〔1〕范行准：《中国医学史略》，第 174—175 页。
〔2〕《类经图翼》卷一《运气上》，《类经》，第 536—537 页。

第五章 明理与契数　　**177**

一位象数派的易学家，他将数的地位与作用推向极端。当然如果以"五""六"两数来范围一切事物的变化，明显是不符合实际情况的，充其量只能算作一种逻辑推演或一种数字游戏，恐怕也很难起到预测疾病发生的作用了。不过，笔者这里只是针对张介宾的上述言论有感而发。运气学说作为一门古老而深奥的学问，其中肯定仍有尚未弄清的问题，随着气象医学研究的不断深入，人们将会对之作出更为恰当的评价。

通过以上对"一"与"二"、"五"与"六"两对数字的研究，可以看出理学中象数派与义理派具有截然不同的态度。二程虽亦言"数"，然以消息盈虚之理统大衍之数和天地之数，主张有理而后有数。他们认为天地万物有对待之理，是自然无需"安排"，似受《素问·五运行大论》所谓"天地阴阳者，不以数推"的影响。二程万物有对的思想，有辩证因素，值得肯定。但其对数学持拒斥的态度，却很偏颇。有这样一段记载：二程与邵雍正在交谈时适逢雷起，"尧夫曰：'子知雷起处乎？'（程）子曰：'某知之，尧夫不知也。'尧夫愕然曰：'何谓也？'子曰：'既知之，安用数推也？以其不知，故待推而后知。'尧夫曰：'子以为起于何处？'子曰：'起于起处。'"[1]用诡辩术来贬低"数推"之法。而邵雍对数学有较为精深的研究，尤其对等比级数的理解更为独到，如朱熹所说："若逐爻渐生，则邵子所谓八

---

〔1〕《二程集·二程遗书卷第二十一上》，第269—270页。

分为十六，十六分为三十二，三十二分为六十四者，尤见法象自然之妙也。"[1] 为二进位制的先驱，十八世纪初年，德国大数学家莱布尼兹（G. W. Leibniz）就是用邵雍的二进位数来解释"伏羲六十四次序"的。[2] 相比之下，邵雍在医易学领域中比二程的影响大，因其象数学容易与医学固有的数学知识相发明，后世医家多因此而崇拜他，如张介宾说："数之为学，岂易言哉！苟能通之，则幽显高下，无不会通，而天地之大，象数之多，可因一而推矣。明乎此者，自列圣而下，惟康节先生一人哉。"[3] 但邵雍用数所构造的世界模式，抹杀了数的客观性，使之变得神秘虚幻玄妙，因此有所谓"康节神数"之称。这造成后世对数的迷信，从而阻碍了医家对数学规律性的认识，至今在社会生活中象数学仍有一定的消极作用。

---

〔1〕《周易本义·图目》，第 15 页。
〔2〕参见《钱宝琮科学史论文选集》，第 587 页。
〔3〕《类经图翼》卷一《运气上》，《类经》，第 537 页。

下篇 人论

第六章 仁术与孝道

古代称医学为"仁术"[1] 的年代已不可确考，从现有材料来看，当在宋明时期，明显是理学向医学进一步渗透的产物。然而，理学的"仁"范畴的形成，亦吸取了医学的有关论述，使之从先秦儒学单纯的伦理范畴而变为形而上的本体范畴。所谓"孝道"，儒家指能够养亲、尊亲，其对医家的影响虽很久远，但亦以理学时代为最著，形成"知医为孝"的固定格局。因此，"仁""孝"作为宋明时期医儒关系的重要内容，值得做一较为详细的探讨。

如果从医学方面考镜源流，《内经》中已经有"仁"的概念和儒家人贵的思想。《灵枢·通天》篇云："太阴之人，

---

[1] "仁术"一词，首见于《孟子·梁惠王上》，但与医学相关联则在北宋以后。参见拙文《论孟子"仁术"说与北宋重医文化现象之关系》，韩国孟子学会《孟子研究》创刊号，1997年。

贪而不仁，下齐湛湛，好内而恶出。"〔1〕认为"太阴之人"属于贪婪淫荡的性恶者，这里的"仁"已具有伦理道德概念上的涵义。汉儒董仲舒亦有类似观点，如说："天两有阴阳之施，身亦两有贪仁之性。"〔2〕但是《内经》"仁"概念并非全如上例涵义，如《素问·血气形志》所说："形数惊恐，经络不通，病生于不仁。"此处的"不仁"并非是儒家所说的不仁爱，只是说人屡受惊恐，使经络气机不通畅，病状多表现为麻木不仁。这里的"不仁"即谓失去知觉。然而此种说法倒为宋明理学家所反复称引，并加以发挥，赋予其新的涵义。《素问·痹论》还有三处提及"不仁"，例如"其不痛不仁者，病久入深"，"在于筋则屈不伸，在于肉则不仁"。王冰注曰："不仁者，皮顽不知有无也。"和上面提到的第二种"不仁"意思一样。另外，《素问·诊要经终论》说："阳明终者，口目动作，善惊妄言，色黄，其上下经盛，不仁，则终矣。"病于足阳明经者，临终前躁动不安，又妄言骂詈而不避亲疏。故王冰注曰："不仁，谓不知善恶。"喻其丧失理性，神志昏乱的样子。此处"不仁"二字虽解作不知善恶，其实伦理学涵义并不明确。相比之下，《内经》中的"人贵"思想相当突出。《素问·宝命全形论》说："天覆地载，万物悉备，莫贵于人。人以天地之气生，四时之法成。"〔3〕这种认为在

---

〔1〕《灵枢经》，第 122 页。
〔2〕《春秋繁露义证》卷一〇《深察名号》，第 296 页。
〔3〕《黄帝内经素问》，第 106、167、65—66、108 页。

天地万物之间人最宝贵的观点，本是先秦儒家的一贯主张，是从孔子"贵仁"[1] 学说中生发出来的。《孝经》中有一段孔子与曾参答问的记载，孔子说出了"天地之性人为贵"的名言。尽管此语未必是孔子原话，但对包括《内经》在内的汉代学术思想显然有很大影响。孟子说："民为贵，社稷次之，君为轻。"(《孟子·尽心上》)[2] 荀子也说："人有气、有生、有知，亦且有义，故最为天下贵也。"[3] 这些说法都肯定了人的价值，强调了人类在"天地之间"高于其他一切动物，其所以"贵"是因为人具有伦理道德（包括"仁""义"等范畴）。《内经》毫无疑问是接受了先秦儒家的这一思想。此后，医家在论及医德时，也多有这方面的内容。如晋代杨泉在其所著《物理论》中说："夫医者，非仁爱之士，不可托也；非聪明理达，不可任也；非廉洁淳良，不可信也。是以古之用医，必选名姓之后。其德能仁恕博爱，其智能宣畅曲解，能知天地神祇之次，能明性命吉凶之数。"[4] 唐孙思邈《备急千金要方·大医精诚》则说："若有疾厄来求救者，不得问其贵贱贫富，长幼妍蚩，怨亲善友，华夷愚智，普同一等，皆如至亲之想。亦不得瞻前顾后，自虑吉凶，护惜身命。"[5] 孙氏此言充分体现了孔子

[1]《吕氏春秋集释》卷一七《审分览》，第 467 页。
[2]《十三经注疏》，第 6037 页。
[3]《荀子集解》卷五《王制篇》，第 164 页。
[4] 引自《古今图书集成医部全录》卷五〇一，第 12 册，第 15 页。
[5]《备急千金要方校释》卷一，第 2 页。

"泛爱众"思想的精神实质。他还强调人命的宝贵，说："人命至重，有贵千金，一方济之，德逾于此。"[1] 所以他将自己的医著都冠以"千金"二字，其意正在于此。由此说明，儒学对医学的影响实为源远流长。

宋代以来，由于医儒之间的进一步结合，不仅儒学继续影响着医学，医学也反作用于儒学。这样，理学家在论述伦理道德思想时往往参照医学的内容，比如二程等人以切脉的体认方法来阐发"仁"的奥义，使之充分体现出别具一格的思辨色彩，就是其中一个很重要的方面。而医家的医德观念也更具有哲理化的倾向，如宋代无名氏所著《小儿卫生总微论方·医工论》就说："凡为医之道，必先正己，然后正物。正己者，谓能明理以尽术也；正物者，谓能用药以对病也。如此，然后事必济而功必著矣。若不能正己，则岂能正物？不能正物，则岂能愈疾？"[2] 这里所谓的"正己"之道，具体说就是以尽仁爱己之心来对待他人。张载所谓"以爱己之心爱人则尽仁"，[3] 即是此意。其中所说的"明理以尽术"，则明确指出要以理学中的观点来指导医学。下面，就从两个方面做较为详细的论述。

首先，从《内经》血脉之"仁"到理学宇宙本体之"仁"。与先秦儒学不同的是，理学家不仅认为"仁"是道德规范的最高标准，而且还是体现天地万物一体境界的本体

---

〔1〕《备急千金要方序》，《备急千金要方校释》，"序"，第14页。
〔2〕《小儿卫生总微论方》卷一，第1页。
〔3〕《正蒙·中正》，《张载集》，第32页。

范畴。在他们看来，由于人和万物都来源于宇宙的生生之理，所以它们之间有着密不可分的内在联系；但人既是自然界的产物，又是"万物之灵"与"天地之心"，所以作为人应该体验到与天地万物同体，达到这种"仁"的境界，只有如此方能够完全符合宇宙的生生之理。程颢说："学者须先识仁。仁者，浑然与物同体。义、礼、知、信皆仁也。识得此理，以诚敬存之而已，不须防检，不须穷索。若心懈则有防，心苟不懈，何防之有？理有未得，故须穷索。存久自明，安待穷索？此道与物无对，大不足以名之，天地之用皆我之用。孟子言'万物皆备于我'，须反身而诚，乃为大乐。"[1] 所谓"识仁"是一个"以诚敬存之"的直观的过程，其实现的方法主要就是依靠的"体认"。冯友兰先生认为，"体认"作为理学中的一个专门术语，它"就是说由体验得来的认识，这是具体的，不是抽象的，是一种经验，是一种直观，不是一种理智的知识"。[2] 可见"体认"就是在经验基础之上的直觉与体悟。在理学家看来，虽然观天地生意、观窗外绿草、观鸡雏即随处皆可以体认"仁"，但最好的体认方法却存在于医学之中。程颢在请谢良佐（约1050—1103）为自己切脉诊病时，说道："切脉最可体仁。"因为其时脉脉不断，就好像仁之为生生之体。从《二程遗书》中可以看到，程氏兄弟对脉学是很有研究的。如说：

---

〔1〕《二程集·遗书卷第二上》，第16—17页。
〔2〕《洛学与传统文化学术讨论会代祝词》，《洛学与传统文化》，第3页。

"人有寿考者，其气血脉息自深，便有一般深根固蒂底道理。人脉起于阳明，周旋而下，至于两气口，自然匀长，故于此视脉。又一道自头而下，至足大冲，亦如气口。"[1] 所谓"气口"又称"寸口"或"脉口"，指两手桡骨内侧桡动脉的诊脉部位。但二程理解的并非是独取"寸口"之法，而是《素问·三部九候论》中提出的"三部九候"的全身遍诊法，所以说脚上的"大冲"即"太冲"穴，也是诊脉部位。切脉为望、闻、问、切四诊中之最难者，因此往往被蒙上种种神秘色彩，诸如什么"索线诊脉"之类，更为神奇。这主要是因为脉诊完全靠一种直觉的体悟。晋王叔和（约210—285?）《脉经序》云："脉理精微，其体难辨。……在心易了，指下难明。"[2] 对脉象的体认完全是主观的，不仅"指下难明"，而且口中也难明，因此只有赖心的了悟。所以《内经》强调诊脉时需要"慧然独悟""俱视独见""昭然独明"，认为"持脉有道，虚静为保"，即强调切脉时要"必清必净，上观下观"。[3] 这种清虚守静、反观内照、慧然独悟的方法正是道家直觉主义认识论的基本特点。老子说"致虚极，守静笃"，"涤除玄览"，[4] 庄子说"以神遇而不以目视"，[5] 都是指的这种微妙深远的直觉认识方法。而医家

---

〔1〕《二程集·遗书卷第三》，第59页；《遗书卷第二下》，第54页。

〔2〕《脉经校释》，第7页。

〔3〕《黄帝内经素问》，第114—115、70、384—385页。

〔4〕《老子道德经注校释》，第35、23页。

〔5〕《庄子集释》卷二上《养生主》，第119页。

据此可以悟出"绞、紧、浮、芤，展转相类"[1] 的复杂脉象。理学家则认为这种方法是最好的"体仁"途径，可以由此而"浑然与物同体"，而且不必舍己到客观世界（"外"）中去穷索仁理，只要以"诚敬存"自己所固有的"仁"，即能"识仁"。程门高弟谢良佐认为，对这种虚静直觉之法各人所理解的程度也各有不同，"近道莫如静。斋戒以神明其德，天下之至静也。心之穷物有尽，而天无尽，如之何包之？此理有言下悟者，有数年而悟者，有终身不悟者"。谢氏本人当然是"言下悟者"。这是否与他精通切脉之道有关，却没有明说。总之以静悟道之"静"是从老庄、《内经》到二程都是一致的。谢良佐认为，这种"静"并非无知无觉，而是潜识默通，因为"心有知觉之谓仁"，[2]"仁"就是心的静中之动。这一说法可看作对程颢"切脉最可体仁"的一种阐释。

程颢还有以医道发挥"识仁"的言论。他说：

> 医书言手足痿痹为不仁，此言最善名状。仁者，以天地万物为一体，莫非己也。认得为己，何所不至？若不有诸己，自不与己相干。如手足不仁，气已不贯，皆不属己。
>
> 医家言四体不仁，最能体仁之名也。

----

[1]《脉经校释·脉经序》，第 7 页。
[2]《宋元学案》卷二四《上蔡学案》，第 921 页；卷四二《五峰学案》，第 1386 页。

《内经》中曾指出因经脉不通而肢体没有痛痒等感觉的现象为"不仁"，程颢认为这最能形容与描摹"体仁"之情况。如果说上面所讲"切脉可以体仁"是从以"我"来观天地万物的立场出发的，那么此处所讲的则是从人与天地万物浑然一体的角度来看问题的。"仁者"从天地万物生生之理来体认"物我"一体，天地万物当然也就属于"我"了。但也可能会觉得"不与己相干"，这就像《内经》说的人的手脚患了痿痹症，本来手脚是自己身体的有机组成部分，完全可以听凭自己的意志去行动，而运用自如。然而一旦患有此症，手脚摆动失灵，尽管手脚还在自己身上，但不听使唤，又有什么用呢？对于这种无用手足也就无所谓爱惜了。因此，程颢又说：

> 若夫至仁，则天地为一身，而天地之间，品物万形为四肢百体。夫人岂有视四肢百体而不爱者哉？[1]

在他看来，"不仁"就是连自己的四肢都"气已不贯，皆不属己"；而"至仁"就会觉得天地万物如自己的"四肢百体"。做到与万物一体，浑然无间，自己也就不会感觉有任何东西存在于"我"之外了。所以"泛爱万物"就像爱自己的"四肢百体"。谢良佐沿着二程的这一认识方向继续前

---

[1]《二程集·遗书卷第二上》，第15页；《遗书卷第十一》，第120页；《遗书卷第四》，第74页。

进，以人心有"觉"作为体仁的真正命脉。他说：

> 心者何也？仁是已。仁者何也？活者为仁，死者为不仁。今人身体麻痹，不知痛痒，谓之不仁。桃杏之核可种而生者，谓之桃仁杏仁，言有生之意。推此，仁可见矣。
>
> 仁是四肢不仁之仁，不仁是不识痛痒，仁是识痛痒。儒之仁，佛之觉。[1]

即是认为佛教所谓"觉"就等同于儒家指认的"仁"。人心有"觉"，就能识痛痒，就是所谓"活者"。桃仁杏仁因有生意，也可以看作为有知觉。这便是从"与天地万物为一体"的角度来说的。

二程及其门弟子强调"以一身以观天地"，强调视脉诊病"此等事最切于身"，[2] 无不研求医理，显然有为其发挥理学心性论而作知识储备的一面，也从另一面反映出《内经》等医书对他们的深刻影响。当然，程颢等人将《内经》中的有关生理病理以及诊断术方面的内容纳入理学的系统内，倒也符合孔门的一贯主张。《论语·雍也》说："能近取譬，可谓仁之方也已。"即认为近取诸身是认识仁的好方法。但是，孔子论"仁"多不离开伦常日用，如"巧言令色，鲜

---

[1]《上蔡语录》卷上，第2页；卷中，第20页。
[2]《二程集·遗书卷第二下》，第54页。

矣仁"(《论语·学而》)、"刚毅木讷近仁"(《子路》)、"苟志于仁矣，无恶矣"(《里仁》)、"人而不仁，如礼何？人而不仁，如乐何"(《八佾》)[1]等等。与孔子不同的是，程氏等人在"取譬"的路上越走越远，逐渐离开孔门论仁的亲切朴实的传统。在医以及佛老等因素的作用下，"仁"被提升到宇宙本体的高度，南宋理学名家吕祖谦（1137—1181）就把"仁"当作"理"，说："仁者，天下之正理也。"又说："夫仁与礼，通彻上下，自足以该括天下之理。"[2] 使之成为抽象性与思辨性极强的哲学范畴。

其次，从理学人心之"仁"到宋明医家的道德践履。

在理学中除了将仁作为宇宙的道德本体的说法之外，也还讲人心之仁。这是儒学相传仁的本义。张载在《正蒙·中正》中说"以爱己之心爱人则尽仁"，就是以孔子"爱人"(《论语·颜渊》)[3]的观点为基调的。爱人如同爱己，在张载看来，这是因为人人物物都是由一"气"聚结而成，都具有同一本性，所以爱所有的人和物是儒者所应该做到的。他说："性者万物之一源，非有我之得私也。惟大人为能尽其道，是故立必俱立，知必周知，爱必兼爱，成不独成。"[4] 他从气一元论的立场出发，认为人与物在本性上没有差别，在生活中应该充分体现这个道理。即立必立己而且立人，知

---

〔1〕《十三经注疏》，第 5385、5336、5449、5366、5356 页。
〔2〕《丽泽论说集录》卷七，《吕祖谦全集》第 4 册，第 149、190 页。
〔3〕《十三经注疏》，第 5440 页。
〔4〕《正蒙·诚明》，《张载集》，第 21 页。

必周万物而知，爱必爱一切人和一切物，成必成己而且成物。张载还提出了"民吾同胞，物吾与也"的著名命题，将古代的人道主义提到一个新的高度。他在《西铭》中说："乾称父，坤称母；予兹藐焉，乃混然中处。故天地之塞，吾其体；天地之帅，吾其性。民吾同胞，物吾与也。……尊高年，所以长其长；慈孤弱，所以幼吾幼。圣其合德，贤其秀也。凡天下疲癃残疾，茕独鳏寡，皆吾兄弟之颠连而无告者也。"[1] 乾坤生生不息，乃人与万物的大父母。天下之人因此都是天地之子，无论贵贱长幼圣愚，都是众多兄弟中的一员。圣者"与天地合其德"，好比是父母的能干儿子，贤者是兄弟当中的佼佼者，而那些"疲癃残疾"与"茕独鳏寡"者是最需要人们予以关怀和帮助的兄弟。而"尊高年，所以长其长；慈孤弱，所以幼吾幼"则是对先秦儒家"老者安之，朋友信之，少者怀之"（《论语·公冶长》）、"老吾老，以及人之老；幼吾幼，以及人之幼"（《孟子·梁惠王上》）[2] 思想的引申与发挥。总之，张载在人己关系上所作的阐述，是对孔子关于"仁"的学说的进一步拓展，对后世有较大的影响。朱熹除了祖述二程讲仁即天心、仁即天道之外，也将仁落实到人生层面，阐述在人伦日用中为仁的具体方法。首先，朱熹强调了人贵的儒学传统思想，他说："人为最灵，而备有五常之性，禽兽则昏而不能备，草木枯槁则

---

〔1〕《正蒙·乾称》，《张载集》，第 62 页。
〔2〕《十三经注疏》，第 5376、5808 页。

又并与其知觉者而亡焉。"〔1〕 草木仅有生气，禽兽有血气知觉，人不仅如此而且具备了五常之性，所以是最灵的。当然这种人贵的观点基本是沿袭了荀子等人的说法。其次，朱熹论仁多是从恻隐之心、博爱、事亲等内容来讲的，如说："恻隐之心方是流行处，到得亲亲、仁民、爱物，方是成就处。""以博爱为仁，则未有博爱以前，不成是无仁。"又说："爱亲、仁民、爱物，无非仁也。"〔2〕 这些观点仍不出前人的范围。然而，对于如何去躬行实践"仁"，朱熹却有自己的心得，他说："大抵向来之说，皆是苦心极力要识仁字，故其说愈巧而气象愈薄。近日究观圣门垂教之意，即是要人躬行实践，直内胜私，使轻浮刻薄、贵我贱物之态潜消于冥冥之中，而吾之本心浑厚慈良、公平正大之体常存而不失，便是仁处。其用功着力，随人浅深，各有次第。要之须是力行久熟，实到此地，方能知此意味。盖非可以想象臆度而知，亦不待想象臆度而知也。"〔3〕 即是说，仅仅是苦心极力地想象臆度或坐而论道都不能"识仁"，而要真正理解恻隐、亲亲、仁民、爱物、博爱等仁的学问，就必须去身体力行。朱熹认为，人虽各方面有着不同的水平，但只要"用功着力"，并且"力行久熟"，就能够"知此意味"。

作为"活人之术"的医学，本身就带有儒家这种博爱济

---

〔1〕《答余方叔》，《全宋文》卷五五七六，第248册，第380页。

〔2〕《朱子语类》卷七四，第1901页；卷一三七，第3274页；卷五六，第1333页。

〔3〕《答吴晦叔》，《全宋文》卷五五一七，第246册，第225页。

众的特征，再加上张载、朱熹等人上述思想的传播，医学就渐渐被定名为"仁术"了，成为践履儒家仁的最高道德标准的一种技艺。在这样的思想背景下，出现了两方面情况：一是大批儒者演变为医生，悬壶济世；二是作为医生的儒者，强调要用仁的道德标准作为行医的行为准则，从而普遍提高了宋明医家对医德的认识水平。

首先，一代名儒范仲淹"不为良相，则为良医"的思想，已在后世发生了深刻而广泛的影响，并成为由医而儒的理论依据。明代医家左斗元（生卒不详）《风科集验名方序》说："达则愿为良相，不达愿为良医。良医固非良相比也，然任大责重，其有关于人之休戚则一也。"[1] 儒者以出将入相，兼济天下为人生的最高目的，但毕竟业儒者多，为官者少，因而有不少儒者因种种原因通过不同途径转而从医，并且能够达到一种心理上的平衡，认为自己实现了爱人救世的夙愿。前面已多次提到的元代名医朱震亨本为朱熹四传弟子许谦的门人，据明戴良《丹溪翁传》载，朱氏"闻道德性命之说，宏深粹密，遂为专门"，但当许谦要他"游艺于医"时，"即慨然曰：'士苟精一艺，以推及物之仁，虽不仕于时，犹仕也。'乃悉焚弃向所习举子业，一于医致力焉"[2] 即是说，如果精通一种技艺，即可将仁者爱人之心施及于人，虽不做官也同做官一样。在这样的思想观念推动

---

〔1〕 引自丹波元胤编：《中国医籍考》卷五一，第667页。
〔2〕 《丹溪心法》附录，第119页。

下，朱震亨毅然断绝了仕宦之路，而投身于杏林之中，并成为一代名医。《宋元学案·北山四先生学案》中有《聘君朱丹溪先生震亨》传，其中记载了朱氏的两段话：

> 吾穷而在下，泽不能及远，随分可自致者，其惟医乎？圣贤一言，终身行之不尽，奚以多为！[1]

虽"穷"亦不愿独善一身，将行医作为泽及他人的最好选择。同时，他认为行医也是践履圣贤行仁道之言，可作为自己一生行为的指归。明代王学中泰州学派的创始人王艮也曾行医以躬行儒家的践履之道。其《年谱》记载，二十三岁时，"客山东。先生有疾，从医家受倒仓法。既愈，乃究心医道"。《内经》称胃为仓廪，倒仓法是一种治疗方法，又称吐法，朱震亨《格致余论》中有《倒仓论》一节。徐玉銮撰《王艮传》也说："弱冠，先生父纪芳使治商，往来齐鲁间。已，又业医，然皆弗竟。"王艮虽曾悬壶于市，却未将其作为终身职业，但对其理学思想的形成已经产生了一定的影响。王艮说："圣人之道无异于百姓日用。凡有异者，皆谓之异端"，"百姓日用条理处，即是圣人之条理处"[2]。将百姓日用等同于圣人之道，其中包含有其行医的体验。因为医术最为百姓所日用，所以它也最贴近圣人之道。总之，

---

[1]《宋元学案》卷八二，第2788、2789页。
[2]《王艮全集》卷四，第81页；卷五，第158—159页；卷一，第9页。

在宋金元明清各个朝代，儒者转而专攻或兼通医术的例子不胜枚举，其基本推动力量就是儒家济世行仁的思想观念。

其次，以儒家仁的道德标准作为医界的行为准则，在宋以后大量的习医的戒要、箴言、规格、医话等之中，都将"仁爱"二字当作首要的要求。明龚信（生卒不详）《明医箴》开篇即言："今之明医，心存仁义。"[1] 其子龚廷贤在《万病回春·医家十要》中说："一存仁心，乃是良箴，博施济众，惠泽斯深。"明末人潘楫（1591—1664）《医灯续焰·医乃仁术》不仅指出医者应该怎样去做，同时也强调了行医时应该禁绝的事。其云：

> 医以活人为心，故曰医乃仁术。有疾而求疗，不啻求救焚溺于水火也。医乃仁慈之术，须披发撄冠而往救之可也。否则焦濡之祸及，少有仁心者能忍乎！窃有医者，乘人之急而诈取货财，是则孜孜为利，跖之徒也，岂仁术而然哉？比之作不善者尤甚也。……奚必计一时之利而戕贼仁义之心，甚与道术相反背，有乖生物之天理也。从事者可不鉴戒！医者当自念云：人身疾苦，与我无异。凡来请召，急去无迟。或止求药，宜即发付。勿问贵贱，勿择贫富，专以救人为心，冥冥中自有佑之者。乘人之急，故意求财，用心不仁，

---

[1]《古今医鉴》附《箴三首警医一首》，第525页。

冥冥中自有祸之者。[1]

此文从两方面进行了详细的论述：一、医既为行仁术者，就要不计得失，一切从病人出发，要像救人于水火之中那样去救治病人，只有这样才符合"生物之天理"。二、凡是在行医过程中，乘病人危难，敲诈勒索，骗取钱财的，就是戕贼仁术的强盗，必遭报应。虽然潘楫上述言论有因果报应的迷信色彩，但其从正反两方面对"医乃仁术"思想所作的阐释，比较全面因而颇具代表性。其他一些医家也有鞭挞那些不讲道德的医中败类的看法。如李中梓（1588—1655）《医宗必读》指出，行医中"或巧语诳人，或甘言悦听，或强辨相欺，或危言相恐，此便佞之流也"。[2] 又如清代夏鼎（1635—1715）《十三不可学》[3] 提出凡残忍、驰骛、愚下、卤莽、犹豫、固执、轻浮、急遽、怠缓、宿怨、自是、悭吝、贪婪等十三种人不可学医，这些基本上都属于道德方面的问题。

另外，儒医中还有不少人以自己的医学践履活动，来体现仁术的精神实质。如朱震亨，凡病家有请，即不顾艰辛疲劳，立即出诊，"四方以疾迎候者无虚日，先生无不即往，虽雨雪载途亦不为止。仆夫告痛，先生谕之曰：'病者度刻

---

[1]《医灯续焰》卷二〇《医范》，第 346 页。
[2]《医宗必读》卷一《不失人情论》，第 9 页。
[3]《幼科铁镜》卷一，第 2 页。

如岁，而欲自逸耶？'娄人求药，无不与，不求其偿。其困厄无告者，不待其招，注药往起之，虽百里之远弗惮也"。[1] 对贫困之家的病人则格外照顾。明代名医万全（1499—1582）认为应"以活人为心，不记宿怨"，[2] 并身体力行，曾经千方百计地救治好一怨家小儿的危重病症。这些名医对技术精益求精，往往转益多师，博涉群籍，学验俱丰，如李时珍"长耽典籍，若啖蔗饴。遂渔猎群书，搜罗百氏。凡子史经传，声韵农圃，医卜星相，乐府诸家，稍有得处，辄著数言"。[3] 而李梴则指出："如欲专小科，则亦不可不读大科；欲专外科，亦不可不读内科。盖因此识彼则有之，未有通于彼而塞于此者。"[4] 由博而精，兼通数科。上述这些名医的言行丰富了儒家传统伦理道德中的优秀部分，值得称道。

但是，由于儒医的地位不断提高，弃儒从医者亦愈来愈多，结果是鱼目混珠，滥竽充数，出现了一些医术低劣、医德不正的"庸医"。徐春甫（1520—1596）《古今医统·庸医速报》对之作了一番描述："间有无知辈，窃世医之名，抄检成方，略记《难经》《脉诀》不过三者尽之，自信医学无难矣。此外惟修边幅，饰以衣骑，习以口给，谄媚豪门，巧

〔1〕宋濂：《故丹溪先生朱公石表辞》，《宋濂全集辑补》第 7 册，第 2332 页。
〔2〕《幼科发挥》卷四，第 97—98 页。
〔3〕王世贞：《本草纲目序》，《本草纲目（校点本）》第 1 册，第 17 页。
〔4〕《医学入门》卷七《习医规格》，第 635 页。

彰虚誉，摇摇自满，适以骇俗。一遇识者洞见肺肝，掣肘莫能施其巧，犹面谀而背诽之。又讥同列看书访学，徒自劳苦。凡有治疗，率尔狂诞，妄投药剂。偶尔侥效，需索百端；凡有误伤，则曰尽命。"[1] 活画出这些医界中之诈伪者的丑态。庸医虽是些无聊之辈，却也标榜"医为仁术"，因此他们往往"择用几十种无毒之药，求免过愆。病之二三，且不能去"，这样便可不去承担责任，而其实质则为"养痈之术，坐误时日，迁延毙人者"。[2] 明清之际著名思想家顾炎武（1613—1682）对庸医的本质做过深刻的揭露，其云："古之时庸医杀人，今之时庸医不杀人，亦不活人，使其在不死不活之间，其病日深，而卒至于死。"所谓"今之时"是指理学走向没落的时代，这些"不杀人亦不活人"的庸医其实也就是空谈心性的理学末流。顾炎武又说："昔之清谈谈老庄，今之清谈谈孔孟，未得其精而已遗其粗，未究其本而先辞其末。……以明心见性之空言，代修己治人之实学。"[3] 其所谓"实学"，包括重实践、重考察、重验证、重实测的科学精神，是对理学末流"崇虚黜实"思想的批判。顾炎武在批判中善于用古今对比，来证明清谈误国，庸医误人。颜元精通医道，更倡实学，对庸医也进行了针砭，他说："今有妄人者，止务览医书千百卷，熟读详说，以为予国手矣，视诊脉、制药、针灸、摩砭以为术家之粗，不足

---

〔1〕《古今医统大全》卷三，上册，第 213 页。
〔2〕《医门法律》卷一，第 29 页。
〔3〕《日知录集释》卷五，第 256 页；卷七，第 363—364 页。

学也。书日博，识日精，一人倡之，举世效之，岐黄盈天下，而天下之人病相枕，死相接也，可谓明医乎?"〔1〕指出庸医只读医书不能看病，误尽天下苍生。在明清实学思潮的强烈影响下，不少名医纷纷出来指斥庸医。龚信《庸医箴》说："误人性命，希图微利。如此庸医，可耻可忌。"〔2〕吴瑭说："生民何辜，不死于病而死于医，是有医不若无医也。学医不精，不若不学也。"〔3〕徐大椿（1693—1771）以俚诗加以讽劝："问你居心何忍，王法虽不及，天理实难欺。若果有救世真心，还望你读书明理。做不来，宁可改业营生，免得阴诛冥击。"〔4〕可谓对庸医深恶痛绝。但是，直至清末民初，理学仍有市场，庸医亦未断绝。鲁迅之父周伯宜（1861—1896）即为庸医所误，花尽家财，受尽折腾，拖了两年终于病故。后来，当鲁迅学得了一些先进医学知识后，便感触很深地说："我还记得先前的医生的议论和方药，和现在所知道的比较起来，便渐渐的悟得中医不过是一种有意的或无意的骗子，同时又很起了对于被骗的病人和他的家族的同情。"〔5〕这段话一向仅被当作偏激之论，是对中医和中药学的不正确看法。但鲁迅还在《伪自由书·推背图》中说："本草家提起笔来，写道：砒霜，大毒。字不过四个，但

---

〔1〕《存学编》卷一《学辨一》，《颜元集》，第50页。
〔2〕《古今医鉴》附《箴三首警医一首》，第526页。
〔3〕《问心堂温病条辨自序》，《温病条辨》，第8页。
〔4〕《洄溪道情·行医叹》，第8页。
〔5〕《呐喊·自序》，《鲁迅全集》第1卷，第438页。

他却确切知道了这东西曾经毒死过若干性命的了。"[1] 也肯定了中药学是经过验证的科学。事实上鲁迅反对的是旧学中的虚伪与庸医的欺诈，这和他反封建的立场是相一致的。如果全面掌握庸医的种种令人愤慨的表现之后，当会对鲁迅的观点作出新的理解。

孝与仁在儒学伦理道德范畴体系中关系十分密切，孔子在《论语·学而》中说："孝弟也者，其为仁之本与!"[2] 认为孝悌是仁的基础。所谓"孝"，在古代是一个涵盖非常广泛的范畴，凡与尊敬、奉养、顺从等相关的内容都体现了孝道。儒家孝道观对传统医学产生了相当大的影响，其中以理学阶段为最甚。

儒家历来重视亲子之间的情感交流，强调子女对父母的尊敬和爱戴。孔子说："父母之年，不可不知也，一则以喜，一则以惧。"喜则因父母年高寿长，惧则因其体衰身弱。因此"父母在，不远游，游必有方"（《论语·里仁》），而要经常在父母面前尽些孝心。孔子又说："今之孝者，是谓能养。至于犬马，皆能有养。不敬，何以别乎?"（《为政》）仅仅奉养还不够，要对父母表示真诚的敬意。孟子也认为赡养双亲是很重要的事情，说："事，孰为大? 事亲为大。"（《孟子·离娄上》）又说："孝子之至，莫大乎尊亲; 尊亲之至，莫大乎以天下养。"（《万章上》）关于如何"养"，孟子还讲

---

[1]《鲁迅全集》第 5 卷，第 97 页。
[2]《十三经注疏》，第 5335 页。

了不少具体的内容，如制田产、畜鸡豚，可使老人得以温饱，安享晚年。这些关于孝敬父母、赡养老人的论述，具有促进社会安定、人民幸福的积极作用，后成为中华民族的传统美德之一。但是，孝道也具有不少消极因素，它维护并巩固宗法制度，如孔子说："弟子入则孝，出则悌"，"其为人也孝弟，而好犯上者，鲜矣"（《论语·学而》）。即是说在家能孝悌，在朝堂定能对君王恭敬，后人所谓"求忠臣于孝子之门"即从此出。因此尽孝必须合"礼"，"生，事之以礼；死，葬之以礼，祭之以礼"（《为政》），而且父亲死后，"三年无改于父之道，可谓孝矣"（《学而》）。[1] 这些观点到后世发展到"吃人的礼教"，成为束缚人们手脚的封建枷锁。

孔孟奉亲养老的观点，有人道主义色彩，容易在以救死扶伤为己任的医家中产生反响。从汉晋到隋唐不少医家都提出知医为孝的观点。如被后人尊为"医圣"的张仲景（约150—219）说："留神医药，精穷方术，上以疗君亲之疾，下以救贫贱之厄。"[2] 晋人皇甫谧则认为："夫受先人之体，有八尺之躯，而不知医事，此所谓游魂耳。若不精通于医道，虽有忠孝之心，仁慈之性，君父危困，赤子涂地，无以济之，此固圣贤所以精思极论尽其理也。"[3] 唐代孙思邈在《备急千金要方序》中也说："君亲有疾不能疗之者，非忠孝

───────────────

[1]《十三经注疏》，第 5368、5347、5921、5950、5337、5335、5346、5338 页。
[2]《伤寒论·张仲景原序》，第 2 页。
[3]《针灸甲乙经·皇帝三部针灸甲乙经序》。

也。"这些言论都发挥了孔孟的思想，认为孝子忠臣要时刻保证君父的身体健康，就必须学习并精究医术。张仲景、皇甫谧、孙思邈等人所言在历史上开了医孝合一论的先河，又反过来给理学以影响。

理学初兴时，医孝合一之说尚未流行，至司马光还说："父母有疾，子色不满容，不戏笑，不晏游。舍置余事，专以迎医检方合药为务。"[1] 仅以"迎医"为能事。程颢是理学家中将医道与孝道相提并论的始作俑者。他说："病卧于床，委之庸医，比于不慈不孝。事亲者，亦不可不知医。"侍奉双亲自己必须要懂医道，否则交由庸医乱治，自然是"不孝"；即使是自己有病，也不可如此轻率，否则就会使父母背上"不慈"的恶名。可见大程对庸医误人有较深刻的了解。程颐也认为人子事亲学医"最是大事"，他说："今人视父母疾，乃一任医者之手，岂不害事？必须识医药之道理，别病是如何，药当如何，故可任医者也。"认为切不可将父母托付给医者，自己却一筹莫展。然而，一般人未能谙熟医术，如果心存偏见，反而比一点不懂更会坏事。小程针对这种疑问，又说："且如识图画人，未必画得如画工，然他却识别得工拙。如自己曾学，令医者说道理，便自见得，或己有所见，亦可说与他商量。"[2] 这就是说，只要懂些医学中的道理，便自会有一定的见解，就能与医者相互商量斟酌，

---

〔1〕引自张履祥：《杨园先生全集》卷三五《居家杂仪》，第 975 页。
〔2〕《二程集·外书卷第十二》，第 428 页；《遗书卷第十八》，第 245 页。

而不至于任人摆布，如同木偶人一般。这就像辨别图画的优劣，只需识得一些作画的道理，未必一定要做画工才能办到。当然，二程兄弟这番知医为孝的言论并非是空穴来风，它既受到前代医家医孝合一论的影响，又与宋代新儒学的进一步崛起有关，是有着深刻的历史和时代背景的。

知医为孝论的理论基础仍是孔孟等人的仁孝观，不过理学中人又作了进一步的发挥。理学奠基人之一张载，在《西铭》中除了提出"民胞物与"的兼爱思想外，同时也提倡尽孝，举出申生、伯奇等例子作为"孝"之楷模。二程则认为："'孝弟也者，其为仁之本与！'言为仁之本，非仁之本也。""为仁之本"与"仁之本"有所不同，即是说仁是本，孝是用，不能将仁与孝混而为一，这是二程的新解。然而"仁主于爱，爱莫大于爱亲。故曰：'孝弟也者，其为仁之本欤！'"[1] 仁的主要内容是"爱"，亲情之爱为最大者，所以要想履行"仁"，首先必须从"孝悌"开始做起。"孝悌"是行仁的具体表现形式。朱熹亦将仁孝并举，他说："仁之实，本只是事亲，推广之，爱人利物，无非是仁。"[2] "仁主于爱，而爱莫切于事亲。"[3] 反复阐发事亲孝悌乃仁义之根实，而心之有仁而方有孝悌。元儒吴澄也说："德谓己所得，道谓人所共由。盖己之所得，人所共由者，其理曰仁、义、礼、智，而仁兼统之。仁之发为爱，而爱先于亲。故孝

[1]《二程集·遗书卷第十一》，第 125 页；《遗书卷第十八》，第 183 页。
[2]《朱子语类》卷五六，第 1333 页。
[3]《四书章句集注·孟子集注卷七》，第 287 页。

为德之至，道之要也。"〔1〕把孝作为道德的至要，将仁与孝合而为一。总之，理学家都从不同角度强调了仁与孝的关系，使之更受后人重视。明代儒医徐春甫对此极有心得，他在《古今医统·医儒一事》中说："医为儒者之一事，不知何代而两途之。父母至亲者有疾而委之他人，俾他人之无亲者反操父母之死生。一有误谬，则终身不复。平日以仁推于人者，独不能以仁推于父母乎？故于仁缺。"〔2〕不能医治父母之疾者，而对人讲仁只是空谈，并无其实，所以谓之缺少"仁"。徐氏之语深得二程仁孝论之精髓。张介宾亦论仁孝，其云："夫生者，天地之大德也。医者，赞天地之生者也。人参两间，惟生而已，生而不有，他何计焉？故圣人体天地好生之心，阐明斯道，诚仁孝之大端。"〔3〕天地生生之大德，就体现在医者行仁孝之道上，这既是对医者的高度评价，也是对仁孝之道的极力推崇。

医孝合一论虽然在北宋以前就已出现，但其对社会产生广泛影响，还是在理学兴盛之后。因为像张仲景等人纵然著名，但也无法与二程等理学家相比。作为封建社会后期的统治思想，理学把孝等封建伦理道德，说成是人人都不能违反的"天理"，具有无上的权威。在此种社会背景下，医家无不谈"孝"，甚至以"孝"治医。金元四大家之一的张从正

〔1〕《孝经定本》，《钦定四库全书》本，第1页。
〔2〕《古今医统大全》卷三，上册，第209页。
〔3〕《类经图翼序》，《类经》，第519页。

写有一部医著，主要讲汗、吐、下三种治疗方法，却名之为《儒门事亲》，仿佛是在讲纲常伦理。为何要起此名呢？其原因是"以为惟儒者能明辨之，而事亲者不可以不知也"[1]。即认为知医为儒者分内事，而作为孝子亦必须懂医。清程国彭《医学心悟自序》说："古人有言，病卧于床，委之庸医，比于不慈不孝。是以为人父子者，不可以不知医。"[2] 这里所谓"古人有言"显然是指大程的那段议论，这说明知医为孝的观念已相当普及。应该说，医孝合一说还是具有一定的积极因素，起到过促进医者钻研医术的作用。明代名医王肯堂（1549—1613）讲过自己习医的经过："嘉靖丙寅，母病阽危，常润名医，延致殆遍，言人人殊，罕得要领，心甚陋之，于是锐志学医"，医道既通，渐为人知。后因种种原因又弃医为官，至去官归家后，方重操旧业。其时，"二亲笃老善病，即医非素习，固将学之，而况乎轻车熟路也。于是闻见日益广，而艺日益精。乡曲有抱沉疴，医技告穷者，叩阍求方，亡弗立应，未尝敢萌厌心，所全活者，稍稍众矣"[3]。学医的动机就因母亲生病，而医术的提高又因父母年老多病，在这里尽孝道竟成为王肯堂技术精益求精的动力。而且他又能悬壶济世，泽及四乡，更为值得称道。当然，因父母有病而萌志习医者，尚大有人在，清吴瑭《温病条辨自序》说："瑭十九岁时，父病年余，至于不起，瑭愧

---

〔1〕《李濂医史》卷五，第90页。
〔2〕《医学心悟·自序》，"序"，第1页。
〔3〕《证治准绳·自叙》，"序"，第3页。

恨难名，哀痛欲绝，以为父病不知医，尚复何颜立于天地间，遂购方书，伏读于苫块之余"，不能尽孝的遗憾使他愤然"弃举子业，专事方术"。[1] 父母子女的血缘关系是人类最基本也是最重要的关系之一，基于亲情而习医，进而济世，似乎无可厚非，鲁迅亦曾说自己习医的目的是"救治像我父亲似的被误的病人的疾苦"。[2] 这种医孝合一论显然包含有古代人道主义的合理因素，是有其一定亮色的。

但是，这种医孝合一论是以孝为其根本的，而"孝"在封建社会后期已经被推向极端，变成为"愚孝"。理学家认为"孝"的核心，就是子女在任何时候都必须绝对服从父母，唯父母意志为瞻，否则就是不孝。这样一来，"孝"已不再是一般意义上的子女对父母的赡养和尊重，而是指父权对子女的统治和压迫。"孝"乃"父为子纲"在道德观念上的反映。"忠""节""信""义"都不过是孝这一观念在君臣、夫妇、朋友、主仆关系上的运用和推广。二程认为要树立封建家长在家庭内部的绝对权威，程颐说："家人之道，必有所尊严而君长者，谓父母也。虽一家之小，无尊严则孝敬衰，无君长则法度废。有严君而后家道正，家者国之则也。"[3] 父母应有"尊严"方可使子女产生"孝敬"之心。吕祖谦则认为，子女孝敬父母是无条件的，说："我孝之心无间断，随遇随起"，如果碰到"顽父嚚母"时，也必须委

---

〔1〕《温病条辨》，第8页。
〔2〕《呐喊·自序》，《鲁迅全集》第1卷，第438页。
〔3〕《二程集·周易程氏传卷第三》，第885页。

屈求全，不减孝心。即使受到父母的无理痛责和毒打，也要克尽子职，"父母不从吾谏，至于怒，至于挞之流血，亦起敬起孝"。[1] 至于为洗刷自己而出现父母之恶的事情，更是不能干的。清李毓秀所写启蒙读物《弟子规》流传甚广，其中就有："亲爱我，孝何难？亲恶我，孝方贤。亲有过，谏使更，怡吾色，柔吾声。谏不入，悦复谏，号泣随，挞无怨。亲有疾，药先尝，昼夜侍，不离床。"使童心也蒙上这种打骂无怨的愚孝的阴影。随着理学的正统地位日趋巩固，愚孝之风愈煽愈烈，遍及社会生活的各个角落。由于医儒关系的特殊性，许多怪诞、荒唐、愚昧甚至残忍之事，竟假医药之手而产生，暴露出旧礼教"吃人"的本性。

其中最典型的是所谓"割股疗亲"。据宋张杲（约十二世纪人）《医说》卷四《人肉治羸疾》称："（唐）开元间，明州人陈藏器撰《本草拾遗》，云人肉治羸疾。自此闾阎相效割股。"[2] 所谓"羸疾"即肺结核一类疾病，过去为不治之症。当孝子们得知人肉可治此绝症，无不互相仿效着从大腿上割肉以疗亲疾。此事愈传愈邪，后来便以为人肉是天下最灵验的药物。鲁迅小说《药》中揭露了以"人血馒头"治"肺痨"的愚昧，说明直至清末民初仍有此遗风。而且，许多中了愚孝之毒的人，只要父母患有难治之病，即割股以进，以为这样既可尽孝道，又能受到社会的褒扬。《金史·

---

〔1〕《丽泽论说集录》卷五，《吕祖谦全集》第4册，第141页。
〔2〕《医说》卷四，第125页。

刘政传》载："母疾，昼夜侍侧，衣不解带，刲股肉啖之者再三。"[1]《新元史·普兰奚传》亦载："普兰奚，八岁，裕宗养于宫中。母疾，刲股和药疗之，不令人知。裕宗称其孝。"[2] 除了割股之外，还有"凿脑"。《元史·秦氏二女传》云："秦氏二女，河南宜阳人，逸其名。父尝有危疾，医云不可攻。姊闭户默祷，凿己脑和药进饮，遂愈。父后复病欲绝，妹刲股内置粥中，父小啜即苏。"[3] 这不像是治病，倒像是自杀，其状甚为凄惨。明清两代，此风更盛，史料记载之多已无法统计。明何孟春《余冬序录》载："江伯儿母病，割胁肉以进，不愈；祷于神，欲杀子以谢神。母愈，遂杀其三岁子。"[4] 此人除了割己肉外，还要殃及无辜儿童，更是罪不容诛。清管同〔道光五年（1825）举人〕《孝史序》也称赞《孝史》的作者陈宝田"少时亦尝刲股以疗亲疾，世德相继，无愧古贤"，[5] 将割股疗疾作为世代相传的美德。以上所举充分说明理学关于"孝"的说教为害之甚，影响之广。

当然，割股之举自其产生时就受到来自不同方面的批评与抵制，理学中一些头脑清醒者也不赞成这种做法。南宋名儒真德秀（1178—1235）就说：

---

[1]《金史》卷一二七，第 2747 页。
[2]《新元史》卷一五一，第 3188 页。
[3]《元史》卷二〇〇，第 4486 页。
[4] 引自《本草纲目（校点本）》卷五二，第 4 册，第 2968 页。
[5]《续古文观止》，第 147 页。

所谓病则致其忧者，言父母有疾，当极其忧虑也。昔人有母病三年衣不解带者。亲年既高，不能无疾，人子当躬自侍奉，药必先尝。若有名医，不惜涕泣恳告，以求治疗之法，不必剔肝刲股然后为孝。盖身体发肤，受之父母，或不幸因而致疾，未免反贻亲忧。[1]

此处的"昔人"指晋人王祥，他是理学家常举的孝子的典型。二程曾认为王祥卧冰求鱼以奉其母为"此亦是通神明一事"。[2] 真德秀没提其卧冰求鱼之事，而认为像王祥侍母病三年衣不解带，已堪为表率。父母有病，做儿女的焦急忧愁是很正常的，但并不必"剔肝刲股"。因为《孝经·开宗明义章》即云："身体发肤，受之父母，不敢毁伤，孝之始也。"[3] 亦为"圣言"，必须遵循。如果因割身上的肉而得病，致使父母忧愁，这反倒是不孝了。真德秀用来反对这种愚孝行为的武器恰恰正是儒家的孝道，倒是很有些讽刺意味。但是，正是理学鼓吹儿女在任何时候都必须绝对服从父母的戒律清规，才导致了这种"剔肝刲股"愚昧野蛮现象的普遍存在。显然，真德秀根本没有触及到问题的实质。

李时珍作为明代大医药学家，一生同形形色色的愚昧与迷信现象进行了坚决斗争。他尤对这种割股侍亲的状况深恶痛绝，为了能使后世不再出现这种违反人性的丑恶现象，特

---

〔1〕《泉州劝孝文》，《全宋文》卷七一六二，第 313 册，第 28 页。
〔2〕《二程集·遗书卷第十八》，第 224 页。
〔3〕《十三经注疏》，第 5536 页。

在其名著《本草纲目》中专设"人肉"一节，从源到流深刻地揭露了割股侍亲的种种原因，并对之进行了无情的鞭挞。他指出，在陈藏器著《本草拾遗》以前，"已有割股割肝者矣，而归咎陈氏，所以罪其笔之于书，而不立言以破惑也，《本草》可轻言哉？"正因为陈藏器是位药物学家，所以不该人云亦云，将食人肉写在《本草》上，而不加以批驳，澄清是非。药学著作是十分严肃的，岂可随意去言说呢？接着，李时珍又说：

> 若卧冰割股，事属后世。乃愚昧之徒，一时激发，务为诡异，以惊世骇俗，希求旌表，规避徭役。割股不已，至于割肝；割肝不已，至于杀子。违道伤生，莫此为甚。自今遇此，不在旌表之例。呜呼！圣人立教，高出千古，韪哉如此。又陶九成《辍耕录》载：古今乱兵食人肉，谓之想肉，或谓之两脚羊。此乃盗贼之无人性者，不足诛矣。[1]

"孝子"们种种卧冰割股的"光荣"事迹在后世不断得到宣扬，是因为一代代奸诈不逞之徒，挖空心思沽名钓誉而造成的，他们或是为获得朝廷的封赏，或是为逃避徭役，并不是真正的孝子。这一看法可谓入木三分，暴露了礼教的虚伪。李时珍还认为，从割股到割肝到杀子，残忍野蛮之极，根本

---

[1]《本草纲目（校点本)》卷五二，第4册，第2968页。

不该加以表彰宣扬。要树立正确的道德观念，还应对其大张挞伐。他又引用明陶九成所说，指出食人肉者，是那些毫无人性的乱兵盗贼，而这种人是应该千刀万剐的。把食人肉者归入愚昧之徒与乱兵盗贼，可谓是对割股侍亲现象所作的"心诛"，真正显示了古代人道主义精神，实属难能可贵。

如果对卧冰割股之类现象作进一步的理论考察，可以发现其与儒家的天人感应说也有着密切的联系。在前引的例子中，秦氏二女"姊闭户默祷"，江伯儿"祷于神"，都有试图以"孝心"感动天地神灵的举动。《孝经·感应章》说："明王事父孝，故事天明；事母孝，故事地察；长幼顺，故上下治。天地明察，神明彰矣。"[1] 认为天地父母本同一理，所以事父母之孝可通天地。这种神秘主义的观点为理学所阐发。二程认为孝子王祥卧冰而得鱼，因为"此感格便是王祥诚中来，非王祥孝于此而物来于彼也"。东海杀孝妇而旱，"自足以感动得天地，不可道杀孝妇不能致旱也"。还说："匹夫至诚感天地，固有此理。"并进而概括为"天地之间，只有一个感与应而已，更有甚事?"[2] 这种天人感应思想是以种种传说、偶合、附会、臆测为依据，将所谓"感应"现象作唯心主义目的论的解释；同时，又利用人们对自然知识的缺乏，为感应之说再罩上一层神秘主义迷雾。显然，古代割股侍亲现象泛滥成灾，这也是其中一个重要

---

〔1〕《十三经注疏》，第 5566 页。
〔2〕《二程集·遗书卷第十八》，第 224、237 页；《遗书卷第十五》，第161、152 页。

原因。

　　"孝道"对于古代医学发展所起的阻碍作用，还不止以上所论。解剖学为一切医学理论的基础，然而在中国古代此项研究活动却基本上未能开展起来，这与儒学孝道观的制约有关。宋儒邢昺（932—1010）疏《孝经·开宗明义章》"身体发肤，受之父母，不敢毁伤"句说："子之初生，受全体于父母，故当常常自念，虑至死全而归之。若曾子启予手启予足之类是也。……毁谓亏辱，伤谓损伤，故夫子云：'不亏其体，不辱其身，可谓全矣！'"[1] 解剖直接毁伤躯体，不论对自己还是对他人都为儒家伦理观所不容。所以医家多从功能上了解生理、病理现象，而缺乏人体形态结构方面的知识。清代名医王清任（1768—1831）对此深感不满，说："因前人创著医书，脏腑错误，后人遵行立论，病本先失。病本既失，纵有绣虎雕龙之笔，裁云补月之能，病情与脏腑绝不相符，此医道无全人之由来也。"因此决心亲见脏腑，但囿于礼教而只能"每日清晨，赴其义冢，就群儿之露脏者细视之"，[2] 最终也鲜能亲施解剖。这样一位有革新精神的有识之士，也只能扼腕长叹。另外，儒家尚有"君有疾饮药，臣先尝之；亲有疾饮药，子先尝之"（《礼记·曲礼下》)[3]的说教，结果发展到尝君父之便溺的极端，此与卧冰割股一样，同属"愚孝"之列，令今人不齿。古代史书及

---

〔1〕《十三经注疏》，第5526页。
〔2〕《医林改错》上卷，第1、4页。
〔3〕《十三经注疏》，第2745页。

笔记、杂录中多有记述，兹不例举。需要指出的是，这些陋习虽出现较早，但由于理学推崇"夫孝、友，百行之先，而后于忠信"，[1] 推波助澜，使之终于成为阻碍医学进步的沉重枷锁。孝的地位与作用之所以被如此强调，尚有着重要的政治因素。封建社会后期，形形色色的封建伦理关系和等级制度已呈颓势，理学认为只要人人讲孝道，便可使封建统治长治久安。因此，"孝"的触角伸到了政治和社会生活的各个角落，成为万应的灵丹。在理学家看来，治天下的"大事"尚且可以由"孝"来承担，况且医乎？至于其他后果则不在他们考虑之列了。

---

〔1〕司马光：《四言铭系述》，《全宋文》卷一二一八，第 56 册，第 133 页。

第七章　养德与复性

　　理学有所谓"养德"之说，即强调对人的道德修养教育。《说文》："悳（德），外得于人，内得于己也。"[1] 指言行适宜，善于处理人己关系。理学把仁、义、礼、智称作"四德"，而以仁为四德的根本，并继承了传统儒学的看法，将养德与养生相互关联，认为道德纯粹者可以长寿。此说对后世医学产生过很大的影响。理学还认为，养德又须"复性"，即变化气质中的偏颇之处，以恢复人性中的本然之善。所谓"气质"是生理、心理学上所说的素质、才质之类内容。《内经》的气质之说出现较早，论述也较为详尽，曾给张载、二程等人以重要的启迪。由此可知，"养德"与"复性"这一组理学范畴与传统医学有着十分紧密的联系。

---

〔1〕《说文解字今释（增订本）》，第 1500 页。

儒家素来重视养德与养生的关系，早在《尚书·洪范》中即有"五福：一曰寿，二曰富，三曰康宁，四曰攸好德，五曰考终命"的说法。其虽认为"五福寿为先"，但"寿"还是要与"德"并存的。孔子则提出其著名的"仁寿观"。《论语·雍也》说：

> 子曰：知者乐水，仁者乐山。知者动，仁者静。知者乐，仁者寿。[1]

虽然是说知（智）者乐，仁者寿，其实是说仁者智者既乐且寿。《孔子家语·五仪解》中有这样一段话：

> 哀公问于孔子曰：智者寿乎？仁者寿乎？孔子曰：然。人有三死而非其命也，行已自取也。夫寝处不时，饮食不节，逸劳过度者，疾共杀之；居下位而上干其君，嗜欲无厌而求不止者，刑共杀之；以少犯众，以弱侮强，忿怒不类，动不量力者，兵共杀之。此三者，死非命也，人自取之。若夫智士仁人，将身有节，动静以义，喜怒以时，无害其性，虽得寿焉，不亦可乎？[2]

尽管《孔子家语》不能当作孔子生平言论的史料来看，但至

---

[1]《十三经注疏》，第 406、5384 页。
[2]《孔子家语疏证》卷一，第 43 页。

少可以看作是后来儒者对孔子思想的阐释。其中仁智与长寿关系的见解显然符合孔子原意。只是《家语》更详细地论述了如何避免死于"疾""刑""兵"等"非命"的问题，从政治、伦理、医学等方面发挥了孔子的仁寿观。当然，"寿"是一个不确定的概念，有着很多不同的标准。孔子没有明说人寿应有多少，《论语·为政》中有"七十而从心所欲，不逾矩"的说法，"七十"是他提到过的最大年龄。《礼记·曲礼上》："七十曰老，而传。八十、九十曰耄……百年曰期颐。"以百岁为人生的最高寿限，这一说法在先秦儒家中颇具代表性。但是，孔子又有"天命"思想。他的大弟子颜回道德纯粹，却"不幸短命死矣"；另一高弟冉伯牛染疾，"亡之，命矣夫"（《论语·雍也》）。因此孔子同意子夏所说的"死生有命，富贵在天"（《颜渊》）〔1〕的观点，从以积极的道德修养来争取长寿的主张，又转入了悲观的宿命论。

汉儒董仲舒继承了孔子这一思想。他说："仁人之所以多寿者，外无贪而内清净，心平和而不失中正，取天地之美以养其身，是其且多且治。"内心的道德修养与自然风光的陶冶同为长寿的重要原因。董氏还认为："寿有短长，养有得失"，寿夭的原因可从各自的作为中去寻找，"自行可久之道者，其寿雠于久；自行不可久之道者，其寿亦雠于不久。久与不久之情，各雠其生平之所行"。这里显然吸取了道家养生得法可以延年益寿的思想内容。但寿夭也因"天命"：

---

〔1〕《十三经注疏》，第5346、2665—2666、5381、5382、5436页。

"其自行佚而寿长者，命益之也；其自行端而寿短者，命损之也。以天命之所损益。"[1] 尽管董仲舒在《春秋繁露》中讲了不少如何延长寿命的具体方法，但其最终还是认为天命是寿夭的根本原因。

与《春秋繁露》相比较，《内经》受道家的影响更大。比如《素问·上古天真论》中"寿敝天地，无有终时"的"真人""至人"形象，在《庄子》中已有描述。《灵枢·本神》说："智者之养生也，必顺四时而适寒暑，和喜怒而安居处，节阴阳而调刚柔，如是则僻邪不至，长生久视。"[2] 其中所谓"智者"虽为孔子所最先提出，但具体的养生内容却全部为道家的自然养生之说。当然，《内经》也吸取了儒家的道德观念。《素问·疏五过论》说："论裁志意，必有法则，循经守数，按循医事，为万民副，故事有五过、四德。"这里提到了"四德"，但没有具体分述，从上下文义来看，其中明显包括了惩恶劝善、哀孤恤寡、尊老爱幼等儒家向来所倡导的道德观念。《内经》中所描述的所谓"今时之人"败德伤生的内容，则对后世有较大影响，《上古天真论》云："今时之人不然也，以酒为浆，以妄为常，醉以入房，以欲竭其精，以耗散其真，不知持满，不时御神，务快其心，逆于生乐，起居无节，故半百而衰也。"[3] 将酗酒、纵欲、淫乐、虚妄等作为短寿的原因，这些方面在儒家看来属于仁智

---

[1]《春秋繁露义证》卷一六《循天之道》，第449、456—457页。
[2]《灵枢经》，第23页。
[3]《黄帝内经素问》，第372、2页。

之人所不为的道德问题。另外，《内经》认为"人之寿百岁而死"，[1]"上古之人，春秋皆度百岁"，[2]亦与儒家所论相近。

　　理学的主旨为道德性命学说，其对养德格外重视。程颐曾针对君主的教育问题说："今日至大至急，为宗社生灵久长之计，惟是辅养上德而已。"在他看来，以往朝政有失，君主昏暗，原因在于"知求治而不知正君，知规过而不知养德"。养君之德的内容，在程颐看来主要有："傅德义者，在乎防见闻之非，节嗜好之过；保身体者，在乎适起居之宜，存畏慎之心。……服用器玩皆须质朴，一应华巧奢丽之物，不得至于上前；要在侈靡之物不接于目，浅俗之言不入于耳。"即让君主在见闻上多接受封建道德说教，保持所谓纯洁性；在生活上要简朴，起居适宜，不要有过度的嗜好。这些方面的认识，二程又将其归纳为"天理""人欲"之辨，说："天下之害，皆以远本而末胜也。峻宇雕墙，本于宫室；酒池肉林，本于饮食；淫酷残忍，本于刑罚；穷兵黩武，本于征伐。先王制其本者，天理也；后王流于末者，人欲也。损人欲以复天理，圣人之教也。"[3]天理为本，人欲为末；天理为正，人欲为邪；减损人欲，回复天理，这就是养德的过程。后来朱熹就明确地

––––––––––––––––––––

〔1〕《灵枢经·天年》，第97页。
〔2〕《黄帝内经素问·上古天真论》，第2页。
〔3〕《二程集·文集卷第六》，第542、538页；《粹言卷第一》，第1170—1171页。

说："修德之实，在乎去人欲，存天理。"〔1〕就是说养德的实质，就在于去除"嗜欲"或"肆欲"即人性中"恶"的东西，而保存先天的"善"的道德禀赋。

在理学看来，养德的内容十分广泛，而其中十分重要的问题就是孔子提出的仁寿关系。关于"寿"，《二程遗书》有这样一段对话："问：'或言人寿但得一百二十数，是否？'曰：'固是，此亦是大纲数，不必如此。马牛得六十，猫犬得十二，燕雀得六年之类，盖亦有过不及'。"〔2〕认为人的寿命可活过 120 岁，此说超过了《礼记》《内经》提出的百岁。据现代一些研究，如果一个人既未患过疾病，又未遭到外源性因素的不良作用，则单纯性高龄老衰要到 120 岁才出现生理性死亡。〔3〕可见二程的提法与今人的认识有吻合之处。关于"仁"，程颢明确地说："义、礼、知、信皆仁也。"〔4〕此说得到大多数理学家的认同。如朱熹说："仁义礼智，便是元亨利贞。若春间不曾发生，得到夏无缘得长，秋冬亦无可收藏。"他认为仁是生的意思，像四时之有春，无春便无夏秋冬，无仁即无义礼智。因此，朱熹又说："仁是个生底意思，如四时之有春。彼其长于夏，遂于秋，成于冬，虽各具气候，然春生之气皆通贯于其中。仁便有个动而

---

〔1〕《与刘共父》，《全宋文》卷五四九九，第 245 册，第 349 页。
〔2〕《二程集·遗书卷第十八》，第 197 页。
〔3〕参见林乾良、刘正才编著：《养生寿老集（第 2 版）》，第 8 页。
〔4〕《二程集·遗书卷第二上》，第 16 页。

善之意。"〔1〕就是说，四德如分别来看，仁只是其中之一，如春之在四季之中。但仁与义、礼、智并非平行关系，有了仁自然有义、礼、智，就像春生贯通于夏、冬、秋。但是有义、礼、智的人，不一定就仁，未必是一个仁者。因此合起来看，仁可以包括其他三德。显然，理学对仁的地位作了进一步的高扬。而当理学具体探讨"仁"与"寿"的关系时，其尤多吸取《内经》中的思想因素。二程论及"上古人多寿，后世不及古"的问题时，说：

> 然人有不善之心积之多者，亦足以动天地之气。如疾疫之气亦如此。不可道事至目前可见，然后为见也。更如尧舜之民，何故仁寿？桀纣之民，何故鄙夭？才仁便寿，才鄙便夭。寿夭乃是善恶之气所致。仁则善气也，所感者亦善。善气所生，安得不寿？鄙则恶气也，所感者亦恶。恶气所生，安得不夭？

将"气禀"与善恶相结合来说明寿夭产生的原因，可谓二程的创见。但这不过是从自然和生理之气转换过来的。二程曾说："如祁寒暑雨，天之常理，然人气壮，则不为疾；气羸弱，则必有疾。"又说："人有寿考者，其气血脉息自深，便有一般根深固蒂底道理。"〔2〕这是说人的生理禀赋即"气"

---

〔1〕《朱子语类》卷六，第107页；卷二〇，第474页。
〔2〕《二程集·遗书卷第十八》，第199、224页；《外书卷第五》，第374页；《遗书卷第二下》，第54页。

对人的寿命的影响。《内经》中早有过这方面的论述。《素问·五常政大论》说："一州之气，生化寿夭不同，其故何也？岐伯曰：高下之理，地势使然也。崇高则阴气治之，污下则阳气治之，阳胜者先天，阴胜者后天，此地理之常，生化之道也。帝曰：其有寿夭乎？岐伯曰：高者其气寿，下者其气夭，地之小大异也，小者小异，大者大异。"〔1〕这是"气"高、清则人寿，"气"下、浊则人夭，所论为自然之气。《灵枢·寿夭刚柔》说："黄帝曰：形气之相胜，以立寿夭奈何？伯高答曰：平人而气胜形者寿；病而形肉脱，气胜形者死，形胜气者危矣。"〔2〕认为生理之"气"的强弱决定人的寿夭。二程熟悉《内经》的这些论述，但他们持伦理本位观念，所以将自然或生理之"气"赋予善恶等道德属性。以善恶作为寿夭的原因，显然是不正确的。如二程说尧舜仁寿，桀纣鄙夭，进而推及尧舜之民皆仁寿，桀纣之民皆鄙夭，就是毫无根据的偏颇之论。

张载亦曾论及仁寿问题，他说：

"仁者寿"，安静而久长，寿之象也。〔3〕

没有从禀气多少来谈，而是将"仁"看作是一种流露于外的神态，安静而且久长，方是长寿的征兆。张载对此又作了进

---

〔1〕《黄帝内经素问》，第301页。
〔2〕《灵枢经》，第19—20页。
〔3〕《张子语录·语录上》，《张载集》，第308页。

一步的阐释：

> 敦笃虚静者仁之本，不轻妄则是敦厚也，无所系阂
> 昏塞则是虚静也。此难以顿悟苟知之，须久于道实体
> 之，方知其味。"夫仁，亦在乎熟之而已"。[1]

作为仁的根本，"敦厚"是不轻言妄语，"虚静"则是内心
中不要有任何阻塞障蔽。而且必须对"敦厚""虚静"作旷
日持久的体验，才能懂得"仁"，也才能得到"寿"。这显
然是一种养生方法。《素问·上古天真论》中有这样一段论
述："恬淡虚无，真气从之，精神内守，病安从来"，"适嗜
欲于世俗之间，无恚嗔之心，行不欲离于世，举不欲观于
俗，外不劳形于事，内无思想之患，以恬愉为务，以自得为
功，形体不敝，精神不散，亦可以百数"。[2] 这也是一种养
生的方法。虽然《内经》中的"恬淡虚无"与张载所说的
"敦笃虚静"，从立论的出发点来看未必一样，但讲求精神上
的良性调节则是完全相同的。这也说明，理学的确很看重人
的寿命问题。当然，长寿在理学家眼中只是道德高尚的标志
之一，他们的首要任务还是"积善气""存仁心"，提高道
德修养。同时，理学还强调道德践履，养德要落到实处，朱
熹高弟陈淳（1159—1223）说："道是天地间本然之道，不

---

〔1〕《拾遗·近思录拾遗》，《张载集》，第 377 页。
〔2〕《黄帝内经素问》，第 3、5—6 页。

是因人做工夫处论。德便是就人做工夫处论。德是行是道而实有得于吾心者，故谓之德。何谓行是道而有得于吾心？如实能事亲，便是此心实得这孝。实能事兄，便是此心实得这悌。大概德之一字，是就人做工夫已到处论，乃是做工夫实有得己了，不是就方做工夫时说。"[1] 在理学看来，德是做人的工夫，是道即理的实际体现，因此在社会生活中应处处去践履这四德（首先是行仁）。同时，养德可以长寿的思想使理学中人坚信，只要笃行践履，便可以得到形体、精神的双重收获，因此，养德便成为养生的先决条件了。

此说在宋以后大行于世，大凡谈养生者，无不将养德放在首要位置。朱震亨从理学"理欲"关系来论养生，说，"因纵口味，五味之过，疾病蜂起，病之生也"，所以"口能致病，亦败尔德"。而色欲犹当应戒，但世人"徇情纵欲，惟恐不及"，结果"既丧厥德，此身亦瘁"，[2] 因此朱震亨作《饮食》《色欲》二箴，以警世人。元人王珪（1264—1354）则认为："名利不苟求，喜怒不妄发，声色不因循，滋味不耽嗜，神虑不邪思。无益之书莫读，不急之务莫劳。三纲五常，现成规模，贫富安危，且据见定。"[3] 亦是以戒嗜欲为德生双养的关键。明王文禄（嘉靖举人）在《医先》中对养德与养生的关系作了较全面的阐发。他说：

---

[1]《北溪字义》卷下，第42页。
[2]《格致余论·饮食色欲箴》，第1—2页。
[3]《泰定养生主论》卷二《论衰老》，第12页。

养德、养生二而无全学也。矧天地大德曰生，今以养德属儒，曰正道，养生属仙，曰异端，误矣，身亡而德安在哉！故孔子慎疾，曰父母惟疾之忧，教人存仁致中和。孟子曰养气，持志集义，勿忘勿助。是故立教以医世，酌人情而制方。周末文靡则伪，故存仁；战国气暴则戾，故集义。存仁，完心也，志定而气从；集义，顺心也，气生而志固。致中和也，勿忘助也，疾安由作？故曰养德、养生一也，无二术也。

此说大致可归纳为两点。一、肯定了养德属于儒学正道，而养生亦非仙道之术，先为养德养生"正名"。同时强调养德必须以养生为基础，因为"身亡而德安在哉"，以身先德后，显然是对程朱之说的匡正。二、将养德的内容加以系统化。王文禄根据孔孟的思想认为除了存仁完心之外，尚有志定气从、集义顺心、气生志固、致中等一系列的养德程序。只有如此，疾病才无从发生，通过养德与养生并重，以期"同跻仁寿之域"。[1]

明代中晚期出现了许多关于养德与养生关系的论述，显示出当时的学者对弥漫于朝野上下的炼金丹以求长生不死的愚昧行径的反感。王阳明在《赠伯阳》一诗中说："长生在求仁，金丹非外待。"因此他怀疑所谓"秘术曲技"，说："若后世拔宅飞升，点化投夺之类，谲怪奇骇，是乃秘术曲

---

[1]《医先》，第2页。

技，尹文子所谓幻，释氏谓之外道者也。若是而谓之曰有，亦疑于欺子矣。"但王阳明却有重德轻身之嫌，其云："今曰'养生以清心寡欲为要'，只养生二字，便是自私自利、将迎意必之根。"[1] 以为只要仁善存心，不必以夭寿为念。另外，吕坤在《呻吟语·养生》中说："知养德尤养生之第一要也。"[2] 洪应明（生卒不详）说："执拗者福轻，而圆融之人，其禄必厚；操切者寿夭，而宽厚之士，其年必长。"又说："仁人心地宽舒，便福厚而庆长，事事成个宽舒气象；鄙夫念头迫促，便禄薄而泽短，事事成个迫促规模。"[3] 在他看来养德不仅延寿，福、禄也尽在其中了。而高濂（1527—1596?）在《遵生八笺》的《清修妙论笺》中所提出的观点也颇有特色，他说：

> 吾人禀二五之精，成四大之体。富贵者，昧养生之理，不问卫生有方；贫穷者，急养身之策，何知保身有道。……六欲七情，哀乐销烁，日就形枯发槁。疾痛病苦，始索草根树皮以活精神命脉。悲哉，愚亦甚矣。保养之道，可以长年，载之简编，历历可指：即《易》有《颐卦》，《书》有《无逸》，黄帝有《内经》，《论语》有《乡党》，君子心悟躬行，则养德养生兼得之矣，岂

---

〔1〕《王文成公全书》卷二一《答人问神仙》，第 956 页；卷一九《赠伯阳》，第 812 页；卷二《传习录中》，第 82 页。

〔2〕《吕坤全集》，第 761 页。

〔3〕《菜根谭》，第 30、288 页。

皆外道荒唐说也。[1]

指出富者只知一味骄奢淫逸，贫者勉能糊口充饥，俱不懂得此道。唯有儒者处于两者之间，方明了这养生养德的奥妙。高濂认为，因七情六欲、大喜大悲而导致疾病，仅靠草药来挽救是不行的。于是他开出了一个书单，其中包括《周易》《尚书》《论语》《内经》中的一些篇章，认为只要对此"心悟躬行"，而拒斥"外道"的荒唐胡说，即可"养德养生兼得之矣"。这里值得注意的是，高濂将《内经》与儒家的几部经典相提并论，说明该书已为儒者所普遍接受，也说明《内经》中的养德养生思想确有与儒学相通之处。

应该说古代的养德养生思想有其合理的地方，比如重德行，去烦恼，讲求淡泊名利，注意房室卫生，等等，确有益于身心健康。据近来心理学的最新研究表明，不讲道德，损人利己，常做坏事，确能损害健康。美国著名心血管病专家威廉斯博士，从 1958 年开始对 225 名医科大学的学生进行跟踪观察，经过 25 年后，发现其中敌视情绪强或较强的人，死亡率高达 14%，而性格随和的人死亡率仅 2.5%。更有趣的是，这批人中，心脏病患者，恶人竟是善人的 5 倍。另据最近消息，美国科研人员对 2 700 多人进行为期 14 年的调查发现，人际关系处理得好，随时为他人做点好事，有益于延年益寿。而缺乏道德修养的人，既要算计别人，又要防备别

----

[1]《遵生八笺》卷一，《高濂集》第 1 册，第 67 页。

人对自己的暗算或报复，于是终日陷入紧张、愤怒和沮丧的情绪状态之中，大脑没个安宁。在这种不良情绪的影响下，体内各系统的功能失调，免疫功能下降，容易患各种疾病。缺乏道德修养的人，易与周围人发生矛盾，甚至可因一些小事而使矛盾激化。当其处于心理困扰状态时，又难以摆脱心理上的困境，十分有损于身心健康。世界卫生组织最近给健康下了一个新定义：除了躯体健康、心理健康和社会适应良好外，还要加上道德健康，只有这四个方面都健全才算是完全的健康。[1] 由此可见，中国古人的养生必先养德、大德必得其寿的思想的确值得认真总结。

但是，理学有一种要把养德推向极端的倾向，其突出的表现就是"存天理，灭人欲"的说教。二程说："人之为不善，欲诱之也。诱之而弗知，则至于天理灭而不知反。故目则欲色，耳则欲声，以至鼻则欲香，口则欲味，体则欲安，此皆有以使之也。然则何以窒其欲？曰思而已矣。"[2] 把人生的一切正常的生理欲望，都统统视为与"天理"即封建道德的对立面，因此必须"窒"之、"灭"之。朱熹则认为："人欲者，此心之疾疢，循之则其心私而且邪。"[3] 把"人欲"归为"私"与"邪"之类。这种理欲观也影响到医界，遂产生了一些不正确的养生治病观点。如朱震亨引周敦颐"圣人定之以中正仁义而主静"之说及朱熹"道心人心"之

---

[1] 以上资料见 1992 年 3 月 29 日《中国体育报》王立平文。
[2]《二程集·遗书卷第二十五》，第 319 页。
[3]《延和奏札》，《全宋文》卷五四三一，第 243 册，第 68 页。

说，来说明如何遏制相火（即人欲）妄动；又如赵献可认为："人之死，由于生。人之病，由于欲。"[1] 李梴则说："若识透天年百岁之有分限节度，则事事循理，自然不贪、不躁、不妄，斯可以却未病而尽天年矣。……主于理，则人欲消亡而心清神悦，不求静而自静。"[2] 这些认识都把理学的理欲之辨作为养生的原则，以为禁绝了人欲便能延年益寿，以道德修养取代医学上的防病治病。事实上，理学的道德说教，包含着一些违反人的正常的生理活动规律之处。除了要灭绝人的各种欲望之外，另外像"孝道"所要求的卧冰、割股、割肝、凿脑以及尝粪等，还有寡妇宁可饿死冻死而不能改嫁的"贞节"之礼，都是与人颐养天年的希望背道而驰的。所以戴震认为理学的道德律条是"杀人"，他说："酷吏以法杀人，后儒以理杀人，浸浸乎舍法而论理，死矣，更无可救矣！"[3] "人死于法，犹有怜之者；死于理，其谁怜之！"[4] 其说在揭露理学道德观念的残忍性与危害性上，是极为深刻的。理学提倡养德养生之说，并强调躬行践履，但理学家的寿命一般都较短。笔者根据王蘧常先生主编的《中国历代思想家传记汇诠》（魏晋—北宋分册）中所载13位理学家的生卒年岁作一统计，发现其平均年龄才到58岁，距"古稀"之年尚差甚远，更不必说耄耋、期颐了。这说明

〔1〕《医贯》卷一《玄元肤论》，第9页。
〔2〕《医学入门》卷首《保养说》，第29页。
〔3〕《与某书》，《孟子字义疏证》，第174页。
〔4〕《孟子字义疏证》卷上，第10页。

单纯的养德未必能够延年，长寿需要多方面的条件。而且，如果道德规范本身即存在着缺陷，而一味盲目遵行，那就更是错上加错。

显然，伦理学与医学是两门性质不同的学科，虽然其中有一定的联系，但不能以前者替代后者，事实上单纯的道德因素是不能成为致病减寿的原因的。可惜的是，理学家对这一问题百思不得其解，只能无可奈何地归结为"气数"或"命"。当有人问及二程后世之人短寿的原因"莫是气否"时，回答说："气便是命也。"[1] 朱熹说："若在我无以致之，则命之寿夭，皆是合当如此者。如颜子之夭，伯牛之疾，是也。"[2] 因为找不出更为合适的解释方法，所以只有说"合当如此"，又回到孔子、董仲舒早已指出的宿命论的旧路上了。但是程朱等人都强调讲命是没有办法的办法。二程说："儒者只合言人事，不合言有数，直到不得已处，然后归之于命可也。"[3] 朱熹也说："到无可奈何处，始言命。"[4] 说明他们对"命"已经有所怀疑。应该说，与佛教三世轮回说、道教修炼金丹以求长生不老的观念相比，理学知命而尽人事的态度则显得较有理性色彩，因为养德之说本身就蕴涵了某种要改变人生命运的积极意义。

理学的养德之说与其人性论有着密切关系。在理学家看

〔1〕《二程集·遗书卷第十八》，第 199 页。
〔2〕《朱子语类》卷六〇，第 1434 页。
〔3〕《二程集·外书卷第五》，第 375 页。
〔4〕《朱子语类》卷三四，第 873 页。

来，养德必须变化气质，变化气质就是将人性中的"善"高扬、"恶"除灭。张载说："形而后有气质之性，善反之则天地之性存焉。故气质之性，君子有弗性者焉。"[1] 就是说有两种人性，一种属于道德本体，由天德而来，所以叫"天地之性"（天命之性）；一种属于具体的人性，由气化而来，所以叫"气质之性"。天地之性存在于气质之性中，但由于气质所蔽，使天地之性不明，因此要"变化气质"，返回到天地之性。二程赞成张载的人性二元论主张，将"天命之性"称为"性之本"，"气质之性"称为"生之谓性"。前者即天理，是尽善无恶的，程颐说："性即理也，所谓理，性是也。天下之理，原其所自，未有不善。"但是这种"善"的"理"，是"极本穷源之性"，在具体的人性中很难发现，程颢说："生之谓性、人生而静以上不容说，才说性时，便已不是性也。"所谓"人生而静以上"，是指具体的生命尚未产生以前，此时的性是至纯至善的"天命之性"。然而这种"天命之性"是超时空的、绝对的，是脱离具体生命的抽象，因此也是不容言说的。鉴于此，二程认为："论性不论气，不备；论气不论性，不明。"[2] 为了讲清楚道德人性，就不能停留在道德本体之上，而需要认识人的感性存在，所以必须引进气质之性，从而才能研究具体生命的各种天赋资质，将理学的心性论落实到真实的人生层面上来。朱熹对张载、

---

[1]《正蒙·诚明》，《张载集》，第23页。

[2]《二程集·遗书卷第二十二上》，第292页；《遗书卷第一》，第10页；《遗书卷第六》，第81页。

二程关于气质之性的理论有过高度评价，认为是填补了孔门人性论的空白。《朱子语类》卷四："道夫问：气质之说，始于何人？曰：此起于张、程。某以为极有功于圣门，有补于后学，读之使人深有感于张、程，前此未有人说到此。"朱熹又说："孟子未尝说气质之性。程子论性所以有功于名教者，以其发明气质之性也。以气质论，则凡言性不同者，皆冰释矣。"[1] 认为理解了气质之说，就可以明了何以会有各种不同人性之间的差别，所以说"有功于名教"。但气质之说始于《内经》，朱熹不知道在张、程之前，已有过关于气质的专门理论研究。

《内经》对于气质作了较为详细的分类，并进行了系统的论述。《灵枢·阴阳二十五人》按照五行学说，把人分为木、火、土、金、水五大类型；而在《灵枢·通天》中则又按阴阳理论把人分为太阴、少阴、太阳、少阳和阴阳和平五类。将两说相互参照，即为：木—少阴之人，火—太阳之人，土—阴阳和平之人，金—少阳之人，水—太阴之人。这五种人的天赋资质和道德性格是各具特点的。《灵枢·通天》说：

> 太阴之人，贪而不仁，下齐湛湛，好内而恶出，心和而不发，不务于时，动而后之。
>
> 少阴之人，小贪而贼心，见人有亡，常若有得，好伤好害，见人有荣，乃反愠怒，心疾而无恩。

----

[1]《朱子语类》卷四，第 70 页。

太阳之人，居处于于，好言大事，无能而虚说，志发于四野，举措不顾是非，为事如常自用，事虽败而常无悔。

少阳之人，谛谛好自贵，有小小官，则高自宜，好为外交而不内附。

阴阳和平之人，居处安静，无为惧惧，无为欣欣，婉然从物，或与不争，与时变化，尊则谦谦，谭而不治，是谓至治。

从不同的生理禀赋出发，对五种类型人的道德品质、才能、行为以及生活习性等作了不同的描述。《灵枢·阴阳二十五人》《通天》等还认为，火性人"疾心"和"鲛鲛然"，即性格急躁但有气魄；木性人"立而躁崄，行而以伏"，即外表柔顺，但一旦发作却非常危险；金性人"廉廉然"和"严严然"，即其性格坚贞不屈而又有自制力；水性人"颊颊然"和"纡纡然"，表现出柔弱退让、顺从随和之状；土性人"兀兀然"和"善附人"，既能独立自主又善于与人周旋。[1]《灵枢·寿夭刚柔》亦谈到性格的刚强、柔弱及其与体质、寿夭的关系。

《内经》对所谓"勇士"和"怯士"分别作了细致的论述，显示了古人对性格中勇怯问题的重视。《灵枢·论勇》说："夫勇士之忍痛者，见难不恐，遇痛不动。……目深以

---

〔1〕《灵枢经》，第122、108、123页。

固，长衡直扬，三焦理横，其心端直，其肝大以坚，其胆满以傍，怒则气盛而胸胀，肝举而胆横，眦裂而目扬，毛起而面苍，此勇士之由然者也。"而怯士相反，"见难与痛，目转面盼，恐不能言，失气惊，颜色变化，乍死乍生。……怯士者，目大而不减，阴阳相失，其焦理纵，𩩲骭短而小，肝系缓，其胆不满而纵，肠胃挺，胁下空，虽方大怒，气不能满其胸，肝肺虽举，气衰复下，故不能久怒，此怯士之所由然者也"。[1] 从意志气魄上的差异、脏腑刚柔的不同以及气血强弱的悬殊等多方面论述了勇士和怯士在气质上的区别。其中格外注意心、肝、胆三脏的健全与否，影响了人的勇与不勇。当然，这种将人的勇怯完全归结为生理因素的说法，带有明显的猜测性。但是，《内经》提出的气质学说在人类思想史上具有重要的地位，人们常将其与古希腊人希波克拉底（Hippocrates，约前460—前377）的体液气质说相提并论。希氏将气质分为四种类型：多血质、胆汁质、忧郁质和黏液质，曾对医学和心理学的发展产生过重大影响。然而比较起来，《内经》的气质学说则显得更细致、更具体，不仅注意到人的生理特点而且多涉及社会品性，从深度和广度来看都略高希氏之说一筹。

《内经》认为"人以天地之气生"，[2] 其理论基础之一便是气论，因此它在探讨人的气质类型时，即依据人体阴阳

---

〔1〕《灵枢经》，第94页。
〔2〕《黄帝内经素问·宝命全形论》，第108页。

五行之气比率的差异而定。《灵枢·阴阳清浊》说："人之血气，苟能若一，则天下为一矣。"就因为禀赋阴阳二气各有不同，才产生金、木、水、火、土等不同的气质与勇怯等不同的性格。《灵枢·行针》在分析重阳型即火性人的气质特征时说："重阳之人，其神易动，其气易往也。……熇熇高高，言语善疾，举足善高，心肺之脏气有余，阳气滑盛而扬，故神动而气先行。"[1] 反复指出火性人"气易往""气有余""阳气滑盛"等等，强调"气"与人的气质形成之间的内在关系。值得一提的是，以往论及"气禀"说的源头时总是说到东汉王充（27—97?），实际上《内经》中也有许多此类论述。如果按照大多数人认可的《内经》为西汉之书，那么它是早于《论衡》的。

先秦两汉时期，人性善恶问题一直是人们争论的焦点之一。孔子的再传弟子战国人世硕（生卒不详）最早主张人性有善有恶之说，但其所著《世子》一书久已亡佚，据王充《论衡·本性篇》所辑录的言论看，他认为人性的善恶就像阴阳二气属于自然资质（"性各有阴阳善恶"）。持此观点的还有密子贱、漆雕开、公孙尼子等孔门中人。[2] 告子（前420—前350）认为"性无善无不善也"，并将人性混同于动物之性，其说在后世没有引起反响。孟子提出了人性本善的主张，认为仁义礼智等道德属性，不是后天获得的，而是与

---

〔1〕《灵枢经》，第77、116页。
〔2〕《论衡校释》卷三，第133页。

生俱来的，"仁义礼智，非由外铄我也，我固有之也"（《孟子·告子上》）。他认为人只要扩充善性，又能防止物欲的引诱，"皆可以为尧舜"（《告子下》），[1] 变成纯善的圣人。其说在当时和后世都有很大影响。荀子则主张人性本恶，说："人之性恶，其善者伪也。"伪，就是人为加工的意思。他认为人的自然属性为"恶"，经过后天的教化才能成为"善"，"性伪合，然后圣人之名一，天下之功于是就也"。[2] 把人的自然属性和社会属性结合起来加以考察，其人性论显得比较深刻。董仲舒的人性论甚为复杂。从天人比附的立场出发，他认为"天两有阴阳之施，身亦两有贪仁之性"，[3] 即天的阴阳属性决定人的贪仁之性。另外他还有"性三品"说，将人性分为情欲极少的"圣人之性"，情欲极多的"斗筲之性"以及仁贪相差无几的"中民之性"。董仲舒认为圣人之性善与斗筲之性恶皆属先验且不可移易，唯有中民之性亦善亦恶，可以经过王者的教化而去恶趋善。《内经》的人性论应该说属于世硕等人的有善有恶说之列，但已有了许多不同之处。首先，《内经》认为人性有善有恶，然而恶者居多，善者偏少，《灵枢·通天》中所述的五种类型的人性，除了所谓"阴阳和平"之人为善外，其他四种都是恶的，如"太阴之人，贪而不仁"，"少阴之人，小贪而贼

---

〔1〕《十三经注疏》，第 5980、5981、5996 页。
〔2〕《荀子集解》卷一七《性恶篇》，第 434 页；卷一三《礼论篇》，第 366 页。
〔3〕《春秋繁露义证》卷一〇《深察名号》，第 296 页。

心"，"太阳之人……无能而虚说"，"少阳之人，谛谛好自
贵"。但仔细分辨，其恶的程度却有很大的悬殊。像"太阳
之人"无非是好说大话，能力不强，"少阳之人"无非是自
尊心太强但做事精细；而"太阴之人"和"少阴之人"则
不同了，前者贪而不仁，深藏阴险，后者明贪小利，暗怀贼
心。可见《内经》也有类似董仲舒"性三品"的认识。其
次，《内经》认为人的气质之性的形成完全由其生理禀赋来
决定，是用体内阴阳之气的差异来说明人的善恶本性的。
《灵枢·通天》说："太阴之人，多阴而无阳，其阴血浊，其
卫气涩，阴阳不和，筋缓而厚皮"；"少阴之人，多阴少阳，
小胃而大肠，六腑不调，其阳明脉小而太阳脉大"；"太阳之
人，多阳而少阴"；"少阳之人，多阳少阴，经小而络大，血
在中而气外"；"阴阳和平之人，其阴阳之气和，血脉
调"。[1] 关于人性是否可以改造的问题，《内经》没有直接
加以讨论。不过已有学者指出，依据它的理论，既然人性善
恶取决于先天生理禀赋，由此推理，人性看来是不可改变
的。[2]《内经》的这一看法基本为王充所吸取，《论衡·无
形篇》说："用气为性，性成命定。"《率性篇》又说："禀
气有厚泊，故性有善恶也。"以气禀说解释人性，气有清浊
渥薄之分，人有贤劣智愚之别。王充明确指出人性不可改
变，说："性有善不善，圣化贤教，不能复移易也。"[3] 即

---

〔1〕《灵枢经》，第 122 页。
〔2〕刘长林：《内经的哲学和中医学的方法》，第 129 页。
〔3〕《论衡校释》卷二，第 59、80 页；卷三，第 137 页。

使圣贤的教化也不能改变各自的本性。《内经》、王充的人性论，显然是建立在机械唯物论的哲学基础之上的，它试图以气即人体的物质根源来解释人性产生的原因，但却仅着眼于人的生物性，以生理状况说解社会道德，则必然导致为命定论；比起荀子等人认为人性可以改造的认识，显然是落后了。

但是，《内经》、王充的人性论却给张载、二程等人以直接的影响，为他们提供了创设气质之说的重要参考资料。张载在自然观上持气本论，并以"气"来解释人性，说："合虚与气，有性之名"。[1] 为了区分"天地之性"与"气质之性"，他说："人之性虽同，气则有异。天下无两物一般，是以不同。"[2] 认为虽然人性相同，但禀气有差别，这种差别就形成了人的"气质之性"。张载又说："气质犹人言性气，气有刚柔、缓速、清浊之气也；质，才也。气质是一物，若草木之生亦可言气质。"[3] 正因为在气的聚散升降过程中有不同的形态，而出现了人由于禀气的偏盛不齐而表现为才质、善恶上的差别，"人之刚柔、缓急，有才与不才，气之偏也。天本参和不偏，养其气，反之本而不偏，则尽性而天矣"。[4] 只有纠正了"气之偏"才能反回到尽善无恶的"天地之性"。二程虽是理本论者，但认为人和万物不是

〔1〕《正蒙·太和》，《张载集》，第9页。
〔2〕《张子语录·语录下》，《张载集》，第330页。
〔3〕《经学理窟·学大原上》，《张载集》，第281页。
〔4〕《正蒙·诚明》，《张载集》，第23页。

由理直接派生出来的，而是由气化生而成的。因此他们同意张载"天地之性"与"气质之性"的说法，并作了进一步的探讨。二程认为："天有五气，故凡生物，莫不具有五性，居其一而有其四。""天有五行，人有五藏。心，火也，著些天地间风气乘之，便须发燥。肝，木也，著些天地间风气乘之，便须发怒。推之五藏皆然。"认为天有金木水火土五行之气，人有心肝脾肺肾五脏，两者相互作用而产生"五性"。在五气化五性的环节中又插入五脏，与《内经》中的说法更为接近。二程认为人和万物的差异都是由气禀的不同而引起的。以动物和植物相比，"动植之分，有得天气多者，有得地气多者……然要之，虽木植亦兼五行之性在其中，只是偏得土之气，故重浊也。"[1] 天气属金，[2] 至刚至健，故动物善行走；地气属土，至重至浊，故植物无知觉。以圣人与愚人相比，"禀得至清之气生者为圣人，禀得至浊之气生者为愚人"。[3] 圣人之性为至善，愚人之性为至恶。圣人的气质之性与天命之性是一致的，而愚人的气质之性与天命之性处于对立状态。而在圣愚之间还有贤、智和众人三个档次，其人性中善的程度逐级递减，恶的程度依次升高。这种说法和董仲舒的性三品说、《内经》的阴阳五性说相比可谓异曲同工。但张、程持道德至上论，而《内经》中则没有。

---

〔1〕《二程集·遗书卷第十五》，第 162 页；《遗书卷第二下》，第 54 页；《遗书卷第二上》，第 39 页。

〔2〕古人多有此论。参见朱震亨：《格致余论·天气属金说》。

〔3〕《二程集·遗书卷第二十二上》，第 292 页。

另外，理学在探讨"天地之性"与"气质之性"的关系时，常常混淆生理学与社会学的界限。以朱熹的两段话最具代表性，他说：

> 禀得精英之气，便为圣为贤，便是得理之全，得理之正。禀得清明者，便英爽；禀得敦厚者，便温和；禀得清高者，便贵；禀得丰厚者，便富；禀得久长者，便寿；禀得衰颓薄浊者，便为愚、不肖，为贫，为贱，为夭。

又云：

> 人性虽同，禀气不能无偏重。有得木气重者，则恻隐之心常多，而羞恶、辞逊、是非之心为其所塞而不发；有得金气重者，则羞恶之心常多，而恻隐、辞逊、是非之心为其所塞而不发。水火亦然。唯阴阳合德，五性全备，然后中正而为圣人也。

在朱熹看来，"天地之性"为"理"，"气质之性"为"理与气杂"，[1] 理为仁义礼智，气为阴阳五行，"纯粹至善"的理却寓于杂驳不齐的"气质"之中，因此具体的人性必然是相"杂"的。这样，人的自然属性与道德属性也就纠缠在一起，禀得清明之气便"善"，禀得衰颓薄浊之气便"恶"，

---

〔1〕《朱子语类》卷四，第 77、74、67 页。

木气重则恻隐之心多，金气重则羞恶之心多，人性便被蒙上了一层神秘之雾，变得难以捉摸。细究起来，这种错误的认识在《内经》中已经存在，像朱熹说的"阴阳合德，五性全备"的"圣人"，使人很容易联想到《灵枢·通天》中的所谓"阴阳和平之人"，尽管两者在本体论上有根本不同。

然而，理学在对待人性的变化问题上却有比《内经》高明之处，这就是理学的复性说。张载、二程等人信持孟子性善论，但却又做了一番新的阐发。张载说："性于人无不善，系其善反不善反而已。"又说："形而后有气质之性，善反则天地之性存焉。故气质之性，君子有弗性者焉。"[1] 反者返也，即复归之意。就是说人性本来是善的，而恶是由于气禀造成的，通过后天的修养与改造，是可以由气质之性回归到天地之性的。二程对此说得更为详细。他们认为："性即是理，理自尧舜至于涂人，一也。"即从天命之性来考察，众人和圣人无甚区别。但众人和圣人在气质之性上却有很大的差异。圣人的人性是纯善的，众人的气质却偏驳不纯，"有偏胜处"，它遮蔽或污坏了本身所固有的天命之性，因此就必须不断地纠正气质之性中的偏驳，使之能够逐步和天命之性一致起来。程颢说："若小有污坏，即敬以治之，使复如旧。所以能使如旧者，盖为自家本质元是完足之物。"在他看来，众人的天命之性在不同程度上都有所"污坏"，非加以修治不可，因此程颢强调"人不可以不加澄治之功"。他

[1]《正蒙·诚明》，《张载集》，第 22、23 页。

还说:"人须要复其初。"这个"初"就是本源之性,就是天理。因此,二程非常重视变化气质的问题,并认为"为学"是其中最重要的途径。他们说:"学至气质变,方是有功。"只有经过不断为学,才可以明理,而使气质得以变化。又说:"大凡所受之才,虽加勉强,止可少进,而钝者不可使利也。惟理可进。除是积学既久,能变得气质,则愚必明,柔必强。"倘若为学三年,而不至于善,那就是不善学。二程还讲到积习即为学过程中量的积累对气质形成的重要性,说:"习到言语自然缓时,便是气质变也。……人只是一个习。今观儒臣自有一般气象,武臣自有一般气象,贵戚自有一般气象。不成生来便如此?只是习也。"[1] 认为不同的人有不同的气质,这种气质不是先天的,而是在后天生活环境中经过长期习染后获得的。此说与"气禀"之论存在着一定的矛盾,但其中包含有只要后天努力即能弥补先天不足的积极意义,还是应该加以肯定的。朱熹认为,虽然各人经习染之后人性相差极远,"然人性本善,虽至恶之人,一日而能从善,则为一日之善人,夫岂有终不可移之理!当从伊川之说,所谓'虽强戾如商辛之人,亦有可移之理'是也。"[2] 朱熹此说似受到佛教某些观念的影响,但其最终意思仍是认为气质之性是可以改变的。与朱熹同时的吕祖谦善于用治病来比拟变化气质。他说:"窃谓学者气质各有利钝,

---

〔1〕《二程集·遗书卷第十八》,第 204 页;《遗书卷第一》,第 1、11 页;
　　《遗书卷第六》,第 83 页;《遗书卷第十八》,第 190、191 页。
〔2〕《朱子语类》卷四七,第 1178 页。

工夫各有浅深，要是不可限以一律，政须随根性识时节箴之，中其病发之，当其可，乃善。"〔1〕由于每个人的气质之偏并不完全相同，就像人的病也是千差万别的，所以改变气质的方法"不可限以一律"，必须找到自身气质偏的病源起处。他说："须是寻病源起处，克将去。若强要胜他，克得一件，一件来，要紧是观过。人各有偏处，就自己偏处，寻源流下工夫克，只是消磨令尽。"〔2〕切中病源，纠正起来，可以"消磨令尽"，否则只能克得一件，一件又来，易犯头疼治头、脚痛医脚的毛病，而应"懦者当强，急者当缓，视其偏而用力焉"，〔3〕"做事须是着实做。暴戾者必用力于和顺，鄙吝者必用力于宽裕，而后可以言学"。〔4〕如此努力下去便可以克服有偏的气质之性，恢复至善至美的天地之性，就像患有不同疾病的人又变成身健神旺之人一样。

宋儒以复性说贯穿天命之性与气质之性，试图弥合其人性论中的内在矛盾，并解决人性善恶产生的根源问题。但是宋儒所高扬的天命之性是先验的人性，纯属向壁虚构，尽管他们认为气质之性可以变化与改造，有合理之处，却最终仍被窒息在这种抽象的道德本体论之中。天命之性的提法被后人认为包含着宗教神秘意味，因此常常受到批判，并被排除

---

〔1〕《与朱侍讲元晦书（二六）》，《全宋文》卷五八七二，第261册，第89页。

〔2〕《丽泽论说集录》卷一〇，《吕祖谦全集》第4册，第250页。

〔3〕《与朱侍讲元晦书（三）》，《全宋文》卷五八七〇，第261册，第69页。

〔4〕《丽泽论说集录》卷一〇，《吕祖谦全集》第4册，第246页。

在人性论之外。王廷相就指出："朱子谓本然之性超乎形气之外，其实自佛氏本性灵觉而来，谓非依旁异端，得乎？大抵性生于气，离而二之，必不可得。"[1] 认为超乎形气之外的本然之性根本不存在，他以物质的气来说明人性的本质，只承认气质之性。继王廷相之后，王夫之、颜元、戴震等人皆以人的生理禀赋作为人性的基础，反对以理为本的道德形上论，强调人性的感性存在，似有回到《内经》提出的气质之说的倾向，其中尤以颜元所论最具代表性。

据《习斋年谱》记载，颜元二十二岁学医，二十四岁渐为人治疾。三十九岁归博，由此医术渐行。此后多赖开药铺行医为生。正因为此，其气质之说多以《内经》所言为蓝本。颜元说："不知耳目、口鼻、手足、五脏、六腑、筋骨、血肉、毛发俱秀且备者，人之质也，虽蠢，犹异于物也；呼吸充周荣润，运用乎五官百骸粹且灵者，人之气也，虽蠢，犹异于物也；故曰'人为万物之灵'，故曰'人皆可以为尧舜'。其灵而能为者，即气质也。非气质无以为性，非气质无以见性也。"所谓气质就是指人的五官、四肢、内脏等形体及其机能、属性，也即是气质之性。在他看来，气质和性是统一的，不存在什么天命之性。因此他反对宋儒关于人性的二元论主张，认为人性"只是一般，非有两等性也"。[2] 但是他也超越了《内经》人性不可改变的落后看法，提出了

---

〔1〕《雅述》下篇，《王廷相集》，第875页。
〔2〕《存性编》卷一《性理评》，《颜元集》，第15、16页。

气质无偏恶，恶成于习染的观点，说："引蔽始误，不引蔽不误也；习染始终误，不习染不终误也。去其引蔽习染者，则犹是爱之情也，犹是爱之才也，犹是用爱之人之气质也；而恻其所当恻，隐其所当隐，仁之性复矣。"[1] 认为气质之性恶是由于后天的习染，习染可以根除，而不是由人的本性决定的。这里他吸取了孟子的性善论，也吸取了宋儒复性说中的一些内容。

但是，颜元的形性统一的气质之说是建立在"理气融为一片"[2] 的气一元论自然观基础之上的，因此他只能够在以往的唯物主义和自然科学中寻找自己的理论来源，加上他本身的医学素养，其借鉴《内经》的气质论的基本观点显然是顺理成章的。这一点在戴震人性论中也有反映。戴震说："血气心知，性之实体也"，"人物分于阴阳五行以成性，舍气类，更无性之名"。[3] 指出人性就是人的自然之性，是人的物质的特性。当然，这种观点应该说是片面的，但在批判程朱等人道德至上的禁欲主义，强调现实的人的感性存在方面，仍有其不容忽视的积极意义。

---

〔1〕《存性编》卷二《性图》，《颜元集》，第30页。
〔2〕《存性编》卷二《性图》，《颜元集》，第21页。
〔3〕《孟子字义疏证》卷中，第21、34—35页。

第八章 治心与寡欲

　　"心"与"欲"是理学人性论的重要范畴。理学讲究"治心""正心""收心""养心"，讲究"存天理，灭人欲"，多从道德本体立场立论。但心欲问题又离不开人的生理、心理，离不开摄生寿世之道，所以与古代医学有着密切的联系。先秦两汉时期的心欲学说，给后世以重要影响的，主要有两大观点：一是孟子、《礼记》的道德本性论，一是荀子、《内经》的心身节欲论。理学的心欲观主要吸取了前者的思想，并作了进一步的发挥，在宋明时期占有主导地位。但是也应该看到，荀子、《内经》的心欲观，仍受到不少学者的推崇，在古代的养生思想中颇具影响。这样，道德本性论与心身节欲论既互相对立又互相渗透，形成了这一时期颇为复杂的心欲学说。

　　"心"原本指心脏，《说文》："心，人心，土藏，在身之中。象形。"[1] 为心、肝、脾、肺、肾五脏之一。心字为心房的象形，后引申为思维器官及其功能。《孟子·告子上》所谓"心之官则思"，[2]《荀子·正名》所谓"心有征知"，[3] 又进一步将意识、情感、意志等心理过程都纳入"心"的活动范围。而其中道德意识的涵义最为孟子等人重视，认为仁义礼智的端始皆存在于心中。"欲"，意为欲望、欲念，其内容包括饮食男女之类的感性物质欲望以及与感性物质欲望有关的富贵名利等等。《说文》仅释为"贪欲"，其义较窄。"欲"本与"心"关系密切，因欲念之类就存在于意识之中，但在先秦两汉儒学与医学中，心、欲观念仍有很大的不同。这里有必要对孟子、《礼记》与荀子、《内经》的心欲观，分别作一简单的回溯。

孟子提出"养心莫善于寡欲"（《孟子·尽心下》）的重要命题，认为只有减少欲望，才能保存道德本心，多欲则必然会丧失仁义礼智等道德意识。孟子说："心之所同然者何也？谓理也，义也。"（《告子上》）将"心"与"理""义"视为相同，这样，养心即为涵养儒家的道德观念，而首先在于克制人对声色、财富和名位的欲望与追求。但是孟子并没有否定人应该有正常的欲望，他说："好色，人之所欲"，"富，人之所欲"，"贵，人之所欲"（《万章上》）。如何看待感性欲望与道德理性，亦即心与身之间的关系呢？孟子又有

---

[1]《说文解字今释（增订本）》，第 1498 页。
[2]《十三经注疏》，第 5990 页。
[3]《荀子集解》卷一六，第 417 页。

所谓"大体""小体"之说:"人之于身也,兼所爱,兼所爱则兼所养也。无尺寸之肤不爱焉,则无尺寸之肤不养也。所以考其善不善者,岂有他哉?于己取诸而已矣。体有贵贱,有小大,无以小害大,无以贱害贵。养其小者为小人,养其大者为大人。……饮食之人,则人贱之矣,为其养小以失大也。饮食之人无有失也,则口腹岂适为尺寸之肤哉?"(《告子上》)[1]孟子认为"饮食之人"是养小体而失大体,为贱。但他毕竟认为人应该对身体"兼爱""兼养",仍包含有心身交养的意蕴,有一定的养生学意义。然而,他最终将"养心"称为"养其大者","寡欲"即节制其"小者",道德理性的"大体"的重要性远远超过感性欲望的"小体"。虽然强调道德理性不乏深刻之处,但这里有将"寡欲"推向极端的倾向,养心与养身之间也会产生绝然割裂的可能性。

《礼记》成书于西汉时期,为战国至西汉初儒家思想的汇编,其心欲观上承孟子,下启理学,具有重要的地位。《礼记》提出了"正心诚意"的道德修养论,认为"欲正其心者,先诚其意;欲诚其意者,先致其知;致知在格物"(《礼记·大学》)。所谓正心,即心要端正,诚意谓勿自欺。强调内心的道德自律,限制情感等心理活动的变化,使之合乎儒家的道德规范。并第一次提出了"天理"与"人欲"的范畴,表现了明确的理欲对立倾向,它说:"人生而静,

---

[1]《十三经注疏》,第 6047、5982、5946、5989 页。

天之性也。感于物而动，性之欲也。物至知知，然后好恶形焉。好恶无节于内，知诱于外，不能反躬，天理灭矣。夫物之感人无穷，而人之好恶无节，则是物至而人化物也。人化物也者，灭天理而穷人欲者也。于是有悖逆诈伪之心，有淫泆作乱之事。……此大乱之道也。是故先王之制礼乐，人为之节。"（《乐记》）[1] 要求人们克服物质与精神上的欲求，以服从道德理性的需求，带有较浓的禁欲主义色彩。后来理学"天理人欲，不容并立"[2] 的观念就是在这一基础上进一步膨胀起来的。

荀子提出"心能制欲"的观点。他说："心者，形之君也，而神明之主也。"心为身体形神一切活动的主宰，与物质之气有密切的关系，认为"人有气、有生、有知，亦且有义"，以气为心的本原。荀子认为"治气"方能"养心"，说："血气刚强，则柔之以调和；知虑渐深，则一之以易良；勇毅猛戾，则辅之以道顺；齐给便利，则节之以动止；狭隘褊小，则廓之以广大；卑湿、重迟、贪利，则抗之以高志；庸众驽散，则劫之以师友；怠慢僄弃，则炤之以祸灾；愚款端悫，则合之以礼乐，通之以思索。凡治气养心之术，莫径由礼，莫要得师，莫神一好。夫是之谓治气养心之术也。"这里吸取了道家养生思想，注重以虚静专一的内守功夫来调节人心的各种偏向。荀子又称之

---

[1] 《十三经注疏》，第3631、3314—3315页。
[2] 《四书章句集注·孟子集注卷五》，第254页。

为以诚养心："君子养心莫善于诚，致诚则无它事矣。"
"诚"是指一种真实无伪的精神品格。荀子认为人的种种欲念是天生的，"饥而欲食，寒而欲暖，劳而欲息，好利而恶害，是人之所生而有也，是无待而然者也，是禹、桀之所同也。"无论欲念恶劣与否，都有其存在的必然性，因此他不赞成寡欲说，而主张以心导欲或节欲，说："凡语治而待寡欲者，无以节欲而困于多欲者也。……故欲过之而动不及，心止之也。心之所可中理，则欲虽多，奚伤于治？欲不及而动过之，心使之也。心之所可失理，则欲虽寡，奚止于乱？故治乱在于心之所可，亡于情之所欲。……欲虽不可尽，可以近尽也；欲虽不可去，求可节也。"[1] 认为不必去欲或寡欲，而以心来调节欲念。欲念虽不能尽去，但可以节制。节欲的目的正是为了更好地满足欲望，荀子的这一认识是比较符合生活实际的。

《内经》的心欲观受荀子影响很深。《素问·灵兰秘典论》说："心者，君主之官也，神明出焉。"[2] 以心为全身的主宰，智慧的源泉，明显借鉴了荀子的思想。《内经》亦以气为心的根本，说："气得上下，五脏安定，血脉和利，精神乃居"，"神者，正气也"。人的精神活动在《内经》看来包括意、志、思、虑、智等不同的形式，"心有所忆谓之

---

〔1〕《荀子集解》卷一五《解蔽篇》，第397页；卷五《王制篇》，第164页；卷一《修身篇》，第25—27页；卷二《不苟篇》，第46页；卷《荣辱篇》，第63页；卷一六《正名篇》，第426—429页。
〔2〕《黄帝内经素问》，第40页。

意，意之所存谓之志，因志而存变谓之思，因思而远慕谓之虑，因虑而处物谓之智"。[1] 人为万物之中最宝贵者，就因为具有高度发达的思维能力。但心又为五脏之一，"心主身之血脉"，"诸血者皆属于心"，[2] 心的功能在人体生理活动中十分重要，"五脏六腑，心为之主"。在《内经》中，心具有主血脉和主神明这两方面作用。心与人的身体状况关系密切，心受到伤害会导致各种疾病甚至死亡："心者，五脏六腑之大主也，精神之所舍也。……心伤则神去，神去则死矣"，"悲哀忧愁则心动，心动则五脏六腑皆摇"。[3] 而欲望的过度则是精神与肉体受到损害的一个重要原因，《素问·汤液醪醴论》说："嗜欲无穷，而忧患不止，精气弛坏，荣泣卫除，故神去之而病不愈也。"[4] 在讨论"今时之人"何以半百而衰的原因时，《内经》也将之归为"纵欲"。但是，《内经》认为人的欲望存在是客观的，不能灭欲而只能"适欲""少欲"，如说："是以志闲而少欲，心安而不惧，形劳而不倦，气从以顺，各从其欲，皆得所愿。……是以嗜欲不能劳其目，淫邪不能惑其心，愚智贤不肖不惧于物，故合于道。所以能年皆度百岁而动作不衰者，以其德全不危也。"又说："有圣人者，处天地之和，从八风之理，适嗜欲

---

〔1〕《灵枢经·平人绝谷》，第 69 页；《小针解》，第 8 页；《本神》，第 23 页。

〔2〕《黄帝内经素问·痿论》，第 168 页；《五脏生成》，第 49—50 页。

〔3〕《灵枢经·五癃津液别》，第 73 页；《邪客》，第 120 页；《口问》，第 64 页。

〔4〕《黄帝内经素问》，第 60 页。

于世俗之间，无恚嗔之心，行不欲离于世，举不欲观于俗，外不劳形于事，内无思想之患，以恬愉为务，以自得为功，形体不敝，精神不散，亦可以百数。"[1] 只有志闲心安、恬愉自得才能够节制欲望，也只有"少欲"才能"从其欲"，使欲望不仅不会害身反而能够有利于身心健康。《内经》以心适欲的观点，深化了人们对主体自身的认识，是对荀子以心导欲和节欲之说的进一步发挥。当然，《内经》对心理与生理方面的见解，比荀子丰富、详尽得多。

宋明时期心欲之说层出不穷，纷繁错综。从哲学与医学的关系来看，则主要应讨论程朱一系的观点。

程朱理学虽为道德至上论，但也颇有从生理、心理方面论心的思想内容。二程认为，肉体之心为有形体有限量之物，这是因为"自是人有限量。以有限之形，有限之气……安得无限量？"此心为人的内脏器官之心，位居胸中，即所谓"心要在腔子里"。另外，心又具思维功能，二程说："心与事遇，则内之所重者更互而见"，"如明鉴在此，万物毕照，是鉴之常，难为使之不照。人心不能不交感万物，亦难为使之不思虑。若欲免此，唯是心有主"。认为心交感万物而产生思虑活动。因此必须多思才能有所得，"为学之道，必本于思，思则得之，不思则不得也"，"思虑久后，睿自然生"，[2] 认

---

〔1〕《黄帝内经素问·上古天真论》，第3、5—6页。
〔2〕《二程集·遗书卷第十八》，第204页；《遗书卷第七》，第96页；《粹言卷第二》，第1270页；《遗书卷第十五》，第168—169页；《遗书卷第二十五》，第324页；《遗书卷第十八》，第186页。

为智慧是思维的结果。二程曾论及心的记忆功能，《二程粹言》卷一载："侯仲良曰：夫子在讲筵，必广引博喻，以晓人主。一日，讲既退，范尧夫揖曰：'美哉！何记忆之富也！'子对曰：'以不记忆也。若有心于记忆，亦不能记矣。'"[1] 这里对记忆的讨论牵涉到今天心理学上有意记忆与无意记忆两方面的内容，似与《内经》所谓"心有所忆谓之意"亦不无关系。二程又论及梦的产生原因，说："人梦不惟闻见思想，亦有五藏所感者"，"梦之所接无形声，而心所感通则有形声之理"。[2] 这和《素问·脉要精微论》所谓"甚饱则梦予，甚饥则梦取"[3] 即体内刺激可产生梦的说法，有相通之处。二程精通医道，多从医学心理学角度论心。他们认为人之所以无病自疑，是因为"疑病者，未有事至时，先有疑端在心"。[4]《二程外书》卷一一记载了程颐帮助患者克服疑心病的事例："有患心疾，见物皆狮子。伊川教之以见即直前捕执之，无物也，久之疑疾遂愈。"[5] 这种让患者通过行为操作来消除幻觉的方法，与今天医学心理学中的行为矫正疗法不无相似之处。[6] 二程对"治心"之术颇有研究，有患思虑纷乱、达旦不寐之疾者，以为念中字可治失眠，二程却认为不如与他一串数珠："殊不知中之无

---

〔1〕《二程集》，第 1197 页。
〔2〕《二程集·遗书卷第二下》，第 53 页；《粹言卷第二》，第 1268 页。
〔3〕《黄帝内经素问》，第 70 页。
〔4〕《二程集·遗书卷第三》，第 65 页。
〔5〕《二程集》，第 415 页。
〔6〕参见高觉敷主编：《中国心理学史》，第 242 页。

益于治心，不如数珠之愈也。夜以安身，睡则合眼，不知苦苦思量个甚，只是不与心为主，三更常有人唤醒也。"[1] 以数珠来转移患者焦虑的心理状态，这样便可较快入睡。同时强调夜晚不可过度用脑，应按时作息，保养精神。应该说这是很有见地的看法。二程还探讨了恐惧心理产生的原因，《二程遗书》卷一八载："或问：'独处一室，或行暗中，多有惊惧，何也？'曰：'只是烛理不明。若能烛理，则知所惧者妄，又何惧焉？有人虽知此，然不免惧心者，只是气不充。须是涵养久，则气充，自然物动不得。然有惧心，亦是敬不足。'"[2] 二程认为恐惧心理的出现是因为不明白事物的道理，如果洞明事理，则不会害怕那些虚妄之物，并认为这与个人的气禀、涵养等身心状况相关。他们提出了"明理可以治惧"的方法，并举例说："目畏尖物，此事不得放过，便与克下。室中率置尖物，须以理胜佗，尖必不刺人也，何畏之有！"[3] 治疗恐怖症应提高患者的认识能力，以理智来驾驭情绪，尖物虽能刺人，但掌握其中的规律，就使它刺不到人。二程的以理治心法，颇有创见，并在医界产生了反响，成书于南宋淳熙十六年（1189）的《医说》中有《心疾健忘》篇说："与其畏病而求医，孰若明之以自求；与其有病而治以药，孰若抑情而顺理。情斯可抑，理亦渐明，能

〔1〕《二程集·遗书卷第二上》，第 25 页。
〔2〕《二程集》，第 190 页。
〔3〕《二程集·遗书卷第一》，第 12 页《遗书卷第二下》，第 51 页。

任理而不任情，则谨养可谓善养者矣，防患却疾之要，其在兹乎。"〔1〕这种以理遣情之法，明显受到二程的影响。当然，如溯其源，《内经》已有情感致病的论述，如《灵枢·本神》说："喜乐者，神惮散而不藏。愁忧者，气闭塞而不行。盛怒者，迷惑而不治。恐惧者，神荡惮而不收。"〔2〕并提出了"一曰治神，二曰知养身"〔3〕的治疗原则，阐述了"告之以败，语之以其善，导之以其所便，开之以其所苦"〔4〕心理治疗方法，这些当为二程治心之术的滥觞。

朱熹亦有心身关系方面的论述。《朱子语类》卷五载："问：'人心形而上下如何？'曰：'如肺肝五脏之心，却是实有一物。今学者所论操舍存亡之心，则自是神明不测。故五脏之心受病，则可用药补之；这个心，则非菖蒲、茯苓所可补也。'"认为心可分为肉体之心与精神之心，前者为五脏之一，受到损伤可用药补，后者为无形之体，如出现问题，药物则无济于事。此说大体上沿袭了《内经》心主血脉与主神明的论述。关于形神关系，朱熹说："人生初间是先有气。既成形，是魄在先。'形既生矣，神发知矣。'既有形后，方有精神知觉。"又说："问：'形体之动，与心相关否？'曰：'岂不相关？自是心使他动。'"认为精神之心产生于人体形

---

〔1〕《医说》卷五，第 159 页。
〔2〕《灵枢经》，第 23 页。
〔3〕《黄帝内经素问·宝命全形论》，第 110 页。
〔4〕《灵枢经·师传》，第 66 页。

成之后，它又可以支配、调节人的形体活动。同时朱熹又强调了精神之心的主宰作用，说："心者，一身之主宰"，"一身之中，浑然自有个主宰者，心也"。[1] 人身的眼、耳、鼻、舌等感官都听命于心，因为"视听浅滞有方，而心之神明不测，故见闻之际必以心御之，然后不失其正。若从耳目之欲而心不宰焉，则不为物引者鲜矣"。[2] 耳目之官常为外物所蔽，有心为之主宰，认识方能不失其正。心能应物适变，具有主观能动作用，朱熹说："人心至灵，主宰万变，而非物所能宰。"[3] 强调了心在认识过程中的主导作用。朱熹认为精神状态可影响身体的健康，其《大学章句注》阐释"富润屋，德润身，心广体胖"时说："胖，安舒也。言富则能润屋矣，德则能润身矣，故心无愧怍，则广大宽平，而体常舒泰，德之润身者然也。盖善之实于中而形于外者如此。"[4] 这里虽多从道德修养上讲解，事实上却有明确的养生学意义：内心的平静，胸襟的阔大，有利于身体健康，而"心广体胖"一词至今仍被广为应用。朱熹尚有"收敛身心"之说："人常须收敛个身心，使精神常在这里。似担百十斤担相似，须硬着筋骨担"；"若行时，心便只在行上；坐时，心便只在坐上"。只有这样才不至于胡思乱想，放荡不

---

〔1〕《朱子语类》卷五，第 87 页；卷三，第 41 页；卷五，第 86、96 页；卷二〇，第 464 页。

〔2〕朱熹：《答何叔京》，《全宋文》卷五五一一，第 246 册，第 126 页。

〔3〕朱熹：《答潘叔度》，《全宋文》卷五五三一，第 247 册，第 47 页。

〔4〕《四书章句集注》，第 7 页。

羁，造成对身心健康的损害。《朱子语类》卷五载："问：'先生尝言，心不是这一块。某窃谓，满体皆心也，此特其枢纽耳。'曰：'不然，此非心也，乃心之神明升降之舍。人有病心者，乃其舍不宁也。凡五脏皆然。心岂无运用，须常在躯壳之内。譬如此建阳知县，须常在衙里，始管得这一县也。'某曰：'然则程子言"心要在腔子里"，谓当在舍之内，而不当在舍之外耶？'曰：'不必如此。若言心不可在脚上，又不可在手上，只得在这些子上也。'"[1] 这段话是以《内经》"心者，神之舍也"[2] 为依据而阐发的，心作为人的神明发生和寄托之处，必须安居其位，而患有"心疾"则会出现精神错乱的种种症状，因而不能维护正常的生理机能，致使脏腑功能失调，精神萎靡不振，这就是二程"心要在腔子里"的真实涵意。因此朱熹十分重视保养精神，说："人精神飞扬，心不在壳子里面，便害事。"这些论述包含有现代所谓心理卫生的一些内容。朱熹原本也是熟谙医理的，他说："人病伤寒，在上则吐，在下则泻，如此方得病除。"[3] 取《内经》"病在上，取之下；病在下，取之上"[4] 的治疗原则。又说："大黄不可为附子，附子不可为大黄。"[5] 因二者药性寒热不同。这些都说明朱熹是比较关

---

〔1〕《朱子语类》卷一二，第201页；卷五，第87页。
〔2〕《灵枢经·大惑论》，第143页。
〔3〕《朱子语类》卷一二，第199页；卷七二，第1818页。
〔4〕《黄帝内经素问·五常政大论》，第306页。
〔5〕《朱子语类》卷四，第61页。

心人的心身健康的。

但是，二程、朱熹更重视人的道德观念和道德意识，这是其论心的主要涵义，并将所谓道德"本心"与心理欲求加以割裂，形成了以理为本的心欲对立观。

二程继承了孟子以仁义道德为心的观点，认为"人必有仁义之心"，并说："心本善，发于思虑，则有善有不善。若既发，则可谓之情，不可谓之心。"仁义之心为善，若发为情，则有善与不善之分，因为心与情不同。二程又认为善心所具有的道德属性是天所赋予的，"心具天德，心有不尽处，便是天德处未能尽，何缘知性知天？尽己心，则能尽人尽物，与天地参，赞化育"。天德即"天然完全自足之物，若无所污坏"[1]之天理，只有尽心方能尽天理，这是发挥孟子"尽其心者，知其性也；知其性，则知天矣"（《孟子·尽心上》）[2]的治心之说，其具体要求就是求"放心"："放心谓心本善，而流于不善，是放也。"[3] 所谓求放心，就是把善心寻找回来。"天理"是二程哲学的本体论范畴，他们又把道德本心与天理联系起来，认为"心是理，理是心"，"理与心一，而人不能会之为一"，理便是天，"自理言之谓之天"。二程将二者合称即谓天理，因此心又是天，"只心便是天"。在二程哲学中，心、性、理、命、天是统一的，"在

---

〔1〕《二程集·遗书卷第四》，第 70 页；《遗书卷第十八》，第 204 页；《遗书卷第五》，第 78 页；《遗书卷第一》，第 1 页。

〔2〕《十三经注疏》，第 6015 页。

〔3〕《二程集·遗书卷第十八》，第 208 页。

天为命，在义为理，在人为性，主于身为心，其实一也"，
"才尽心即是知性，知性即是知天矣"。这五者虽有角度上的
不同，但作为宇宙本体则是相通为一的。心已经上升到万物
之所以存在的根据的高度，所以是无限量的，"天下无性外
之物，以有限量之形气用之，不以其道，安能广大其心也?"
这是心与道（理）相通，不为形体所束缚，因而是无限广大
的。但是二程又承认有生理、心理之心，为了解决这一问
题，他们又把心区分为道心与人心，公心与私心。说：

> 人心私欲，故危殆。道心天理，故精微。灭私欲则
> 天理明矣。
>
> "人心"，私欲也；"道心"，正心也。"危"言不
> 安，"微"言精微。
>
> 人心，人欲；道心，天理。
>
> 一心可以丧邦，一心可以兴邦，只在公私之间尔。

把道心、公心等同于天理，而将人心、私心与人欲相连。
二程所谓"人心""私心""人欲"是有所指的，"以私己
为心者，枉道拂理，谄曲邪佞，无所不至，不仁孰甚焉!"
是"将自家躯壳上头起意"的欲望和追求，包括一切超出
了封建等级制度所规定的生理心理需要。然而二程对"饮
食男女"等"人之大欲"并没有一概否定，认为："婚姻，
男女之交也。人虽有欲，当有信而知义。""口目耳鼻四支

之欲，性也。"〔1〕只要合乎礼义，饮食男女就不视为"人欲"，而归于天理。这说明二程与佛老"无欲"之说不同，而是承接孟子的"寡欲"思想。二程根据《尚书·大禹谟》中的"人心惟危，道心惟微，惟精惟一，允执厥中"〔2〕说法，发挥出天理、人欲之辨，认为"人心"即"私欲"，故而危险；"道心"即"天理"，所以精微。"人心"与"道心"，亦即"人欲"与"天理"处于尖锐对立的状态中，并相互排斥，势若水火。二程说："甚矣欲之害人也。人之为不善，欲诱之也。诱之而弗知，则至于天理灭而不知反。故目则欲色，耳则欲声，以至鼻则欲香，口则欲味，体则欲安，此皆有以使之也。"还说："昏于天理者，嗜欲乱之耳。"把人欲看作昏蔽、损害道德之心的罪魁祸首。因此养心必须寡欲，"'养心莫善于寡欲'，不欲则不惑。所欲不必沉溺，只有所向便是欲"。而养心即是存天理，天理存则人欲亡，二者此长彼消，"视听言动，非理不为，即是礼，礼即是理也。不是天理，便是私欲。人虽有意于为善，亦是非礼。无人欲即皆天理"。二程明确宣布只有一切行动自觉按照封建

---

〔1〕《二程集·遗书卷第十三》，第139页；《遗书卷第五》，第76页；《遗书卷第二十二上》，第296页；《遗书卷第二上》，第15页；《遗书卷第十八》，第204、208页；《粹言卷第二》，第1252页；《遗书卷第二十四》，第312页；《遗书卷第十九》，第256页；《外书卷第二》，第364页；《遗书卷第十一》，第134页；《粹言卷第二》，第1256页；《遗书卷第二》，第33页；《经说卷第三》，第1053页；《遗书卷第十九》，第257页。

〔2〕《十三经注疏》，第285页。

礼教去做，便克服了人欲。并反对荀子"养心莫善于诚"的说法，认为："孟子言'养心莫善于寡欲'，欲寡则心自诚。荀子言'养心莫善于诚'，既诚矣，又何养？此已不识诚，又不知何以养"。无非是认为荀子所谓"诚"没有道德涵义或道德涵义不明确。二程深感人欲之难灭，说："大抵人有身，便有自私之理，宜其与道难一。"以人身为私欲的存在原因，将心身关系断然割裂，进而提出了以"思"窒欲的方法："然则何以窒其欲？曰思而已矣。学莫贵于思，唯思为能窒欲。曾子之三省，窒欲之道也"。[1] 这里的所谓"思"不是指一般意义上的思维，而是指要不断作内心的反省，看是否有违背封建道德原则之处。清沈起凤（乾隆六年举人）《谐铎》卷九《节母死时箴》就记述了一个具体的"以思窒欲"的事例。某妇十八岁抚孤守节，偶遇一貌美青年，不觉心动，然思此事可耻，长叹而归。如是者数次，后决然竟去，"自此洗心涤虑，始为良家节妇"。[2] 这位节妇显然是二程"饿死事极小，失节事极大"说教下的牺牲品。总之，二程心欲之说宣扬的是极端道德主义的思想，是对《礼记》禁欲观的进一步发展，压抑甚至完全剥夺和扼杀生理、心理需要，违反了人的自然本性。

朱熹的心欲说主要沿袭了二程的一些思想，同时又对其

---

〔1〕《二程集・遗书卷第二十五》，第 319 页；《粹言卷第一》，第 1194 页；《遗书卷十五》，第 145、144 页；《遗书卷第二上》，第 18 页；《遗书卷第三》，第 66 页；《遗书卷第二十五》，第 319 页。

〔2〕《谐铎》卷九，第 133—134 页。

中几个概念做了较详细的分梳，提出了自己新的看法。朱熹同意二程将天理、人欲相互对立的观点，说："人只有个天理、人欲，此胜则彼退，彼胜则此退，无中立不进退之理。"又说："人之一心，天理存，则人欲亡；人欲胜，则天理灭。未有天理人欲夹杂者。"两者此胜彼退，此存彼亡，因此只有"克去己私，便是天理"。与二程不同的是，朱熹认为道心人心、天理人欲之间的关系复杂，必须层分细别。他说："人心，尧舜不能无；道心，桀纣不能无。盖人心不全是人欲，若全是人欲，则直是丧乱，岂止危而已哉！只饥食渴饮，目视耳听之类是也，易流故危。道心即恻隐、羞恶之心，其端甚微故也。"认为人的各种生理本能与生理需求不是人欲，而应视为人心，人心为人所皆有，圣贤也不能免；而道心虽精微，即使大恶也不能无。朱熹认为人心道心并非为二心："或问'人心、道心'之别。曰：'只是这一个心，知觉从耳目之欲上去，便是人心；知觉从义理上去，便是道心。'"按照人的知觉对象和内容的不同，来区分道心与人心："道心是义理上发出底，人心是人身上发出底"，前者为道德意识，后者为生理需求。凡生人皆有饮食男女之欲望，所以"人心亦不是全不好底"，其"可为善，可为不善"。虽然人心不可无，但其生于"形气之私"，必须受"禀受得仁义礼智之心"的道心节制，"有道心，则人心为所节制，人心皆道心也"。在道心的约束之下，人心便可转化为道心。所以道心人心又是主从关系："必使道心常为一身之主，而人心每听命焉，乃善也。"因此朱熹不同意二程人心即人欲的说法："程子曰：'人心，人欲也。'恐未便是人欲。"而人欲，朱熹认为是"恶底心"，"众人物欲昏蔽，便是恶底心，及其复也，然后本然之善心可见"。正如人心可以转化为道心一样，人欲也可以返归为天理。因此天理、人欲既相互对立，同时也相互依存："问：'饮食之间，孰为天理？孰为人欲？'曰：'饮食者，天理也；要求美味，人欲也。'""饮食"与"美味"虽然不同，但仍有某些一致之处。所以朱熹又说："人欲便也是天理里面作出来。虽是人欲，人欲中自有天理。""天理人欲，几微之间"，因此寡欲不是消除所有生理欲望，而是去"私欲"，"寡欲，则是合不当如此者，如私欲之类。若是饥而欲食，渴而欲饮，则此欲亦岂能无？但亦是合当如此"。[1] 所谓私欲，是指"纵欲而己于一己者"，[2] 即超出了起码的物质生活条件，如要求美味，穷口腹之欲之类，这些都属于"合不当如此者"。相比于二程，朱熹则较多地承认了人的欲望存在的客观性，因此其心欲观也多了一些人情人性等人道主义因素。但是，朱熹对人欲的界定并没有一个客观标准，因为在实际生活中，不同社会地位的人的"饮食"与"美味"有着巨大的差别，根本不能抽象的笼统而论。朱熹的这种说法仍是基于封建伦理道德原

---

〔1〕《朱子语类》卷一三，第224页；卷四一，第1058页；卷一一八，第2864页；卷七八，第2009、2011、2013、2018页；卷六二，第1487页；卷七八，第2010页；卷七一，第1795页；卷一三，第224页；卷九四，第2414页。
〔2〕《四书章句集注·孟子集注卷二》，第219页。

则之上的，他反对"不能咬菜根而至于违其本心"，把人的欲望限制在勉强能够活命的范围之内，否则就是违反了本心即天理。因此从本质上说，朱熹的心欲观仍具有明显的禁欲主义倾向，虽然他说"天理人欲，无硬定底界"，但其归根结底还是认为"天理人欲常相对"的，[1] 回到二程天理、人欲之辨的基本立场之上了。

作为宋代理学的奠基者与集大成者，二程、朱熹的心欲之说具有相当突出的理论特点。从心理学的角度看，他们较为细致地区分了人的心理过程，丰富了一些心理学或认识论范畴的内涵，加深了人们对思维规律和思维方法的理解。比如二程对记忆的论述，对克服错觉心理的研究，对恐惧心理产生原因的探讨，以及朱熹对于心身关系的阐发，都具有一定的理论意义。当然，程朱的心理思想是相当丰富的，远不止笔者所论及的内容。[2] 限于研究的角度，本章只是就与医学的关系而言，指出程朱的心理思想受《内经》的影响，包含有一定的养生学价值。然而，程朱心欲观在后世的影响倒主要不是上述心理思想，而是其中的伦理道德内容。特别是宋以后的医家，多以天理、人欲之辨作为养生治病的一种指导思想，遂更加增添了传统医学的伦理色彩。

自先秦以来就流行纵欲之说，魏晋时期其说更炽，《列子·杨朱》篇说："人之生也奚为哉？奚乐哉？为美厚尔，

〔1〕《朱子语类》卷一三，第 241、224 页。
〔2〕 高觉敷主编《中国心理学史》第六章对此有详论。

为声色尔。"〔1〕 只求享乐纵欲，名声性命皆所不顾。道教则宣扬房中采战之术，提出采阴补阳、御女益寿之说。如唐孙思邈《千金方》说："但能御十二女而不复施泻者，令人不老，有美色。若御九十三女而能自固者，年万岁矣。"〔2〕纵欲之说与房中术很能迎合封建统治阶层骄奢淫逸的腐朽心理，封建帝王嫔妃无数，达官显贵姬妾成群，勾栏瓦肆娼妓盈市，一时人欲横流，连一些名学者也沉溺其中，像唐代的韩愈、元稹等都因恣情纵欲而死。至南宋程朱理学盛行之后，纵欲说与房中术受到"存天理，灭人欲"思想的冲击，消沉了很多。南宋愚谷老人（其真实姓名及生平事迹已失考）著《延寿第一绅言》多引程朱之言批判房中术，其云："程伊川（颐）曰：'吾受气甚薄，三十而浸盛，四十、五十而后完，今生七十二年矣，校其筋骨于盛年无损也。'又曰：'人待老而求保生，是犹贫而后蓄积，虽勤亦无补矣。'张思叔曰：'先生岂以受气之薄而厚为保生耶？'先生默然曰：'吾以忘生徇欲为耻。'世传三峰采战之术，托黄帝、元、素之名，以为容成公、彭祖之所以获高寿者皆此术，士大夫惑之，多有以此丧其躯，可哀也已！"〔3〕 上引程颐与弟子张绎（思叔）的对话见《二程遗书》卷二一上。其中心意思就是认为徇于人欲而忘记养生是一种耻辱，而养生的关

〔1〕《列子集释》卷七，第219页。
〔2〕《备急千金要方校释》卷二七《房中补益》，第589页。
〔3〕《延寿第一绅言》，第1页。

键就在于以"理义"养心，程颐说："古人有声音以养其耳，采色以养其目，舞蹈以养其血脉，威仪以养其四体。今之人只有理义以养心，又不知求。"对古人以声色等方法养身，程颐并不感兴趣，他所关心的只有封建道德原则所起的作用。这位愚谷老人显然受理学浸染甚深，是从禁欲主义的立场来批判房中术的。当然，二程存理灭欲之说也包含了对封建统治者诤谏的成分，他们曾多次规劝封建帝王要"正心窒欲"，"防未萌之欲"，"人君当推己欲恶，知小民饥寒稼穑艰难"，[1] 等等。应该说这些话不无正确的因素，但收效甚微，封建帝王依然是追求女色，嗜欲无度。其原因就在于理学原本是为了维护纲常名教的，不可能真正触动封建统治者的利益。

元明两代医家中有不少人以程朱心欲之说作为病因病机以及治则的理论根据。朱震亨认为人之所以病皆因"情欲无涯"，力倡"正心、收心、养心"，要以"道心"整治"人心"。他说："朱子曰：必使道心常为一身之主，而人心每听命焉，此善处乎火者。人心听命乎道心而又能主之以静，彼五火之动皆中节。"[2] 以朱熹的治心之术来处理相火的妄动，所谓"相火"即为人欲的代名词。他又说："儒者立教曰：正心、收心、养心，皆所以防此火之动于妄也。"[3] 存

---

[1]《二程集·遗书卷第二十二上》，第 277 页；《文集卷第十一》，第 633 页；《外书卷第十二》，第 421 页。
[2]《格致余论·相火论》，第 42 页。
[3]《格致余论·房中补益论》，第 47 页。

养道德本心成为防病的有效手段，难免过分夸大了道德的作用。同样的内容在元太医忽思慧（1314—1376）《饮膳正要·养生避忌》中也有所反映。明代王文禄《医先》强调要"远房室，绝嗜欲"。[1] 李梴《医学入门·保养说》则说："若识透天年百岁分限年度，则事事循理，自然不贪、不躁、不妄，斯可以却病而尽天年矣。盖主于气，则死生念重而昏昧错杂，愈求静而不静；主于理，则人欲消亡而心清神悦，不求静而自静。"[2] 认为以理胜欲即可尽享天年。陈继儒（1558—1639）著有《养生肤语》一卷，其云："木与木相钻而火生，人与人相形而欲生，其理一也。人能勘破此理，每事抑损，惩其忿而窒其欲，则五气自平，六脉自和，延生必矣。"认为只要按照理学所规定的修养方法惩忿窒欲，即可延年益寿。又说："心为精主，意为气母，心驰意动，则精气随之行，故正心诚意为中心柱子。"[3] 这是依据朱熹"心是主宰于身者"与"理与气合"[4] 的观点，以正心诚意为养生的主要手段。明高濂《遵生八笺》一书，被当时人认为能"昭儒家功令"，[5] 其书中论及养心戒欲之说，既遵理学之旨，又杂佛老之言，比起上引各家来，显得较细致绵密。现摘其卷一《清修妙论笺》中数段论述于下：

──────────

〔1〕《医先》，第 5 页。
〔2〕《医学入门》卷首《保养说》，第 29 页。
〔3〕《养生肤语》，《三元延寿参赞书（外四种）》，第 7 页。
〔4〕《朱子语类》卷五，第 90、85 页。
〔5〕《遵生八笺·李时英叙》，《高濂集》第 1 册，第 63 页。

养得胸中无一物，其大浩然无涯。有欲则邪得而入之，无欲则邪无自而入。且无欲则所行自简。又觉胸中宽平快乐，静中有无限妙理。

一念之非即遏之，一动之妄即改之。一毫念虑杂妄，便当克去。志固难持，气固难养。主敬可以持志，少欲可以养气。

人若不以理制心，其失无涯。故一念之刻即非仁，一念之贪即非义，一念之慢即非礼，一念之诈即非智。此君子不可一念起差，至大之恶，由一念之不善，而遂至滔天。

不止之心，妄心也；不动之心，真心也。归心不动，方是自心。此是止息之义，故其文以自心为息。又曰：息者气也，自者从也，气从心起，故心住则息住，心行则息行。所以禅道二宗，以息心为最切要。

歆然之欲，憋然之忿，隐然之忧，皆逆道心，于身心有损。翛然自得，怡然自适，恬然自息，皆顺道心，于心为益。去彼取此，取之无斁。

防心为过，贪等为宗。

嗜欲连绵于外，心气壅塞于内，蔓衍于荒淫之波，留连于是非之境，鲜有不败德伤生者矣。[1]

围绕着"心""理""欲"，高濂确实花费不少笔墨，对人欲作了

---

[1]《遵生八笺》卷一，《高濂集》第1册，第71、83—84、85、102、122页。

细致区分，以为"欲""忿""忧"皆反道心。又引佛老之说指出"真心""妄心"之别，由"一念"之善恶反证以理制心的重要，强调嗜欲之危害，竟至要"养得胸中无一物"，"无欲则邪无自而入"，比起程朱"存天理，灭人欲"的主张，则更彻底，更接近佛老出世遁世的思想。当然，其与佛老仍有本质上的不同，讲究主敬持志，道心人心，应该说还是程朱理学的基本路数。

理学心欲观之所以被宋以后医家反复称引，固然与理学在思想上的统治地位有关，但在客观上也确实起到某些矫正时弊的作用，其反对享乐纵欲，不能说没有一点积极意义，然而它的负面影响更不容忽视。张岱年先生说："宋儒持理欲之辨，虽未一概否定饮食男女之欲，究竟制欲太甚，使所谓礼教成为严酷的。实有不少人，受礼教之束缚，不能达其可达之情，遂其当遂之欲，以至于郁抑而死。"[1] 程朱等人将封建礼教与人的生理欲望相互对立，使人的个体生命在礼教面前显得无足轻重。而医学则以治病救命活人为首要任务，在理学家看来不过是"小道""贱术"，朱熹就曾说过："小道，如农圃医卜之属。"[2] 在天理面前，医道不过是保身即存人欲而已，理学家自然就怀有一种轻蔑的态度来看待医道。这说明理学在医学发展上确曾起过不容低估的损害作用。由此亦可看到，试图从天理、人欲之辨中寻找养生的真谛，无异于缘木求鱼。尽管不少医者尚沉迷

---

〔1〕 张岱年：《中国哲学大纲》，第465页。
〔2〕《四书章句集注·论语集注卷十》，第188页。

其中，但更多的清醒者已经深察此说的虚妄，反对重心轻身，轻贱医学的错误观点。清章楠（生卒不详）在《医门棒喝·医称小道》中指出：

> 儒者治国，医者治身。治国为大，治身为小，而实有相须之道焉。若无格致诚正之学，则性理不明，而国不可治。无疗疾药石之方，则寿命不固，而身不能保。治国虽大，而保身犹先，无身，则谁为治？故尼山慎疾，而未达不敢尝，或亦有见于此乎！由是言之，则医之称小道者，非藐之也，以其实卫于大道而不可阙，故称小道，而与大道一源也。
>
> 奈何自朱子称医为贱役，世俗忘其为性命所系而轻贱之，惟富贵是重。至于性命既危，而富贵安保？[1]

虽然章楠对医称小道说尚有保留，但认为小道与儒家治国大道同出一源。治国固然重要，但须以保身为前提。并以孔子为例来说明医术不可轻视，《论语·乡党》："康子馈药，拜而受之。曰：'丘未达，不敢尝。'"[2] 因不懂药性，孔子就不擅自用药，可见孔子对保身也很重视。而朱熹却在《论语·子路》集注中谓医为"贱役"，[3] 而使世人追逐富贵而轻贱生命。章楠以孔子与朱熹来作鲜明对照，以表示对理

---

〔1〕《医门棒喝（初集医论）》卷四，第186—187页。

〔2〕《十三经注疏》，第5420页。

〔3〕《四书章句集注·论语集注卷七》，第147页。

学"治心灭欲"之说的强烈不满。章氏前后还有不少关于"治生""保身"的类似言论。如张介宾说："有大乐者，为吾有形"，[1] "为人不可不知医，以命为重也"，因此他再三强调"医非小道"。[2] 黄凯钧（1752—1820）说："医之为道，首重保生"。[3] 程国彭说："人身之贵，父母遗体"。[4] 但也多不敢公开斥责理学的心欲之说。

比起纯粹的儒医来说，明清之际的一些具有启蒙主义色彩的思想家则大不相同，他们用一种新的眼光、新的方法，大胆地批判理学的"存天理，灭人欲"思想，表现出较高的理论深度与学术勇气。他们在批判过程中所主张的"心主神明""理存于欲"等观点多与荀子、《内经》的心欲观暗合，并对孟子与《礼记》有关思想进行了深入的剖析，这在王夫之、戴震等人的言论中表现尤为突出。

首先，在心身关系上，王夫之不同意孟子的"大体""小体"之说，他指出："耳目之于心，非截然而有小大之殊。如其截然而小者有界，如其截然而大者有畛，是一人而有二体。"[5] 认为心与感官同为一体，有着共同的生理基础，不过是功能各有不同，他说："一人之身，居要者心也。而心之神明，散寄于五藏，待感于五官。肝、脾、肺、肾、

〔1〕《景岳全书》卷二《传忠录中》，第49页。
〔2〕《类经附翼》卷一《求正录》，《类经》，第683页。
〔3〕《友渔斋医话》第二种《橘旁杂论下卷》，第52页。
〔4〕《医学心悟》卷一《保生四要》，第4页。
〔5〕《尚书引义》卷四《洪范三》，《船山全书》第2册，第355页。

魂魄，志思之藏也，一藏失理而心之灵已损矣。无目而心不辨色，无耳而心不知声，无手足而心无能指使，一官失用而心之灵已废矣。"[1] 心虽高于感官，但其神明又散见于五脏，待感于五官。王夫之这里运用的生理心理知识明显来自《内经》。《内经》除了心主神明论外，尚有脏象五志说，认为"心藏神，肺藏魄，肝藏魂，脾藏意，肾藏志"，[2] "五脏者，所以藏精神魂魄者也"，[3] 某一脏器的损害直接影响到思维功能的正常发挥。王夫之正是借用这一理论来说明人的精神是离不开形体的，试图将两者加以割裂的说法都是站不住脚的。他强调说：

> 形也，神也，物也，三相遇而知觉乃发。故由性生知，以知知性，交涵于聚而有间之中，统于一心，由此言之则谓之心。[4]

形体、精神与客观外界相互作用才能产生认识，只有在三者"交涵于聚"的基础之上，心才能"有间于中"，实现其统一三者的功能。他认为心的作用只有通过言行才能表现出来，说："不发而之于视、听、言、动者，不可谓心也。何

---

〔1〕《尚书引义》卷六《毕命》，《船山全书》第 2 册，第 412 页。

〔2〕《黄帝内经素问·宣明五气》，第 104 页。

〔3〕《灵枢经·卫气》，第 95 页。

〔4〕《张子正蒙注》卷一《太和篇》，《船山全书》第 12 册，第 33 页。

也？不发而之于视、听、言、动，吾亦非无心也，而无所施其制。"[1] 没有形体的各种具体表现，就无法确定心的表现。为了进一步说明心即精神具有其根本的物质载体，王夫之认为心由某种特殊的气所构成："心者，湛一之气所含。湛一之气，统气体而合于一，故大；耳目口体成形而分有司，故小。"[2] 以湛一之气代替《内经》、张载的太虚之气，力图区别心与耳目等的区别，同时又说明气为心的本质属性。戴震的心论亦坚持了唯物主义气一元论，说："天下惟一本，无所外。有血气，则有心知；有心知，则学以进神明，一本然也。"[3] 这个"一本"就是阴阳五行之气，"是以人物生生，本五行阴阳"，具体到人则是有血气方有心知，意识活动是以血肉之躯为存在的物质基础。[4] 而神明即聪明智慧，是有生命有认识能力之活生生的人，经过后天学习而获得的，戴震说："就人言之，有血气，则有心知；有心知，虽自圣人而下，明昧各殊，皆可学以牖其昧而进于明。"这也是人与动物的本质区别："人之异于禽兽者，虽同有精爽，而人能进于神明也。"在他看来，人们的道德特质即包括在神明之中："神明之盛也，其于事靡不得理，斯仁义礼智全矣。故理义非他，所照所察者之不谬也。何以不谬？心之神明也"。因此他反对程朱等人在人性论上的二元论错误

---

[1]《尚书引义》卷三《仲虺之诰》，《船山全书》第2册，第289页。

[2]《张子正蒙注》卷三《诚明篇》，《船山全书》第12册，第124页。

[3]《孟子字义疏证》卷上，第19页。

[4]《原善》卷中，《孟子字义疏证》，第67—68页。

观点，说："程子、朱子见常人任其血气心知之自然之不可，而进以理之必然；于血气心知之自然谓之气质，于理之必然谓之性，亦合血气心知为一本矣，而更增一本。……如其说，是心之为心，人也，非天也；性之为性，天也，非人也。以天别于人，实以性为别于人也。人之为人，性之为性，判若彼此，自程子、朱子始。"〔1〕认为血气自然之心与道德意识同出一本，而程朱却将之"判若彼此"，导致了"二本"的谬误。戴震又认为程朱将心等同于理，实质上把血气之心与道德理性对立起来，起到欺世祸民的坏作用："程朱以理为'如有物焉，得于天而具于心'，启天下后世人人凭在己之意见而执之曰理，以祸斯民；更淆以无欲之说，于得理益远，于执意见益坚，而祸斯民益烈。岂理祸斯民哉？不自知为意见也。离人情而求诸心之所具，安得不以心之意见当之，则依然本心者之所为"。〔2〕这是说程朱所谓理或心，排斥人的血气情欲，是一种无人身的精神。如果人人皆本此心此理，就形成了一种背离人本性的偏见，造成"以理杀人"的恶果："于是辨乎理欲之分，谓'不出于理则出于欲，不出于欲则出于理'，虽视人饥寒号呼，男女哀怨，以至垂死冀生，无非人欲，空指一绝情欲之感者为天理之本然，存之于心。"〔3〕戴震的"这些批判不仅反映了时代的风

---

〔1〕《孟子字义疏证》卷上，第18、6、19页。
〔2〕《答彭进士允初书》，《孟子字义疏证》，第169页。
〔3〕《孟子字义疏证》卷下，第53页。

貌，也反映了心范畴发展过程中理性与感性重新结合的思想倾向"。[1]

其次，在心欲或理欲关系上，王夫之、戴震之前的陈确（1604—1677）已对程朱等人的"存理去欲"说发难，提出了"人欲即天理"的主张，他说："人欲不必过为遏绝，人欲正当处，即天理也。……学者只时从人欲中体验天理，则人欲即天理矣，不必将天理人欲判然分作两件也。……天理人欲分别太严，使人欲无躲闪处，而身心之害百出矣，自有宋诸儒始也。""欲即是人心生意，百善皆从此生，止有过不及之分，更无有无之分"，"真无欲者，除是死人"。[2] 他对"人欲"进行了正名，认为人欲是人生命的原动力，并非如理学所说是恶的，如从维系"人心生欲"来看，它恰恰应该说是善的。否定了人欲，实质上就是否定了活生生的人，因此陈确认为人欲是天理之本，而非相反。对过与不及的欲望只能进行调节，不能如佛老说的"无欲"、理学说的"灭欲"。王夫之与陈确的观点比较相似，他认为"有欲斯有理"，[3] "礼虽纯为天理之节文，而必寓于人欲以见"，[4] 即是说欲存则理存，理寓于欲之中。他肯定了欲之存在的合理性与积极意义，反对压制、禁灭人的欲望，说："倘以尽

_____

〔1〕 张立文：《心》，第 325 页。
〔2〕 《陈确集》，第 425、461、469 页。
〔3〕 《周易外传》卷二《复》，《船山全书》第 1 册，第 882 页。
〔4〕 《读四书大全说》卷八《孟子》，《船山全书》第 6 册，第 913 页。

己之理压伏其欲，则于天下多有所不通。"[1] "若教人养其大者，便不养其小者，正是佛氏真赃实据"，[2] "欲非已滥，不可得而窒"，[3] 将理学灭欲说与佛老相提并论，以斥其为"外道"，并认为只有欲到了过滥的程度，方可加以节制。反驳程朱理欲之辨最彻底的是戴震。他认为人之所以以天下为己任，积极用世，正因为有欲，如果"使其无此欲，则于天下之人，生道穷促，亦将漠然视之。己不必遂其生，而遂人之生，无是情也"，就会使人心如枯木死灰，成为一具行尸走肉，因此他认为"凡事为皆有于欲，无欲则无为矣"，有欲才能使人有所作为。这是对欲的高度评价，在当时实为惊世骇俗之论。戴震抨击程朱理欲之辨是十分尖锐的，说："此理欲之辨，适成忍而残杀之具，为祸又如是也。"戴震在理论上不仅能破而且能立，他提出了遂欲说与节欲说，指出：

> 人之生也，莫病于无以遂其生。欲遂其生，亦遂人之生，仁也。
>
> 凡出于欲，无非以生以养之事。
>
> 天理者，节其欲而不穷人欲也。是故欲不可穷，非不可有；有而节之，使无过情，无不及情，可谓非天理乎！[4]

---

[1] 《读四书大全说》卷四《论语》，《船山全书》第 6 册，第 642 页。
[2] 《读四书大全说》卷一〇《孟子》，《船山全书》第 6 册，第 1088 页。
[3] 《周易外传》卷三《损》，《船山全书》第 1 册，第 924 页。
[4] 《孟子字义疏证》卷上，第 8、9、11 页。

圣人之道，使天下无不达之情，求遂其欲而天下治。[1]

这里戴震认为遂欲达情则益于生，益于天下治，欲应该节，欲为生养之事等说法，明显可以看出是受到荀子、《内经》一系的心欲观很深影响的。近来已有学者指出"荀子的导欲说和明清时期的理欲统一论与现代理性有接合之点"，[2] 其接合点就在于遂欲说与节欲说。然而戴震仍标榜绍述孟子，其论节欲之说道："人有欲，易失之盈；盈，斯悖乎天德之中正矣。心达天德，秉中正，欲勿失之盈以夺之，故孟子曰'养心莫善于寡欲'。"[3] 实际上他是训"寡"为"节"，不过以尊崇孟子的名义，另立新说而已。在戴震之前已有一些医家这样做了，如明万全说："孟子曰：'养心莫善如寡欲。'寡之者，节之也，非若佛老之徒，弃人伦，灭生理也。构精者，所以续纲常也。寡欲者，所以养性命也。予常集广嗣纪要，一修德，二寡欲。然则寡欲者，其延龄广嗣之大要乎。"[4] 王文禄《医先》说："养生贵养气，养气贵养心，养心贵寡欲。寡欲以保元气，则形强而神不罢。"[5] 他们也都认为寡欲就是节制欲望，寡欲的目的则

─────────────────

〔1〕《与某书》，《孟子字义疏证》，第 174 页。
〔2〕姜广辉：《理学与中国文化》，第 323 页。
〔3〕《原善》卷中，《孟子字义疏证》，第 71 页。
〔4〕《万氏家传养生四要》卷一《寡欲第一》，第 3 页。
〔5〕《医先》，第 3 页。

在于养性命，在于保养元气，而使身体强壮、精力充沛，这和孟子所谓涵养道德的目的是大相径庭的。可以说戴震就是援引这种"明修栈道，暗度陈仓"的方法，强调养护人的血气之躯。当然，戴震也没有否定道德修养的重要性。

理学"存天理，灭人欲"的观点产生在封建专制制度已出现了某种危机的特定历史阶段，由于它的目的是为维护封建统治制度，所以从一开始它就具有某种虚伪性。像程朱等人并非不懂生理、心理知识，但作为封建制度的卫道士，他们只能是唯道德论者。这就造成了理学家的两重人格，鲁迅笔下那些满口仁义道德，满脑子男盗女娼的假道学形象，就是对理学末流的伪善所作的深刻揭露，也是对理学"存天理，灭人欲"观点的绝妙讽刺与无情嘲弄。

第九章

习静与主敬

　　理学的心性修养功夫，尚有"主静"与"主敬"两种持守方法。主静功夫主要为修习静坐，强调少思寡虑、清虚寂然，内心处于安静的状态。主敬功夫虽然在心态上与习静并无区别，但又要求以儒家的集义治心、操存涵养的道德修养为指归。在习静功夫上理学受佛道影响甚深，但为了区别于道教专以养生为务的立场，理学便有"主敬"之说，以《内经》的某些论述，作为主敬说的理论支撑点。然而由于"敬""静"两者在心态上的一致性，所以在理学后期又引起人们不同的理解和批评。

　　习静在先秦时期已经产生，多被用于强身延年，修养心性。老子有"营魄抱一""专气致柔""致虚极，守静笃"[1]

---

[1]《老子道德经注校释》，第22、35页。

的守一、虚静之说。庄子则有"吹呴呼吸，吐故纳新"，以及"心斋""坐忘"〔1〕等吐纳导引之术。孟子与老庄相比，虽也说"养气"，如"我善养吾浩然之气"，但掺入儒家伦理观念，"其为气也，配义与道；无是，馁也"（《孟子·公孙丑上》）。〔2〕老庄与孟子被认为是古代气功的开创者，但他们所言毕竟都语焉不详，具体从何处下手，后人并不清楚，致使众说纷纭。西汉时期成书的《内经》，提出了具体的气功方法，《素问·刺法论》说："肾有久病者，可以寅时面向南，净神不乱思，闭气不息七遍，以引颈咽气顺之，如咽甚硬物，如此七遍后，饵舌下津令无数。"〔3〕比较清楚地描述了"调心""调息""调身"的步骤。《内经》的气功方法是奠定在天人相应、阴阳五行、脏象经络以及病因、病机、诊法、治则等学说之上的，使之成为古代医学的重要组成部分。从东汉末到隋唐时期，佛教禅定之学也颇为流行。"禅"之义为"静虑"，指在寂静的心态下思虑；"定"即包括佛教所说各种方法所达到的各种深浅不一的寂定心境。佛家的坐禅、参禅也是一种习静功夫，据说能起到身轻心安、祛疾治病的作用，但其最终目的却是为了"了生死，入涅槃"的宗教信仰。道教气功与佛教禅定之学可谓平行发展，然而在炼养方法上内容更为复杂。在宋代以前，道教炼养学

---

〔1〕《庄子集释》卷六上《刻意》，第535页；卷二中《人间世》，第147页；卷三上《大宗师》，第284页。
〔2〕《十三经注疏》，第5840—5841页。
〔3〕《黄帝内经素问·遗篇》，第390页。

大致分为两个阶段。前一阶段从汉末至晋末，流行的炼养方法为守一、存思、守窍、辟谷、服气、导引等，并显示出理论上已具有初步规模。最早的道教经典《太平经》论述了守一、守一明、存思身中神、内照法等炼养方法，提出了精气神共为一神根的观点，强调天人为一整体。东汉末魏伯阳著《周易参同契》，熔《周易》、黄老为一炉，阐发了内外丹修炼的基本原理，被后世尊为"万古丹经王"。另外东晋魏华存《黄庭经》、葛洪（283—364）《抱朴子内篇》亦为道教炼养术名篇。后一阶段从晋末至五代，主要流行胎息、坐忘、内丹等炼养方法，出现了陶弘景（456—536）《养性延命录》、苏元朗《龙虎金液还丹通元论》、孙思邈《摄养枕中方》、司马承祯（647—735）《坐忘论》等一批气功养生学专著。这一阶段随着服用金石药物的外丹术的衰落，炼养精气神内丹术更为流行，"内丹"成为道教气功的代名词。围绕着道教长生成仙的宗旨，道教炼养方术多达三千余种，按卿希泰先生所说，道教气功的静功，主要有炼神、服气、存思、守窍、内丹五大类。[1] 道教炼养学对理学的影响甚大，理学从修养方法与哲学思想都对之进行了不同程度的吸取和借鉴。

宋代理学家倡言习静养气者，最早当推胡瑗。胡瑗说："人当先养其气，气完则精神全，其为文则刚而敏，治事则

---

〔1〕 卿希泰主编：《道教与中国传统文化》，第418页。

有果断。"〔1〕 认为养气可调摄身心，使得精神焕发，处事果断。周敦颐提出"主静无欲"说，《通书·圣学第二十》说："圣可学乎？曰：可。曰：有要乎？曰：有。请闻焉。曰：一为要。一者无欲也，无欲则静虚动直，静虚则明，明则通；动直则公，公则溥。明通公溥，庶矣乎!"〔2〕 强调学圣之要在于精神专"一"，排除各种欲望，而达到"静虚"状态。周氏此说与佛老关系甚密，其人常"与高僧道人跨松萝、蹑云岭……弹琴吟诗，经月不返"〔3〕 张载亦言"静"与"虚"，说："始学者亦要静以入德，至成德亦只是静。"〔4〕"虚心则无外以为累。……圣人虚之至，故择善自精。心之不能虚，由有物榛碍。……静者善之本，虚者静之本。"〔5〕 讲解虚静与成德择善之间的相互关系。明罗钦顺《困知记》卷二说："两程子、张子、朱子早岁皆尝学禅。"〔6〕 可见张载"虚静"说与禅定之学也不无关系。二程虽强调"主敬"之说，但也有一些修习静坐的言行。程颢曾说："性静者可以为学。"自己也常常"坐如泥塑人"。程颐"见人静坐，便叹其善学"。〔7〕 从二程习静的有关资料来

---

〔1〕《宋元学案》卷一《安定学案》，第38页。

〔2〕《周敦颐集》卷二，第31页。

〔3〕 蒲宗孟：《濂溪先生墓碣铭》，《全宋文》卷一六三一，第75册，第38页。

〔4〕《经学理窟·学大原下》，《张载集》，第284页。

〔5〕《张子语录·语录中》，《张载集》，第325页。

〔6〕《困知记》卷下，第44页。

〔7〕《二程集·外书卷第一》，第351页；《外书卷第十二》，第426、432页。

看，其受道教影响似乎更大些。《宋元学案·明道学案下》载："谢子（良佐）曰：'吾尝习忘以养生。'明道曰：'施之养生则可，于道有害。习忘可以养生者，以其不留情也，学道则异于是。'"[1] 所谓"习忘"，即修习坐忘之术。唐道士司马承祯《坐忘论》发挥庄子之说，以物我两忘、养和心灵为入手功夫。程颢认为习忘可排除情欲袭扰，因而有养生之功。又据《二程遗书》卷四载：有人论及导气之术，问程颢道："君亦有术乎?"大程答曰："吾尝夏葛而冬裘，饥食而渴饮，节嗜欲，定心气，如斯而已矣。"虽闪烁其词，却也泄露出一点"定心气"的"天机"。程颐静坐时闭目养气，旁若无人："游（酢）、杨（时）初见伊川，伊川瞑目而坐，二子侍立。既觉，顾谓曰：'贤辈尚在此乎? 日既晚，且休矣。'及出门，门外之雪深一尺。"犹如僧道存思入定，后被理学中人传为"程门立雪"的美谈。二程曾说："胎息之说，谓之愈疾则可。"[2] 所谓"胎息"，也是道教炼养功夫之一种，葛洪《抱朴子内篇·释滞》说："得胎息者，能不以鼻口嘘吸，如人在胞胎之中。"[3] 指炼气达到较高境界，犹如胎儿在母腹中没有外呼吸，只有内气潜行一样。程门高弟谢良佐曾受程颐"且静坐"的教诲，"用导引吐纳之

---

〔1〕《宋元学案》卷一四，第576页。
〔2〕《二程集·遗书卷第四》，第70页；《外书卷第十二》，第429页；《遗书卷第二下》，第49页。
〔3〕《抱朴子内篇校释》卷八，第149页。

术，非为长生如道家也，亦以助养吾浩然之气耳。气强，则胜事"。[1] 虽声言与道家的目的不同，却在功夫上一致，大谈"行一气法，名五元化气"。[2] 所谓"五元"，亦是道教气功用语，指人的肾心肝肺脾五脏。道教佚名著作《修真十书》卷一九有"肾吹气""心呵气""肝嘘气""肺呬气""脾呼气"，即指五元化气。二程甚至说："'命受于天'。或者服饵致寿，是天命而可增益也。"[3] 用道教"服饵"来增益儒家所说之"天命"，儒道互参之处格外明显。

但是，作为理学大师的二程兄弟，以孔孟道统正宗继承人自居，力言"倡圣学以示人，辨异端，辟邪说，开历古之沉迷"，因此又排击佛老，反对"主静"之说，反复申说习静之法不可"为道"。《二程遗书》卷二下中一段话颇具代表性，其云：

> 胎息之说，谓之愈疾则可，谓之道，则与圣人之学不干事，圣人未尝说着。若言神住则气住，则是浮屠入定之法。虽谓养气犹是第二节事，亦须以心为主。……今若言存心养气，只是专为此气，又所为者小。舍大务小，舍本趋末，又济甚事！[4]

---

〔1〕《宋元学案》卷二四《上蔡学案》，第 919—920 页。

〔2〕《上蔡语录》卷下，第 36 页。

〔3〕《二程集·粹言卷第二》，第 1259 页。

〔4〕《二程集·文集卷第十一》，第 640 页；《遗书卷第二下》，第 49—50 页。

认为道教的胎息、佛家的禅定可用于养生疗疾，但与"圣人之学"却判若两途，了不相涉。若专为养气调神则是"舍大务小，舍本趋末"，而应"以心为主"，以孟子"大体""小体"说与佛老抗衡。于是在传统儒学中拈出一个"敬"字来，以创"主敬"新说。但是以往儒家经典中"敬"字之义，仅为表现某种严肃恭敬的仪态，如《论语》所谓"居处恭，执事敬"（《子路》）、"言忠信，行笃敬"（《卫灵公》）、"敬事而信"（《学而》）〔1〕等等，未涉及心性修养方面。因此用主敬说代替主静说存在不少困难，其必须寻找一种既能与佛老导引、禅定相区别又能与儒家养身治心说相联系的理论来，以便突出理学的伦理本位立场。显然，二程找到了这一理论，尽管他们没有明言这一理论是什么，但从其主敬说的基本内容来看，很清楚是《内经》中的相关论述。他们用古代医学理论架设了一座从主静说到主敬说的桥梁，以此来"阐发心性义理之精微"，〔2〕试图使传统儒学的修养之说改换新貌。

当然，《内经》中也有与道家导引之术相似的论述，如《素问·异法方宜论》说"其治宜导引按跷"，将导引等作为治疗方法的一种。《素问·上古天真论》中又有"恬淡虚无，真气从之，精神内守，病安从来"，谈"虚"讲"无"显然是受老庄思想的影响。但是，《内经》的所谓功夫也有与道

---

〔1〕《十三经注疏》，第5448、5467、5336页。
〔2〕《宋元学案》卷一一《濂溪学案上》，第482页。

家不同之处。老庄讲养生主要是讲养气，如老子的"专气致柔，能婴儿乎"，庄子的"吹呴呼吸，吐故纳新"等，而《内经》则主张气血双养。《素问·调经论》说："人之所有者，血与气耳。"〔1〕从脏腑关系来详细分析的话，即为"中焦受气取汁，变化而赤，是为血"。血与气之间可以互相转化，《灵枢·营卫生会》说："营卫者精气也，血者神气也，故血之与气，异名同类焉。"营气化生为血，血又转变为神气，所以说血与气异名同类。在《内经》看来，血有形，气无形，在形态与作用上也各有不同，但二者在本质上有一致之处，即同为生命之本，因此《灵枢·本脏》说："人之血气精神者，所以奉生而周于性命者也。"并且还要"五脏坚固，血脉和调，肌肉解利，皮肤致密，荣卫之行，不失其常"，〔2〕只有这样，人才可能长寿。在先秦诸子中，唯有儒家将血与气并举，以论养生之道。如孔子说："少之时，血气未定，戒之在色；及其壮也，血气方刚，戒之在斗；及其老也，血气既衰，戒之在得。"（《论语·季氏》）〔3〕将人生三个阶段——少年、中年、老年都以气血的状况来显其生理变化："血气未足""血气方刚"和"血气既衰"。《内经》中也有类似表述，如说人生十岁"血气已通"、二十岁"血气始盛"等等，详见《灵枢·天年》，此不赘引。〔4〕由此

---

〔1〕《黄帝内经素问》，第56、3、230 页。
〔2〕《灵枢经》，第68、51、85、97 页。
〔3〕《十三经注疏》，第5479 页。
〔4〕《灵枢经》，第97 页。

可知，《内经》与儒家养生观有着相通之处。二程吸取了《内经》的上述思想，以表示自己的修身养心之说与佛老有别。他们认为，人的寿命长久是以气血并盛为根基的，"人有寿考者，其气血脉息自深，便有一般深根固蒂底道理"。又说："凡有血气之类，皆具五常。"将血气生命与仁义礼智信五常挂搭起来。《二程遗书》卷一八中有一段关于睡眠与养生关系的论述："人之有寤寐，犹天之有昼夜。阴阳动静，开阖之理也。如寤寐，须顺阴阳始得。问：'人之寐何也?'曰：'人寐时，血气皆聚于内，如血归肝之类'。"附注："今人不睡者多损肝。"〔1〕这里所谓血气养身、血归肝的说法直接来自《内经》，如《素问·五脏生成》中说："故人卧血归于肝，肝受血而能视，足受血而能步，掌受血而能握，指受血而能摄。"〔2〕当然，二程并非随意言说人的生理状况，而是为了说明儒学与释氏的不同："天有是理，圣人循而行之，所谓道也。圣人本天，释氏本心。"认为气血寤寐皆本于天之理，因此而为"道"，而佛家则以真如心为万化之本。二程又言魂魄以与道家别，说："魂只是阳，魄只是阴。魂气归于天，体魄归于地是也。如道家三魂七魄之说，妄尔。"〔3〕所谓三魂七魄，乃道教修炼之语："欲得通神，当

---

〔1〕《二程集·遗书卷第二下》，第54页；《遗书卷第二十一下》，第273页；《遗书卷第十八》，第198页。

〔2〕《黄帝内经素问》，第50页。

〔3〕《二程集·遗书卷第二十一下》，第274页；《遗书卷第十八》，第198页。

金水分形。形分则自见其身中之三魂七魄。"[1] 言当使清阳之气常居身中。二程仍以《内经》关于魂魄的说法予以鉴别。《二程遗书》卷四又说："医书有以手足风顽谓之四体不仁,为其疾痛不以累其心故也。夫手足在我,而疾痛不与知焉,非不仁而何?"[2] 手足风顽而疾痛不知,是因为气血流通不至的原因,二程描摹其状称之为"不仁"。而又因为可以触摸血脉的搏动,便联系到天地的生生之意,故程颢说"切脉最可体仁",认为可以得到"仁"的体验。由此可见,二程将医家的气血双养与儒家的道德之学紧密地挂靠在一起,意在为主敬说的建立做第一层的铺垫。

其次,二程吸取了《内经》的动静观。《素问·六微旨大论》说:"物之生从于化,物之极由乎变。变化之相薄,成败之所由也。故气有往复,用有迟速,四者之有,而化而变。"认为天地万物都处于运动变化之中。《素问·天元纪大论》又说:"动静相召,上下相临,阴阳相错,而变由生也。"进一步探讨了运动的不同形态。《内经》认为天人相应,因此运动也是贯穿生命活动的主线,说:"出入废,则神机化灭;升降息,则气立孤危。故非出入,则无以生、长、壮、老、已;非升降,则无以生、长、化、收、藏。"这是说人的生命靠着升降出入等具体的运动形式以维持生机;如果运动停止,生机也就息灭。所以《内

---

[1]《抱朴子内篇校释》卷一八《地真》,第 326 页。
[2]《二程集》,第 74 页。

经》不像道家强调"致虚极，守静笃"，而讲"志闲而少欲，心安而不惧，形劳而不倦，气从以顺，各从其欲，皆得所愿"[1]的静中有动、动中有静的养生之道。二程接受了《内经》的这些理论，曾对专以静坐养心的方法产生过怀疑。《二程粹言》卷二："或曰：'惟闭目静坐，为可以养心。'（程）子曰：'岂其然乎？有心于息虑，则思虑不可息矣。'"为了否定主静说，二程直截了当地说："言静则老氏之学也。"[2]周敦颐认为"太极本无极"[3]，以无极之"静"为太极之"动"的本体。二程为了反驳此说，援引《内经》以动为本的思想，以论证世界的本原是动而非静。程颐说："人说'复其见天地之心'，皆以谓至静能见天地之心，非也。《复》之卦，下面一画便是动也，安得谓之静？自古儒者皆言静见天地之心，唯某言动而见天地之心。"他明言"动而见天地之心"说不是来自儒家，却没说出自何典，但从前后承继关系来看，熟谙医道的二程明显受到《内经》的影响。二程并做了进一步发挥，强调运动的恒久性，说："天下之理，未有不动而能恒者也。动则终而复始，所以恒而不穷。凡天地所生之物，虽山岳之坚厚，未有能不变者也，故恒非一定之谓也，一定则不能恒矣。唯随时变易，乃常道也。"二程还阐发了《内经》中动静不相离的思想，说："静中便有动，动中自有静"，"冬至之前，天地闭塞，

---

〔1〕《黄帝内经素问》，第270—271、250、3页。
〔2〕《二程集》，第1255、1188—1189页。
〔3〕《周敦颐集》卷一《太极图》，第2页。

可谓静矣。日月运行，未尝息也，则谓之不动可乎？故曰动静不相离"，"动静无端，阴阳无始"，[1] 等等。二程动静互涵思想的提出，是对主敬说所作的第二层铺垫。

于是，二程在排击道家的坐忘与佛家的禅定的同时，提出了主敬说。他们认为"敬"虽然根源于天，但却是人的立身行事之本，说："诚者天之道，敬者人事之本。敬则诚。"以"诚"为本体，"敬"为功夫，即处世的行为准则。又说："君子之遇事，无巨细，一于敬而已。……然则执事敬者，固为仁之端也。提是心而成之，则笃恭而天下平矣。"即认为凡事皆主于敬，就会开启"仁"的善端。仁为儒家四德之首，二程的道德性命之说无不论及仁，主敬说当然也不例外。二程说：

> 医家以不认痛痒谓之不仁，人以不知觉不认义理为不仁，譬最近。
>
> 所以谓万物一体者，皆有此理，只为从那里来。"生生之谓易"，生则一时生，皆完此理。人则能推，物则气昏，推不得，不可道他物不与有也。人只为自私，将自家躯壳上头起意，故看得道理小了佗底。放这身来，都在万物中一例看，大小大快活。释氏以不知此，去佗身上起意思，奈何那身不得，故却厌恶；要得去尽

〔1〕《二程集·遗书卷第十八》，第 201 页；《周易程氏传卷第三》，第 862 页；《遗书卷第七》，第 98 页；《粹言卷第二》，第 1225 页；《粹言卷第一》，第 1181 页。

根尘，为心源不定，故要得如枯木死灰。然没此理，除
是死也。释氏其实是爱身，放不得，故说许多。譬如负
贩之虫，已载不起，犹自更取物在身。又如抱石沉河，
以其重愈沉，终不道放下石头，惟嫌重也。

孟子论四端处，则欲扩而充之；说约处，则博学详
说而反说约。此内外交相养之道也。[1]

认为人对于义理不加以融会贯通，就像气血不在人身内周流
运转一样，其表现都是"不仁"。人具生生之理，只要执
"敬"识"仁"便可"大小大快活"。但要将这人身放在万
物之中，而不可紧盯着一己"躯壳"，如此方有高的精神境
界。释家却要人厌恶人身、去尽尘根，搞得人"如枯木死
灰"，这是要人去死。究其实则是爱身怕死的表现，卸不掉
精神负担，坐禅入定又有何益！二程认为，孟子所说的养心
养身的内外交相养之道，可谓言简意赅。因而唯有仁者方可
长寿，其"气血脉息自深"。在二程看来，气血旺盛与道德
纯粹是一而二、二而一的关系。就是说，尽管"敬"与
"静"同属于心身修养的范围，但理学认为二者有本质上的
差别：佛老如槁木死灰似的静坐，目的在于出世遁世。二程
认为气血旺盛与道德纯粹方可用世，所以只可说"敬"而不
须说"静"。朱熹曾发挥过这一观点，说："如何都静得！有

[1]《二程集·遗书卷第十一》，第127页；《遗书卷第四》，第73页；《遗
书卷第二上》，第33—34页。

事须着应。人在世间，未有无事时节；要无事，除是死也。自早至暮，有许多事。不成说事多挠乱，我且去静坐。敬不是如此。若事至前，而自家却要主静，顽然不应，便是心都死了。无事时敬在里面，有事时敬在事上。有事无事，吾之敬未尝间断也。"[1] 就是说儒者必须置身于世间的各种事物之中，无事时气血双养，有事时主动应付。

二程的主敬说还包括"敬该动静"的重要内容。二程说："敬则自虚静，不可把虚静唤做敬。居敬则自然行简，若居简而行简，却是不简，只是所居者已剩一简字。"又说："才说静，便入于释氏之说也。不用静字，只用敬字。才说着静字，便是忘也。"即认为尽管"敬"能导致"虚静"，但"敬"绝非就等于"虚静"。"虚静"不过是"敬"引起的一种后果。如果以"静"为修养之本，就与佛老提倡的静寂虚无说划不清界限。周敦颐也曾以佛老的"主静"说为修养之本，二程这里批评的当然也包括他在内。为了确立理学的修养说，二程吸取了《内经》的有关思想认识，提出"要于动中求静"的观点。程颢在其著名的《定性书》中说：

所谓定者，动亦定，静亦定，无将迎，无内外。

即是说要持守儒家节操，就不能把"动"与"静"割裂开来，也不能将心与事事物物分作"内"与"外"；"定性"

---

[1]《朱子语类》卷一二，第212—213页。

既不必与外界隔绝，更不能单靠"虚静"，因为一动一静皆在涵养之中，也正是在纷纷扰扰的日常事务中磨炼，方可求得镇定自若的真正静的境界，这样就能够"虽热不烦，虽寒不栗，无所怒，无所喜，无所取，去就犹是，死生犹是，夫是之谓不动心"。这种情形又被称作"主一"，二程说："敬有甚形影？只收敛身心便是主一。且如人到神祠中致敬时，其心收敛，更着不得毫发事，非主一而何？"就是说"收敛身心"虽为"静"，但心中常要有"一"主宰者，"一"即义理，亦即"动"。程颐又说："学者先务，固在心志。有谓欲屏去闻见知思，则是'绝圣弃智'；有欲屏去思虑，患其纷乱，则是须坐禅入定。如明鉴在此，万物毕照，是鉴之常，难为使之不照。人心不能不交感万物，亦难为使之不思虑。若欲免此，唯是心有主。如何为主？敬而已矣。"[1] 他认为，释老所谓"欲屏去闻见知思"是不可能的，人心不可能不交感万物，不可能不思虑，但又要使纷念杂思之类不生，所以就需要"是心有主"，这个"主"还是指儒家的伦理道德观念之类。

"敬"的基本内容除了内心的涵养与义理的栽培之外，二程认为还有仪表仪态方面的修养，像"俨然正其衣冠，尊其瞻视，其中自有个敬处"，"但惟是动容貌、整思虑，则自然生敬"，"严威俨恪非持敬之道，然敬须自此入"，等等，

---

[1] 《二程集·遗书卷第十五》，第 157 页；《遗书卷第十八》，第 189 页；《文集卷第二》，第 460 页；《遗书卷第二十五》，第 321 页；《外书卷第十二》，第 433 页；《遗书卷第十五》，第 168—169 页。

总之是指人外貌上的整齐严肃之类。二程进而对主敬说又做了多方面的阐扬，如说："识道以智为先，入道以敬为本。……敬为学之大要"，"涵养须用敬，进学则在致知"，"学者不必远求，近取诸身，只明人理，敬而已矣，便是约处"，等等。"敬"既是个人修养的方法，又是进学的途径，还是安邦定国的神策，程颐说："圣人修己以敬，以安百姓，笃恭而天下平。惟上下一于恭敬，则天地自位，万物自育，气无不和。"程颢则将"敬"推广到天地之间，说："天地设位而易行乎其中，只是敬也，敬则无间断。"[1] 连整个宇宙也弥漫着"敬"，可谓将其抬高到无以复加的地步。

二程的主敬说应该说具有一定的合理因素，比如以动为本，动中求静，反对佛道两家遗世忘形、羽化登仙的消极人生态度等等。但是主敬说仍属于反观内省的精神修养方法，二程所谓"学者须是将敬以直内，涵养此意，直内是本"，强调体认内心的道德本原。所以说二程并没有将其以动为本的思想贯彻始终，也未能与佛老主静之说划清界限，虽然主敬有其外在的行为表现，但不过是内心道德涵养功夫的外化，因此当其谈及"敬""静"之间的区别时也感到十分为难，说："谓之静则可，然静中须有物始得，这里便是难处。学者莫若且先理会得敬，能敬则自知此矣。"实质上这就是

---

〔1〕《二程集·遗书卷第十八》，第185页；《遗书卷第十五》，第149页；《粹言卷第一》，第1183页；《遗书卷第十八》，第188页；《遗书卷第二上》，第20页；《遗书卷第六》，第81页；《遗书卷第十一》，第118页。

说"静"中若有义理即为"有物"，便是"敬"，而"敬"则是心中以义理主宰着的"静"。其差别就在于一个"有物"，一个"无物"，即是否恪守封建道德原则。二程强调"思无邪，无不敬"，"中理在事，义在心内"，"养心莫大乎理义"，[1] 其用意尽在于此。所以"敬""静"虽在义理上不同，但从修持功夫上看却有着一致之处，与佛老之说自然难脱干系。叶适曾针对这一问题说："程、张攻斥老佛至深，然尽用其学而不知者。"[2] 明代医家万全则说："慎动者，吾儒谓之主敬，老氏谓之抱一，佛氏谓之观自在，总是慎独工夫。"[3] 颜元亦说："静、敬二字，正假吾儒虚字面，做释氏实工夫。"[4] 可见二程主敬说在理论上虽有一些新的见解，但仍然受到佛老主静说的一定影响。

当然，从另外一方面来说，佛老的习静功夫还是起到某种摄生延寿的作用，二程等人不仅承认这个事实，而且也都有这方面的修持记载。尤其是道教这个"唯一并不极度反科学的神秘主义体系"，[5] 与传统医学有着非常密切的关系。道教成立之后，即把《内经》奉为道典，《道藏》太玄部就收入《内经》类著述六种以及《难经》等医著。中医的基

---

〔1〕《二程集·遗书卷第十五》，第 149 页；《遗书卷第十八》，第 201—202 页；《遗书卷第二上》，第 20 页；《遗书卷第十八》，第 206 页；《粹言卷第一》，第 1188 页。
〔2〕《习学记言序目》卷五〇，第 751 页。
〔3〕《万氏家传养生四要》卷二《慎动第二》，第 13 页。
〔4〕《四书正误》卷六《朱子语类评》，《颜元集》，第 255 页。
〔5〕李约瑟：《中华科学文明史》（第 1 卷），第 92 页。

本理论如天人相应观、阴阳五行说、脏象经络、营卫气血等观点，大多为道教炼养学所承袭与发挥。因此像导引、胎息、存思、服气以及内丹等气功方法，皆以《内经》人体生命理论作为指导。比如兴盛于隋唐时期的内丹学，即依照中医的脏象学说，把心作为汞、火，把肾当作铅、水，使心肾之气在体内交媾，结成金丹，以期延年益寿。道教信仰长生不死的神仙说，千方百计地延长人的生命成为其一项重要使命。而儒家自古以来就有"五福寿为先"的说法，并将获得"福禄寿"视为人生最高理想，这就是道教炼养术之所以能与理学修养论互相出入的原因之一。

作为一代儒宗的朱熹，比他的前辈显得更倾心于道教炼养术。朱熹曾化名"崆峒道士邹䜣"，撰《周易参同契考异》，悉心揣摸内丹功夫，并在书中称"异时每欲学之，而不得其传，无下手处"。[1] 朱熹认为静坐是入学的基础，说："始学工夫，须是静坐。静坐则本原定，虽不免逐物，及收归来，也有个安顿处。"又说："用半日静坐，半日读书，如此一二年，何患不进！""须是静，方可为学。"朱熹又认为静坐对于"穷理""临事"有益处，他说："心平气定，见得道理渐次分晓"，所以，"能存心，而后可以穷理。……穷理以虚心静虑为本"。他认为闲时静坐，临事则有力，因精神焕发之故，"心于未遇事时须是静，及至临事方用，便有气力。如当静时不静，思虑散乱，乃于临事，已

───────────────

[1]《答袁机仲》，《全宋文》卷五五〇三，第245册，第411页。

先倦了。……闲时须是收敛定，做得事便有精神"。[1] 随着年龄的增加，朱熹更感到静坐的必要。他说："中年以后，气血精神能有几何？不是记故事时节。熹以目昏，不敢着力读书，闲中静坐，收敛身心，颇觉得力。"[2] 又说："某今年顿觉衰惫异于常时，百病交攻，支吾不暇，服药更不见效，只得一两日静坐不读书，则便觉差胜。"[3] 朱熹因目昏体衰，服药无效，习静却有好转，便自以为深有体会，于是作了一首充满道教气息的《调息箴》以警世人。其云："鼻端有白，我其观之。随时随处，容与猗移。静极而嘘，如春沼鱼。动极而翕，如百虫蛰。氤氲开辟，其妙无穷。孰其尸之，不宰之功。云卧天行，非予敢议。守一处和，千二百岁。"[4] 调息为道教炼养术中收心止念的功夫，陈抟《指玄篇》说："但能息息皆相顾，换尽形骸玉液流。"[5] 朱熹对此揣摸颇透，认为"其妙无穷"。箴中"守一处和"典出《云笈七签》卷六一《五厨经气法》，该书说："得一者，言内存一气以养精神，外全形生以为车宅，则一气冲用，与身中泰和和也。"[6] 朱熹认为习得此法可活"千二百岁"，这更是道教的长生成仙说的翻版。据《朱子语类》载，朱熹在

---

〔1〕《朱子语类》卷一二，第 217 页；卷一一六，第 2806、2790 页；卷一一，第 178 页；卷九，第 154—155 页；卷一二，第 218 页。

〔2〕《答潘叔昌》，《全宋文》卷五五三一，第 247 册，第 52 页。

〔3〕《与林井伯》，《全宋文》卷五六一二，第 250 册，第 169 页。

〔4〕《全宋文》卷五六六〇，第 252 册，第 170 页。

〔5〕《指玄篇》，第 56 页。

〔6〕《云笈七签》卷六一，第 1357 页。

回答"神仙之说有之乎"的提问时说："谁人说无？诚有此理。只是他那工夫大段难做，除非百事弃下，办得那般工夫，方做得。"[1] 认为只要专事修炼，神仙可至。由此可见企求长生的愿望在他心目中占有何等高的地位。

但是以伊洛正宗传人自居的朱熹，却又不能不高扬二程的主敬说，他说："程先生所以有功于后学者，最是敬之一字有力。人之心性，敬则常存，不敬则不存。"又说："敬字工夫，乃圣门第一义，彻头彻尾，不可顷刻间断。"因此他又站在儒家正统立场上，挑剔佛道习静功夫的毛病了，说："今虽说主静，然亦非弃事物以求静。既为人，自然用事君亲，交朋友，抚妻子，御僮仆。不成捐弃了，只闭门静坐，事物之来，且曰候我存养。又不可茫茫随他事物中走。二者须有个思量倒断始得。"以儒家的纲常伦理与入世精神来批评佛道的"弃事物"，所以他认为释老只有上半截，没有下半截。朱熹于是依照二程"敬该动静"的提法，指出一条"内外合一"的修养途径。所谓"内"就是"敬只是常惺惺法，所谓静中有个觉处"，"敬便精专，不走了这心"，"持敬是穷理之本。究得理明，又是养心之助"。即谓内心虽然安静，但却常存个"天理"。所谓"外"就是"坐如尸，立如齐，头容直，目容端，足容重，手容恭，口容止，气容肃，皆敬之目也"，就是要有一副"整齐严肃，严威俨恪"[2]

----

〔1〕《朱子语类》卷四，第80页。
〔2〕《朱子语类》卷一二，第210、218页；卷六二，第1503页；卷一○，第168页；卷九，第150页；卷一二，第212、211页。

的仪态。总之主敬就是要做到内无妄思，外无妄动。在朱熹看来，只要按照这种"内外合一"的方法进行操存涵养，即可实现成圣成贤的理想人格，达到"天人合一"的理想境界，实际上却显得呆板迂腐，矫揉造作，"其结果是，使人循规蹈矩，谨小慎微，束缚了人的个性发展和创造精神"。[1]

陆王心学因此认为主敬说是一种"死工夫"，多采取不赞同的态度，如陆九渊就说："'持敬'字乃后来杜撰。"意思是其不见于儒家经典。所以心学一派更倾向于佛老的主静功夫。陆九渊说："学者能常闭目亦佳。"门人詹阜民遂学静坐，"夜以继日，如此者半月。一日下楼，忽觉此心已复澄莹"。[2] 另一门人张元度"笃志于学，夜则收拾精神，使之于静"。[3] 还有一位赵彦肃"因论太极不契，愤闷忘寝食，遂焚平昔所业数箧，动静体察工夫，无食息闲"。[4] 其中也有因下手处偏，而走火入魔导致精神失常的。从而也招来一些议论，朱熹认为陆门的修养方法是"不读书，不求义理，只静坐澄心"，[5] 陈淳也说："象山教人终日静坐，以存本心，无用许多辨说劳攘"，"专做打坐工夫"。[6] 然而心学

---

〔1〕蒙培元：《理学范畴系统》，第 409 页。

〔2〕《陆九渊集》卷一，第 3 页；卷三五，第 471 页。

〔3〕杨简：《与张元度》，《全宋文》卷六二二〇，第 275 册，第 91 页。

〔4〕杨简：《复斋先生赵彦肃行状》，《全宋文》卷六二四一，第 276 册，第 26 页。

〔5〕《朱子语类》卷五二，第 1264 页。

〔6〕《宋元学案》卷五八《象山学案》，第 1918 页；卷七四《慈湖学案》，第 2478 页。

的主静功夫至明代则更进一步得到发扬。陈献章作为明代心学的先驱尤重静坐，他说："有学于仆者，辄教之静坐。"其受佛老影响较大，在《赠世卿》诗中说："元神诚有宅，灏气亦有门。神气人所资，孰谓老氏言？下化囿其迹，上化归其根。至要云在兹，自余安足论！"又如《真乐吟效康节体》一诗说："真乐何从生，生于氤氲间。氤氲不在酒，乃在心之玄。行如云在天，止如水在渊。静者识其端，此生当乾乾。"涵养元神真气，皆道教炼养语言，陈献章认为这是习静者所寻求的端的，因此要一生"乾乾"。陈献章又说："舍彼之繁，求吾之约，惟在静坐，久之，然后见吾此心之体隐然呈露，常若有物。"还说："为学须从静坐中养出个端倪来，方有商量处。"[1] 这种以静坐而使心体呈露的功夫，与道教"明心见性"说也不无关系，宋道士张伯端《青华秘文》有"心静则神全，神全则性现"[2] 之语，两者同样都属于神秘主义的心理体验。王阳明与道教内丹学有不解之缘。他十七岁开始跟南昌铁柱宫道士修习丹术，如醉如痴。据其《年谱》卷一载："因闻养生之说，遂相与对坐忘归"，连要行合卺大礼之事也忘得一干二净。至三十一岁时"告病归越，筑室阳明洞中，行导引术。久之，遂先知。一日，坐洞中，友人王思舆等四人来访，方出五云门，先生即命仆迎之，且历语其来迹。仆遇诸途，与语良合。众惊异，以为得

---

〔1〕《陈献章集》卷二，第 145 页；卷四，第 300、312 页；卷二，第 145、133 页。

〔2〕《悟真篇浅解（外三种）》，第 229 页。

道。"竟获得了道教经常宣扬的"预知"本领,可谓神乎其神。一直到五十岁,也就是揭示"致良知"之教的那年,他在与学生陆澄讨论养生的信中仍说:"元静(即陆澄)所云'真我'者,果能戒谨恐惧而专心于是,则神住、气住、精住,而仙家所谓长生久视之说,亦在其中矣。"[1] 王阳明一生多灾多病,尚能活到近花甲之年,据说得益于内丹之处甚多。其所著《传习录》一书被列入古代著名气功书籍之中,[2] 道教内丹所言精、气、神三宝,被王阳明所反复探讨。如《传习录》上载:"问仙家元气、元神、元精。先生曰:'只是一件:流行为气,凝聚为精,妙用为神。'"又如《传习录》中载:"来书云'元神、元气、元精,必各有寄藏发生之处,又有真阴之精、真阳之气'云云。夫良知一也,以其妙用而言谓之神,以其流行而言谓之气,以其凝聚而言谓之精,安可以形象方所求哉?真阴之精,即真阳之气之母;真阳之气,即真阴真精之父;阴根阳,阳根阴,亦非有二也。"[3] 这里精气神三位一体之说采自于内丹学,《玉清金笥青华秘文金宝内炼丹诀》说:"元神见而元气生,元气生则元精产。"[4] 亦是指精气神互依互存。阳明弟子王畿论神气关系说:"人之所以为人,神与气而已矣。神为气之主宰,气为神之流行。神为性,气为命。良知者,神气之

---

〔1〕《王文成公全书》卷三二,第 1388、1392 页;卷三三,第 1459 页。
〔2〕参见林乾良、刘正才编著:《养生寿老集(第 2 版)》,第 96 页。
〔3〕《王文成公全书》卷一,第 25 页;卷二,第 77 页。
〔4〕《悟真篇浅解(外三种)》,第 232 页。

奥，性命之灵枢也。良知致，则神气交而性命全，其机不外于一念之微。"认为神尤具主宰之能，所以炼神即对意念的把握，是为与道同体的枢要。这里借鉴了内丹学"炼神还虚"之说，以论儒家的心性修养之道。另一弟子朱得之直接用内丹理论来论养生，他说："人之养生，只是降意火。意火降得不已，渐有余溢，自然上升，只管降，只管自然升，非是一升一降相对也。降便是水，升便是火，《参同契》'真人潜深渊，浮游守规中'，此其指也。"又说："金者至坚至利之象，丹者赤也，言吾赤子之心也。炼者，喜怒哀乐，发动处是火也。喜怒哀乐之发，是有物牵引，重重轻轻，冷冷热热，锻炼得此心端然在此，不出不入，则赤子之心不失。久久纯熟，此便是丹成也。故曰：'贫贱忧戚，玉汝于成。动心忍性，增益不能。'此便是出世，此是飞升冲举之实。……大人之心，常如婴儿，知识不逐，纯气不散，此所以延年者在是，所以作圣者在是，故曰：'专气致柔如婴儿，清明在躬，志气如神。'"[1] 这种动心忍性的修养功夫，也很明显是从内丹学移植而来。另外像泰州学派的罗汝芳以及林兆恩、罗侨、高攀龙、刘宗周、郝敬、杨东明、胡直等王门或王门以外的儒者皆修习内丹功法，以求养生延年，涵养德性。

但是，心学中人虽热衷于习静养气，仍认为儒学高于佛老，如王阳明说："吾亦自幼笃志二氏，自谓既有所得，

---

〔1〕《明儒学案》卷一二，第255页；卷二五，第587—588页。

谓儒者为不足学。其后居夷三载，见得圣人之学若是其简易广大，始自叹悔错用了三十年气力。"又说："仙家说到虚，圣人岂能虚上加得一毫实？佛氏说到无，圣人岂能无上加得一毫有？但仙家说虚，从养生上来；佛氏说无，从出离生死苦海上来，却于本体上加却这些子意思在，便不是他虚无的本色了，便于本体有障碍。"〔1〕就是说佛老崇尚虚无，心学并不反对，但是二氏未能从本体上立论，则被心学家视为肤浅粗疏。陆、王宣扬"吾心即宇宙，宇宙即吾心"的主观唯心主义，这在心学中人神秘的心理体验中也有所反映。例如：

陆九渊弟子杨简"尝反观，觉天地万物通为一体，非吾心外事。……观书有疑，终不能寐，曈曈欲晓，洒然如有物脱去，此心益明"。〔2〕

王阳明在龙场悟道，"日夜端居澄默，以求静一。久之，胸中洒洒。……因念，圣人处此更有何道？忽中夜大悟格物致知之旨，寤寐中若有人语之者，不觉呼跃，从者皆惊。始知圣人之道，吾性自足，向之求理于事物者误也"。〔3〕

阳明弟子聂豹，嘉靖时曾入诏狱，"狱中闲久静极，忽见此心真体，光明莹彻，万物皆备。乃喜曰：'此未发之中也，守是不失，天下之理皆从此出矣。'及出，与来学立静

〔1〕《王文成公全书》卷一，第46页；卷三，第131页。
〔2〕《宋元学案》卷七四，第2466页。
〔3〕《王文成公全书》卷三二，第1396页。

坐法，使之归寂以通感，执体以应用"。[1]

明儒罗洪先因长时期练习夜坐功夫，体会到"当极静时，恍然觉吾此心中虚无物，旁通无穷，有如长空云气流行，无有止极；有如大海鱼龙变化，无有间隔。……往古来今，浑成一片，所谓无在而无不在。吾之一身，乃其发窍，固非形质所能限也"。[2]

主讲过东林书院的高攀龙曾于舟中厚设薜席，严立规程，以半日静坐，半日读书，其"倦极而睡，睡觉复坐……心气清澄时，便有塞乎天地气象……又如电光一闪，透体通明，遂与大化融合无际，更无天人内外之隔。至此，见六合皆心，腔子是其区宇，方寸亦其本位，神而明之，总无方所可言也"。[3]

另外，像胡直静坐六月，"一日，心思忽开悟，自无杂念，洞见天地万物皆吾心体，喟然叹曰：'予乃知天地万物非外也。'"蒋信"至道林寺静坐，久之，并怕死与念母之心俱断。一日，忽觉洞然宇宙，浑属一身，乃信明道'廓然大公无内外'是如此，'自身与万物平等看'是如此"。刘宗周"日来静坐小庵，胸中浑无一事，浩然与天地同流，不觉精神困惫"。[4]

---

[1]《明儒学案》卷一七，第 370 页。
[2]《明儒学案》卷一八，第 400 页。
[3]《明儒学案》卷五八，第 1400—1401 页。
[4]《明儒学案》卷二二，第 521 页；卷二八，第 627 页；卷六二，第 1548 页。

上述这些神秘的心理体验，据现代一些研究认为是大脑处于一种特殊状态（即所谓"气功态"）下所产生的幻觉。这种幻觉根据人各方面具体情况的不同而有各种不同景观，据说现代人多有蓝天、大海、鲜花、草地之类情景闪现。[1]而以上这些宋明儒者的习静幻觉虽不尽相同，但都表现出对心学理论的某种大悟大彻，像与天地浑然一体、心包万物、六合皆心等幻觉的出现，和他们长期受到心学思想的教育和熏陶有关。当然，把某种主观感觉或心理体验作为客观世界的实际，无论是心学或是内丹都是极其荒诞的，这一点毋庸置疑。[2]

明代医学受道教炼养之学的影响也是很深的。《养生四要》的作者万全重视主静功夫，说："人之学养生，曰打坐，曰调息，正是主静工夫。但到打坐、调息时，便思要不使其心妄动，妄动则打坐、调息都只是搬弄，如何成得事。"这是强调内心平静。他认为胎息为炼养工夫中之要道，"养生之诀云：调息要调真息。真息者，胎息也。儿在胎中，无呼无吸，气自转运。养生者，呼吸绵绵，如儿在胎之时，故曰胎息"。[3]李时珍对道教内丹术也颇有研究，他在《奇经八脉考》中说："任督二脉，人身之子午也，乃丹家阳火阴符

---

〔1〕参见焦国瑞：《谈谈练气功时的"幻觉"问题》，《哈尔滨中医》1963年第2期。
〔2〕参见拙文《道教内丹学与王阳明"致良知"说》，《论浙东学术》，第170—175页。
〔3〕《万氏家传养生四要》卷二《慎动第二》，第17、20页。

升降之道，坎水离火交媾之乡。……人能通此二脉，则百脉皆通。……鹿运尾闾，能通督脉，龟纳鼻息，能通任脉，故二物皆长寿。此数说，皆丹家河车妙旨也。"所谓"河车"为内丹术语，指人体的"元阳""真气"。在此文中他还提出"内景隧道，惟返观者能照察之"[1] 的名言，以为善存思者可内视脏腑经络。高濂《遵生八笺》论说炼养则直接征引道书。如说："《玄关秘论》曰：无心于事，则无事于心。故心静生慧，心动生昏。"[2] 又说："《真仙直指》曰：'清静二字，清谓清其心源，静谓静其气海。心源清，则外物不能挠，性定而神明；气海静，则邪欲不能作，精全而腹实。'"[3] 认为心清气静则神明腹实，身心交泰。另外，像杨继洲的《针灸大成》、王肯堂的《六科证治准绳》、傅仁宇的《审视瑶函》、龚居中的《红炉点雪》、曹元白的《保生秘要》、李中梓的《医宗必读》等书，或论抱元守一，或言存想任督二脉，或称精、气、神为人之三奇，皆引用道教内丹。当然，医家采用道教炼养理论只是将其作为祛病健身的手段，既不像道书中那样奢谈登真成仙，也不像陆王等人那样要寻找一个先验的道德本体。

至清初，颜元及其弟子李塨、王源等人尚"动"，强调"实"与"习"，对程朱陆王的"敬""静"二说作了切中肯綮的批评。颜元说："敬字字面好看，却是隐坏于禅学处。

〔1〕《奇经八脉考》，《濒湖脉学奇经八脉考》，第62—63、52页。
〔2〕《遵生八笺》卷二，中国医药科技出版社2021年版，第52页。
〔3〕《遵生八笺》卷二《清修妙论笺》，《高濂集》第1册，第134页。

古人教洒扫，即洒扫主敬；教应对进退，即应对进退主敬；教礼乐射御书数，即度数、音律、审固、磬控、点画、乘除莫不主敬。故曰'执事敬'，故曰'敬其事'，故曰'行笃敬'，皆身心一致加功，无往非敬也。若将古人成法皆舍置，专向静坐、收摄、徐行、缓行处言主敬，乃是以吾儒虚字面做释氏实工夫，去道远矣。"[1] 认为"敬"当用于实地做事，专一于事功实业，非如老僧入定，仅以收敛身心为"敬"。颜元虽亦言"敬"，其内涵已与程朱陆王所谓"敬"大不相同。颜元认为人应该研究农、工、商、医等实际学问，"今世之儒，非兼农圃，则必风鉴、医、卜，否则无以为生"，[2] "博学之，则兵、农、钱、谷、水、火、工、虞、天文、地理，无不学也"，[3] 而"后儒既无其业，而有大言道德，鄙小道不为，真如僧道之不务生理者矣"，[4] 指斥那些专言道德性命、无所事事的"后儒"犹如僧道一样脱离实际生活。显然，颜元对高栖遁逸、游心于淡漠的佛老之徒也是甚为不满的，他指出："佛道说真空，仙道说真静。不惟空也，并空其空，故《心经》之旨，无无明，亦无无明尽。不徒静也，且静之又静，故《道德经》之旨，牝矣又玄，玄矣又屯屯。吾今以实药其空，以动济其静。"[5] 佛

---

〔1〕《存学编》卷四《性理评》，《颜元集》，第 91 页。
〔2〕《颜习斋先生言行录》卷下《学问》，《颜元集》，第 695 页。
〔3〕《四书正误》卷二《中庸》，《颜元集》，第 369 页。
〔4〕《颜习斋先生言行录》卷下《学问》，《颜元集》，第 695 页。
〔5〕《存人编》卷一《唤迷途》，《颜元集》，第 125 页。

老的"空"与"静"玄虚空疏，曾引动朱陆诸人的倍加尊崇，然颜元以一"实"一"动"即击中其要害。颜元一反重文轻武之旧俗，强调人应该有一个健全的体魄，而自己以身作则，身体力行，已过花甲之年仍"教弟子舞，举石习力"。[1] 他认为体能运动是强身强国之本，说："养身莫善于习动"，[2] "一身动则一身强，一家动则一家强，一国动则一国强，天下动则天下强"，[3] 并认为格物之说为"物即三物之物，格即手格猛兽之格，手格杀之格"，[4] 可谓勇武之气溢于言表。但他并未完全否定静功，尝以"端坐功"配合动的锻炼。颜氏弟子皆效法其师，李塨"躬耕善稼穑，虽俭岁必有收，而食必粢粝"，[5] 其亦视文弱书生为无用，"而至于扶危定倾，大经大猷，则拱手推之粗悍豪侠。其自负直接孔孟者，仅此善人、书生之学而已"。[6] 另一弟子王源则说："合体用、经权、文武，为明亲一致之功，何德不可就？何治不可兴？何乱不可除？而三代之盛何不可以再见乎?"[7] 颜元一派批判宋明理学的空疏无用，强调经世致用，在当时确有振聋发聩、匡正时弊的启蒙意义，但其中也不免有一些激愤之语，偏颇之处，如其轻视对理

---

〔1〕《颜习斋先生年谱》卷下，《颜元集》，第778页。

〔2〕《颜习斋先生言行录》卷上《学人》，《颜元集》，第635页。

〔3〕《颜习斋先生言行录》卷下《学须》，《颜元集》，第669页。

〔4〕《四书正误》卷一《大学》，《颜元集》，第159页。

〔5〕《清史稿》卷四八〇《李塨传》，第13133页。

〔6〕《清儒学案》卷一三《恕谷学案》，第636页。

〔7〕《颜元年谱·序》，第1—2页。

论思维作专门的研究等。虽则如此，其中仍包含了不少今天也应该重视的合理意见，单从养生健身来说，人的确是应该以习动为主的，"生命在于运动"的道理已成为人们的共识。

第十章 中庸与修身

"中庸"作为儒家认识整个世界和处理社会事务的方法论原则，曾对传统医学的形成产生过重大影响。宋明理学则进一步将中庸之道作为沟通天人关系的纽带与桥梁，构建自己的心性之学。在这一理论形成的过程中，传统医学中对人的内心世界的深刻认识及其较为系统的心理生理学说，亦为理学所广泛吸取。但理学最终将中庸上升到道德本体的高度，使这一具有辩证法意义的哲学范畴陷入形而上学，反过来又对后世医学的发展产生一定的负面作用，其中的理论思维方面的教训值得认真总结。

中庸之说首倡于孔子，《论语·雍也》说："中庸之为德也，其至矣乎，民鲜久矣。"作为人的道德修养的最高标准，孔子在《论语·先进》中又作了例举："子贡问：'师与商也孰贤？'子曰：'师也过，商也不及。'曰：'然则师愈与?'子曰:'过犹不及。'"[1] 指出"过"与"不及"都不符合中庸的标准。后来思孟学派发挥了孔子的这一思想,指出:"中也者,天下之大本也;和也者,天下之达道也。致中和,天地位焉,万物育焉。"认为中庸即是"中和",而中和则被看作天地万物形成发展的根本规律。就其作为具体的认识方法来看,大致有两层意思。一是"执其两端,用其中于民",即不倾向于任何极端,而使过与不及互济互补,相互结合,达到对立两端的统一,形成无偏无颇的中和状态。二是"不勉而中","君子而时中",强调随时应变,反对固执于中,通过权变的灵活态度而达到从整体上从全过程上用中的效应。当然,这主要是思孟学派用来作为道德修养即所谓"修身"的准则,即所谓"君子不可以不修身"。[2]理学对《中庸》一书十分推崇,如二程说:"善读《中庸》者,只得此一卷书,终身用不尽也。"[3] 朱熹则认为《中庸》"盖自上古圣神继天立极,而道统之传有自来矣",[4]得到孔子的"真传",所以将其列入《四书》之一。但是,程朱等人认为从秦汉到宋的千余年内,"《中庸》之义,不明久矣",[5] "莫有能明其所传之意者",[6] 直到二程兄弟

---

〔1〕《十三经注疏》,第 5385、5428 页。

〔2〕《礼记·中庸》,《十三经注疏》,第 3527、3528、3542、3535 页。

〔3〕《二程集·遗书卷第十七》,第 174 页。

〔4〕《四书章句集注·中庸章句序》,第 777 页。

〔5〕《二程集·遗书附录》,第 348 页。

〔6〕朱熹:《中庸集解序》,《全宋文》卷五六二〇,第 250 册,第 314 页。

"始发明之，然后其义可思而得"。[1] 这一认识显然不符合历史事实，张立文先生已经指出，西汉中期董仲舒从对立面相互联结方面解释"中庸"，虽没有直接推崇《中庸》，但实是在不同的历史条件下发挥了孔孟的"中庸"哲学。[2] 而同样成书于这一时期的医学典籍《内经》，则从更多方面体现了儒家"中庸"观念的精神实质，并形成了诊断、治疗、生理、病理等一整套的方法论原则。

《素问·阴阳应象大论》指出："以我知彼，以表知里，以观过与不及之理，见微得过，用之不殆。"将"观过与不及之理"亦即"中庸"的核心观念作为认识人体各种状况的基本出发点。阴阳学说虽然有阳尊阴卑、阳强阴弱的某种偏向，但其同时又具有"阴阳调和""阴平阳秘"的中和、平衡的重要观点。《内经》认为人是否健康，关键就在于体内相互矛盾、相互斗争的两端，处于一个什么样的状态。凡是健康者，阴阳两极则呈现出相对静止或动态平衡的面貌，如《素问·调经论》说："阴阳匀平，以充其形，九候若一，命曰平人。"[3] "平人"即"阴阳匀平"之人。又如《内经》所树立的理想模式即所谓"阴阳和平之人"的特点是"其阴阳之气和"。[4] 《素问·生气通天论》说："凡阴阳之要，阳密乃固，两者不和，若春无秋，若冬无夏，因而和之，是

〔1〕《二程集·遗书附录》，第349页。
〔2〕参见张立文：《朱熹思想研究》，第371页。
〔3〕《黄帝内经素问》，第32、231页。
〔4〕《灵枢经·通天》，第122页。

谓圣度。"王冰注曰："故圣人不绝和合之道。"所谓"圣度"即圣人的法度，暗指中庸之道。而凡是出现病态，其原因就在于阴阳失衡，如"阳强不能密，阴气乃绝"，"阴阳离决，精气乃绝"，[1] 就是说阳气不能密闭，阴气不能持平，而导致人生病甚至死亡。这种阴阳之间的不和谐，又表现为"有余"与"不足"："阳气有余，阴气不足，则热中善饥；阳气不足，阴气有余，则寒中肠鸣腹痛。阴阳俱有余，若俱不足，则有寒有热。"[2] 寒症为阴不足，热症则为阳有余。因此要"观五脏有余不足，六腑强弱，形之盛衰，以此参伍，决死生之分"，[3] 并成为诊断方法上的依据。在治疗原则中，《内经》认为应以平和为主，"谨察阴阳所在而调之，以平为期"。[4] 但可以灵活变通，"阴阳反他，治在权衡相夺，奇恒事也，揆度事也"，[5] 具体治疗中则应视病情权衡揆度，然而从总体上来说，不能脱离"佐以所利，和以所宜"[6] 的基本路数。因此，制方遣药也以调和阴阳的"和法"为主要手段之一。所谓和法，是利用药物的疏通调和作用，以达到解除病邪的目的。其中又分为和解少阳、调和肝脾、调和肝胃等方法。另外，《内经》对认知、情感、意志等心理过程以及喜、怒、忧、思、悲、恐、惊等七情之间相

---

〔1〕《黄帝内经素问》，第 14 页。
〔2〕《灵枢经·五邪》，第 53 页。
〔3〕《黄帝内经素问·脉要精微论》，第 67 页。
〔4〕《黄帝内经素问·至真要大论》，第 343 页。
〔5〕《黄帝内经素问·玉版论要》，第 62 页。
〔6〕《黄帝内经素问·至真要大论》，第 356 页。

胜相克的关系，也都贯穿着中庸的思维方式（这一问题留待后面作较为详细的讨论）。

但是，二程、朱熹等人既然连董仲舒这样的大儒都排斥在孔孟道统"真传"之外，当然也不愿意公开赞同《内经》对中庸思想所作的继承和发挥。不过，程朱等人在对《中庸》一书关于喜怒中节方面的重要内容加以阐发时，却又不得不借重《内经》，不得不吸取《内经》对于人的内心世界所作的系统而深刻的理论表述。这是因为在宋代以前没有任何一家一派能够达到《内经》对人主体自身认识的高度，医学研究的独特视角决定了它必须对人的精神现象作全面的理解与分析。

《中庸》第一章说："喜怒哀乐之未发，谓之中；发而皆中节，谓之和。中也者，天下之大本也；和也者，天下之达道也。致中和，天地位焉，万物育焉。"[1] 这段话的意思是人的喜怒哀乐等情感无论没有表露（未发）或者已经表露（已发），都应该处于中和的状态，"致中和"是天下共行的普遍准则。理学家对之非常赞赏，奉为养心修性的圭臬。但是由于理学中人对于心性关系存在着观点上的差异，所以对"未发"与"已发"也具有不同的理解。程颐起先认为"凡言心者，皆指已发而言"，后经过与其弟子吕大临的辩论又修改了自己的看法，说："凡言心者，指已发而言，此固未当。心一也，有指体而言者（寂然不动是也），有指用而言

---

[1]《十三经注疏》，第 3527 页。

者（感而遂通天下之故是也）。"〔1〕 就是说把心都视为已发，不太妥当。他从体用动静的角度出发，认为"寂然不动"的心之体即性，"感而遂通"的心之用即情和认识活动。未发、已发是体用、性情、动静关系，而并非是心理活动的两种状态或过程。朱熹早年与程颐的看法类似，后来他经过反复思考，也提出了新说。朱熹说："只是这个心，自有那未发时节，自有那已发时节。谓如此事未萌于思虑要做时，须便是中，是体；及发于思了，如此做而得其当时，便是和，是用。只管夹杂相滚。若以为截然有一时是未发时，一时是已发时，亦不成道理。"〔2〕 即是说思虑活动尚未产生之前为未发，产生之后为已发，两者同属于心理活动过程，有点类似于今天所说的潜意识与意识之间的关系。然而其中仍夹杂着一些体用之类的说法，这是由于程朱等人出于形而上学的考虑，把问题搞得玄奥神秘。对于所谓"喜怒哀乐未发之前"的状态，他们都认为是不能认识的，二程说："于喜怒哀乐未发之前，更怎生求？只平日涵养便是。"又说："若言存养于喜怒哀乐未发之时，则可；若言求中于喜怒哀乐未发之前，则不可。"未发之前为性，属于本体的范围，只能存养而不可求得，所以二程说："'中者，天下之大本。'天地之间，亭亭当当，直上直下之正理，出则不是，唯敬而无失最尽。"〔3〕 仍需持

〔1〕《二程集·文集卷第九》，第 608、609 页。
〔2〕《朱子语类》卷六二，第 1509 页。
〔3〕《二程集·遗书卷第十八》，第 201、200 页；《遗书卷第十一》，第 132 页。

之以"主敬"功夫。朱熹早年师从李侗，"于静中体认大本未发时气象"，[1] 但是他却始终不曾找到那种体验，"虽闻此而莫测其所谓"，[2] 因此只能放弃这种神秘的内心体验的方法。[3] 正因为如此，程颐认为："善观者不如此，却于喜怒哀乐已发之际观之。"[4] 强调人应该从情感意识活动中来寻求所谓本体存在。朱熹则说："然人之一身，知觉运用莫非心之所为，则心者固所以主于身而无动静语默之间者也。然方其静也，事物未至，思虑未萌，而一性浑然，道义全具，其所谓中，是乃心之所以为体而寂然不动者也。及其动也，事物交至，思虑萌焉，则七情迭用，各有攸主，其所谓和，是乃心之所以为用，感而遂通者也。然性之静也而不能不动，情之动也而必有节焉，是则心之所以寂然感通，周流贯彻，而体用未始相离者也。"[5] 朱熹这段话确实具有精神分析的意味，在他看来人的心理过程是由"潜"（寂然）到"显"（感通）渐次发生的。在潜意识（未发）状态下，思虑尚未萌发，但"道义全具"，故称之为"中"。其意在于克服前人仅注重"已发"的倾向。然而朱熹并非不重视显意识（已发）的作用，他认为认识活动、情感活动"是乃心之所以为用"，发而皆中节谓之和。已发是现实的、自觉的、

〔1〕 朱熹：《答何叔京》，《全宋文》卷五五一〇，第 246 册，第 112 页。
〔2〕 朱熹：《答何叔京》，《全宋文》卷五五一一，第 246 册，第 116 页。
〔3〕 参见陈来：《朱熹哲学研究》，第 94 页。
〔4〕 《二程集·遗书卷第十八》，第 210 页。
〔5〕 朱熹：《答张钦夫》，《全宋文》卷五四八七，第 245 册，第 156 页。

可控制的情感和认识。所以朱熹又说："若使其有心，必有思虑，有营为。"[1]而正是为了要在情感、认识活动中来理解所谓已发之和，朱熹才继二程之后对我国古代心理思想史上的一些重要范畴和命题，几乎全都作了周详的研究，精微的辨析。[2]

近人陈钟凡先生曾经指出："（朱）熹以心为统摄全部精神作用之主宰，以实理言谓之性；其发动处谓之情；动之甚者谓之欲；发动之力谓之才；意者计议发动之主向，志则表明发动之目的也。熹分析心象为数事，且排比而成一定之系统，中国言心理者，至是乃远于玄学而近于科学矣。"[3]这段话的精辟之处就在于指出朱熹的心理思想"远于玄学而近于科学"。依笔者看来，这里所说的"科学"就是《内经》从医学理论与临床实践所总结出来的关于心理方面的学说。下面可以通过对《内经》与二程、朱熹等人的有关论述作一比较研究，以进一步说明这一问题。

燕国材先生在《唐宋心理思想研究》一书中对二程、朱熹所论及的心理思想范畴作了细致的类分。二程所论有"心""性""知""情""志""智"等六个范畴；朱熹所论有"性""心""知""思""情""欲""志""意"等八个范畴。[4]

---

[1]《朱子语类》卷一，第4页。
[2]参见燕国材：《唐宋心理思想研究》，第259页。
[3]陈钟凡：《两宋思想述评》，第204页。
[4]燕先生尚论及程朱的学习、才能心理思想，笔者以为这些不属于一般心理思想范畴，故未提及。

在程朱之前，能够如此完整、系统和全面研究心理范畴的，唯有《内经》。《灵枢·本神》说：

> 所以任物者谓之心，心有所忆谓之意，意之所存谓之志，因志而存变谓之思，因思而远慕谓之虑，因虑而处物谓之智。故智者之养生也，必顺四时而适寒暑，和喜怒而安居处，节阴阳而调刚柔。如是则僻邪不至，长生久视。[1]

这段话可以说是《内经》对于人的心理结构所作的概括性的论述，提出了"心""意""志""思""虑""智""情"（喜怒）等心理范畴，并对这些范畴给予了大致的定义。"心"为生命活动的主宰，凡与外物接触皆由"心"主持；"意"为内心未定的忆念活动；"志"为已经决定下来的意向；"思"则是依据志而进行思考；"虑"为思考的范围远近与程度深浅；"智"是经过反复思虑后有选择地处理事物。关于"情"在另外的篇章中作了更为详尽的说解。《内经》对上述心理范畴的定义，虽与现代心理学的认识仍有相当大的差距，但其中确实没有任何玄虚的成分，因此被视为古代普通心理思想的纲领。[2] 由于《内经》在论述上述心理范畴的作用时往往持"中庸"的态度，所以宋儒在作相同问题

---

[1]《灵枢经》，第23页。

[2] 参见燕国材：《先秦心理思想研究》，第211页。

的探讨中经常与之暗合。比如关于"志"与"意"，《灵枢·本脏》说："志意者，所以御精神，收魂魄，适寒温，和喜怒者也。"[1] 认为意志在精神活动中具有重要的作用，能够调节适应人体的内外环境，中和喜怒之类的两极情感。如果意志不健全，人体的生理平衡就会受到影响，"精神不进，志意不治，故病不可愈。今精坏神去，荣卫不可复收。何者？嗜欲无穷，而忧患不止，精气弛坏，荣泣卫除，故神去之而病不愈也"。[2] 又进一步说明了意志在调节"欲""忧"等情感方面的作用。关于"志"与"意"，《二程粹言》卷二有一段记述："或问志意之别。子曰：'志自所存主言之，发则意也。发而当，理也；发而不当，私也。'"[3] 朱熹则说："志是公然主张要做底事，意是私地潜行间发处。志如伐，意如侵。"又说："志是心之所之，一直去底。意又是志之经营往来底，是那志底脚。"[4] 显然程朱对"志"与"意"的理解是依据《内经》"心有所忆谓之意，意之所存谓之志"的说法而加以发挥的，意作为一种心理活动其虽已发生，但属于"私地潜行间发"，因其未定；而志是已决的意，所以说是"所存主"，是"公然主张要做底事"，是"心之所之"。但志往往只是一种指向，又需意之发动去实现，所以朱熹说意是"志底脚"。因此这里便有一个"发而

─────────────────

〔1〕《灵枢经》，第85页。
〔2〕《黄帝内经素问·汤液醪醴论》，第60页。
〔3〕《二程集》，第1258页。
〔4〕《朱子语类》卷五，第96页。

当"与"发而不当"的问题。符合"理",在二程看来就是符合中庸之道,因为"中者,只是不偏,偏则不是中。庸只是常。犹言中者是大中也,庸者是定理也",[1] 这就是发而当。否则为"私"为"偏",自然是发而不当。可见,程朱等人的志意观在本质上与《内经》相似,都是为了要在心理上寻求一种中庸、中和的状态,但其中也有所不同,那就是前者从伦理道德修养着眼,后者则是从生理、病理方面入手。

关于"性""心""欲"等范畴的内容,理学与《内经》之间也有不少相近之处,本书前几章已经做过对比性的探讨,这里就不再重复,而要着重讨论的是所谓"七情"问题。在中国古代思想史上,对七情的分类大致有三种:一是以《荀子》《礼记》为代表的,认为七情是喜、怒、哀、乐、爱、恶、欲;一是以《内经》为代表的,指七情为喜、怒、忧、思、悲、恐、惊;一是以唐代李翱等为代表,将七情归为喜、怒、哀、惧、爱、恶、欲。二程、朱熹的说法从表面上看与李翱一样,如二程说:"形既生矣,外物触其形而动于中矣。其中动而七情出焉,曰喜、怒、哀、乐、爱、恶、欲。"但其实也有所不同,因为二程又补充道:"思与喜怒哀乐一般。"[2] 而将"思"作为七情之一的,唯有《内经》一家。另外,理学家又十分重视情感的"忧""乐"问题,

[1]《二程集·遗书卷第十五》,第 160 页。
[2]《二程集·文集卷第八》,第 577 页;《遗书卷第十八》,第 200 页。

而在七情说中，"乐"与"喜"基本属于同一种情感，"忧"与"悲"接近，后两者也仅见于《内经》，这又说明理学在情感心理上的认识的确是倾向于传统医学的基本思路。

《内经》认为情感是人与生俱来的自然本能。《素问·宣明五气》说："心藏神，肺藏魄，肝藏魂，脾藏意，肾藏志。"[1]《灵枢·卫气》说："五脏者，所以藏精神魂魄者也。"[2] 精神意识活动在《内经》看来包括神、魄、魂、意、志五种，分别由心、肺、肝、脾、肾五种实质性脏器所产生。而在精神活动中，《内经》又认为情感是反应最强烈、表现最明显的形态，也同样由五脏所产生，《素问·阴阳应象大论》说："人有五脏，化五气，以生喜、怒、悲、忧、恐。"情感的喜怒忧思悲恐惊等不同的表现形式，并无孰好孰坏之分，它们都是人的生理心理需要，《素问·举痛论》指出："怒则气上，喜则气缓，悲则气消，恐则气下……惊则气乱……思则气结"，"喜则气和志达，荣卫通利"，"思则心有所存，神有所归"[3] 总之，七情的各种表现在《内经》看来是很正常的，没有情感反应倒是反常的、病态的。

但是，《内经》同时认为，情感思虑一旦失去调节，过度或滥用，就会造成心理上的失衡，构成对人体健康的危害。《素问·疏五过论》说："暴乐暴苦，始乐后苦，皆伤精气。精气竭绝，形体毁沮。暴怒伤阴，暴喜伤阳。厥气上

---

〔1〕《黄帝内经素问》，第 104 页。
〔2〕《灵枢经》，第 95 页。
〔3〕《黄帝内经素问》，第 23、151—152 页。

行，满脉去形。"即是说突然引发的过度欢乐或过度苦恼，使人产生狂喜或大悲的心态，这都会损伤精神血气。而精神血气严重亏损，身体必遭损害。大怒伤肝的阴精，狂欢耗心中阳神，阴阳俱损，逆气上冲，充满经脉，正气散逸，形体衰弱。可见过度的情感作用，会给人体带来极坏的后果。为此，《内经》运用五行之间相生相胜的原理，提出了情感之间相互制约的治疗原则。《素问·阴阳应象大论》说：

> 怒伤肝，悲胜怒。……喜伤心，恐胜喜。……思伤脾，怒胜思。……忧伤肺，喜胜忧。……恐伤肾，思胜恐。[1]

即是说用一种正常的情感去调节、控制另一种过度的情感，从而治愈因某种情感过度而引起的心理疾病。这种以情制情的方法，是古代医家的独创，形成一种中国特有的精神心理疗法，在后世一直流传不绝。但是，如仔细分析，这里仍有很重要的以理制情的内容，因为"思"严格说并不能算作一种情感，如冯友兰先生所指出的："能思即有理性也。能思之心为人所特有。"[2] "思"的重要性《内经》说得是很清楚的，即前引的"思则心有所存，神有所归"。今有学者也指出："喜、怒为阴阳两极相反的情志，惊、恐、悲、忧在

_____

〔1〕《黄帝内经素问》，第373、25—28页。
〔2〕冯友兰：《中国哲学史》（上），第141页。

中部四维，左为悲忧是不良心境致病，右为惊恐是激情致病，思是认知过程属脾土居中，主四方，换句话说就是各种情感都受思维的约束。"[1] 这是将七情以图式表示，"思"居中央，其他六情分居上下左右，由此而强调了理性、思维对情感的支配作用。应该说这一阐释是新颖、正确的。事实上《内经》中也确实有以理制情的方法，《灵枢·师传》说："人之情，莫不恶死而乐生，告之以其败，语之以其善，导之以其所便，开之以其所苦，虽有无道之人，恶有不听者乎?"[2] 这种开导式的心理治疗，处处晓之以理，从而使病人端正态度，解除疑虑，最终恢复生理、心理的平衡状态。

宋儒在很大程度上吸取了《内经》的上述思想。像王安石、张载等人也都认为情感是天生的，无所谓善或恶，王安石说："无情者善，则是若木石者尚矣。"[3] 意思是如果说无情者为善，那么木石之物可谓最善。张载则说："情未必为恶，哀乐喜怒发而皆中节谓之和，不中节则为恶。"[4] 以情感是否发于中节而判其善恶。程朱一派学者持性善论，主张"性其情"，即用善性来控制情感，如二程说："情既炽而益荡，其性凿矣。是故觉者约其情使合于中，正其心，养其性，故曰性其情。"但也只说用正心养性之法使"炽""荡"

---

[1] 成都中医学院、王米渠编著：《中医心理学》，第89页。

[2] 《灵枢经》，第66—67页。

[3] 王安石：《性情》，《全宋文》卷一四〇三，第64册，第346页。

[4] 《张子语录·语录中》，《张载集》，第323—324页。

之情合于"中"，亦即所谓"乐其所不当乐，不乐其所当乐；慕其所不当慕，不慕其所当慕"，[1] 并未明言情为恶。朱熹弟子陈淳则说："情者心之用，人之所不能无，不是个不好底物。但其所以为情者，各有个当然之则。……若不当然而然，则违其则，失其节，只是个私意人欲之行，是乃流于不善，遂成不好底物，非本来便不好也。"[2] 尽管其中流露出有将情推向"人欲"的倾向，但却直说情"不是个不好底物"。可见，情无所谓善恶之说已成为宋儒的共识。需要指出的是，西汉时期的其他著作如《礼记》等对情也未做任何价值判断，但在对情范畴的说解上却十分粗疏，远逊于《内经》。

在如何处理情感的具体问题方面，二程、朱熹多采取与《内经》以理制情相类似的方法。如对于恐惧情感，《二程遗书》卷一八载：

> 或问："独处一室，或行暗中，多有惊惧，何也?"曰："只是烛理不明。若能烛理，则知所惧者妄，又何惧焉?"

恐惧多因为对外部环境没有了解，如烛之以理就会明白所害怕者不过是虚妄之物，自然就会消除恐惧心理。这里所谓

---

〔1〕《二程集·文集卷第八》，第 577 页；《粹言卷第二》，第 1260 页。
〔2〕《北溪字义》卷上，第 14 页。

"理"显然不是指"天理",而是指事物的规律、道理。因此他们总结出"明理可以治惧"〔1〕的一般性方法。现代心理学认为"怒"是情感中最常见、最易发作和最难控制者,但其对人类生存还是有意义的。《内经》多注意怒的负面作用,如"怒则气逆,甚则呕血及飧泄"〔2〕等。理学家纠正了这一点,《朱子语类》卷九五载:"问:'圣人恐无怒容否?'曰:'怎生无怒容?合当怒时,必亦形于色;如要去治那人之罪,自为笑容,则不可。'曰:'如此,则恐涉忿怒之气否?'曰:'天之怒,雷霆亦震;舜诛四凶,当其时亦须怒。但当怒而怒,便中节;事过便消了,更不积。'"〔3〕认为怒亦有"当"与"不当"之分,只要是"当怒而怒",便是"中节",即属正常范围。但是过度的怒毕竟对人体危害甚大,如何制怒自古以来就是儒家修身中的重要课题。二程提出了以理制怒的认识,说:"人之情易发而难制者,惟怒为甚。能以方怒之时,遽忘怒心,而观理之是非,亦可见外诱之不足恶,而于道亦思过半矣。"〔4〕就是说在将要发怒时,需要有一个调整,即以"理"来观察一下其中的是非曲直,这样就会消去怒的诱因,回到心平气和的中庸状态。二程等人以理制情的观点在儒家修养论中不失为一种具有可操作性的新说,然而却是从医学中"移植"过来的,除了受

---

〔1〕《二程集》,第190、12页。
〔2〕《黄帝内经素问·举痛论》,第151页。
〔3〕《朱子语类》卷九五,第2445页。
〔4〕《二程集·粹言卷第二》,第1263页。

《内经》的影响外，也和宋以前其他医家之说有关，如隋杨上善在《太素·如蛊如蛆病》中就说过："喜怒忧思伤神为病者，先须以理，清神明性，去喜怒忧思，然后以针药裨而助之。"[1] 已明确指出要以"理"来清神明性，消除过度的情感因素。

前面已经提到过宋儒比较重视忧乐两种情感，起因在于孔子《论语》中有关忧乐的一些论述。孔子说："贤哉，回也！一箪食，一瓢饮，在陋巷，人不堪其忧，回也不改其乐。贤哉，回也！"（《雍也》）又说："饭疏食饮水，曲肱而枕之，乐亦在其中矣。"还说："君子坦荡荡，小人长戚戚。"（《述而》）[2]这些论述被理学中人誉为"孔颜乐处"，无不悉心揣摸，并加以种种发挥，其中尤以程氏兄弟的探讨最为深入。在二程对"忧""乐"的论述中，已明显加入了伦理道德方面的价值判断。如：

> 仁者不忧，乐天也。
>
> 仁者在己，何忧之有？凡不在己，逐物在外，皆忧也。乐天知命故不忧，此之谓也。若颜子箪瓢，在他人则忧，而颜子独乐者，仁而已。
>
> 颜子在陋巷，"人不堪其忧，回也不改其乐"。箪瓢陋巷非可乐，盖自有其乐耳。"其"字当玩味，自有

---

〔1〕《太素》卷三〇，第587页。
〔2〕《十三经注疏》，第5383、5395页。

深意。

> 道人不是悲秋客，一任晚山相对愁。

> 死生有命人何与，消长随时我不悲。[1]

传统医学认为忧悲是不良心境引起疾病的因素，《古书医言》说："忧悲焦心，疾乃成积。"[2] 白居易诗《自觉》中也有"悲来四支缓，泣尽双眸昏"[3] 之句，持续过久的忧悲情绪会积而成疾。二程显然也明了"愁一愁，白了头"的养生道理，而进一步从人生哲学的角度来寻找忧愁之类负面情绪产物的原因，认为身居陋巷、箪食寒衣等贫困的境遇确实能令一般人忧愁，但像颜渊这样的"仁者"则不忧不愁，这是因为前者心不在己，"逐物在外"，而后者将"仁"存在自己心内，不戚戚于贫贱，即所谓"非乐箪瓢陋巷也，不以贫窭累其心而改其所乐也"。贫困本身并没什么可乐的，而是因为达到了仁的思想境界，就能够乐天知命。二程都赞赏像颜渊这样的贫贱之乐，不看重富贵之乐，说："贫贱而在陋巷者，处富贵则失乎本心。"[4] 由贫而骤富者，如无道德上的涵养而易骄奢淫逸，追逐声色犬马，而"失乎本心"。先贫后富或先富后贫等境遇上的大起大落，确能够引起人情感上

---

[1]《二程集·遗书卷第十一》，第 125 页；《外书卷第一》，第 352 页；《遗书卷第十二》，第 135 页；《文集卷第三》，第 477、481 页。

[2]《文子疏义》卷一《道原》，第 37 页。

[3]《全唐诗》卷四三三，第 4788 页。

[4]《二程集·经说卷第六》，第 1141 页；《遗书卷第二十五》，第 320 页。

的强烈变化，出现生理心理上的失衡，《内经》早已看到这一问题，《素问·疏五过论》说："诊有三常，必问贵贱，封君败伤，及欲侯王。故贵脱势，虽不中邪，精神内伤，身必败亡。始富后贫，虽不中邪，皮焦筋屈，痿躄为挛。"[1] 尽管《内经》着重指出的是先富后贫所引起的不良后果，二程则反之，但其中的内在联系还是不言而喻的，所以程颢《秋日偶成》诗云"富贵不淫贫贱乐，男儿到此是豪雄"。程颢的所谓"贫贱乐"在情感体验上追求的是恬淡闲适、从容自得，不具有强烈的官能刺激性，而并非是狂放、得意、富贵餍足的纵情之乐。其《偶成》诗云："云淡风轻近午天，望花随柳过前川。旁人不识予心乐，将谓偷闲学少年。"《秋日偶成》又道："退安陋巷颜回乐，不见长安李白愁。两事到头须有得，我心处处自优游。""闲来无事不从容，睡觉东窗日已红。万物静观皆自得，四时佳兴与人同。"[2] 这里充分体现了儒家中庸的原则，无所谓过与不及之处。应该说这种"乐"在养生方面是有其一定道理的，但却是封建士大夫阶层所独有的，在古代广大的贫贱者是享受不到这种乐趣的。

与"寻孔颜乐处"密切相关的还有所谓"气象"问题。理学家说的气象不是指自然景观，而是说一种人格模式。二程门人刘立之说程颢"先生德性充完，粹和之气盎于面背，乐易多恕，终日怡悦"，[3] 其中不乏溢美之词，但却从侧面

---

〔1〕《黄帝内经素问》，第 374 页。
〔2〕《二程集·文集卷第三》，第 482、476 页。
〔3〕《二程集·遗书附录》，第 330 页。

指出了什么是所谓"气象"，那就是内在的"粹和之气"反映到外在的行为表情上，形成一种特有的"象"，符合现代心理学"人格是个体内在的、在行为上的倾向性"[1] 的定义。理学中人多喜欢讨论"圣贤气象"，二程说："学圣人者，必观其气象。《乡党》所载，善乎其形容也，读而味之，想而存之，如见乎其人。"又说："学者不学圣人则已，欲学之，须熟玩圣人之气象，不可只于名上理会。如此，只是讲论文字。"还说："凡看文字，非只是要理会语言，要识得圣贤气象。"[2] 朱熹亦说："凡看《论语》，非但欲理会文字，须要识得圣贤气象。"[3] 就是说不仅今人的气象可以把摸，就是古代圣贤的气象，也可以通过语言文字来体会感受，如同亲见圣贤一样。圣贤气象在理学家看来就是理想的人格。

"气象"一语一般多认为由二程首创，然而如做仔细考察，其仍有一个蓝本，这个蓝本还是《内经》。《素问·六节藏象论》说："气和而生，津液相成，神乃自生。帝曰：藏象何如？岐伯曰：心者，生之本，神之变也，其华在面……"王冰注："象谓所见于外，可阅者也。"[4] 张介宾《类经》也解释说："象，形象也。脏居于内，形见于外，故曰脏象。"[5] 《灵枢·本脏》又说："视其外应，以

---

〔1〕陈仲庚、张雨新编著：《人格心理学》，第 50 页。
〔2〕《二程集·粹言卷第二》，第 1234 页；《遗书卷第十五》，第 158 页；《遗书卷第二十二上》，第 284 页。
〔3〕《四书章句集注·论语集注》，第 83 页。
〔4〕《黄帝内经素问》，第 46 页。
〔5〕《类经》卷三，第 16 页。

知其内藏。"〔1〕大体上《内经》这里的意思是说，内脏之"气"可以外现于形体之"象"。二程十分有可能吸取了这一说法而加以重铸，使之成为一个指谓人格模式的专用名词。先秦儒家虽未用气象一词，但早已有其所崇尚的理想人格，这就是君子。"君子"一名最早见于《诗经》和《尚书》。见于《尚书》者五六次，见于《诗经》国风和二雅者百五十余次，为周代流行之名称。〔2〕然而主要将君子指认为道德品性则为《论语》，如"君子怀德""君子喻于义"（《里仁》）、"君子上达"（《宪问》）、"君子求诸己"（《卫灵公》）等，在孔子看来君子体现了个性道德发展的完整性。君子的行为举止应处处符合"中庸之道"，孔子说："不得中行而与之，必也狂狷乎！狂者进取，狷者有所不为也。"（《子路》）认为狂者与狷者虽有优点，但都较为偏执，言行距离中庸标准甚远。《论语》中尚有一些关于孔子言谈举止的描述，如《述而》说："子之燕居，申申如也，夭夭如也。"《乡党》所谓"孔子于乡党，恂恂如也"；"君在，踧踖如也，与与如也。"〔3〕其中诸如"申申""夭夭"等重叠词的意思，后人多认为表现了孔子和乐、谦恭、舒展之态，这也许就是程朱所要体味的"圣贤气象"，但毕竟零碎、简略，语焉不详，令人难以揣摸。《内经》依据先秦儒家关于君子的

---

〔1〕《灵枢经》，第88页。
〔2〕萧公权：《中国政治思想史》，第65页。
〔3〕《十三经注疏》，第5367、5458、5470、5448、5390、5416页。

基本精神，也吸取了某些道家思想，参之以医学本身的知识，提出了一个较为完整的理想人格模式，对理学气象说的形成具有一定的启迪作用。

《灵枢·通天》说：

> 阴阳和平之人，居处安静，无为惧惧，无为欣欣，婉然从物，或与不争，与时变化，尊则谦谦，谭而不治，是谓至治。
>
> 阴阳和平之人，其阴阳之气和，血脉调，谨诊其阴阳，视其邪正，安容仪，审有余不足，盛则泻之，虚则补之，不盛不虚，以经取之。
>
> 阴阳和平之人，其状委委然，随随然，颙颙然，愉愉然，暶暶然，豆豆然，众人皆曰君子。此阴阳和平之人也。[1]

这种阴阳和平之人从内在来看为气血和调，无盛无虚，其外在的形态表现主要有：从容稳重，举止大方，性格和顺，善于适应环境，态度严肃，品行端庄，待人和蔼，目光慈祥，光明磊落，处事条理分明，其以德感人，所以众人都说这就是君子。上述论述中最明显之处是吸取《诗经》中的不少用语，比如"委委然"，《诗·鄘风·君子偕老》有"委委佗

---

[1]《灵枢经》，第122—123页。

佗，如山如河"，朱熹《集传》"雍容自得之貌"，[1] 形容庄重而从容自得的样子。又如"颙颙然"，《诗·大雅·卷阿》中有"颙颙卬卬，如珪如璋"，高亨《诗经今注》云"颙颙，肃敬貌"，[2] 形容态度严正而又温和的样子。这就使得《内经》的君子形象更丰满、更逼真也更全面，但也掺入了道家讲求"不争之德"方面的思想内容。

这种以"温润含蓄"为其主要特点的理想人格模式，被理学中人所津津乐道，争相仿效。依此标准，二程认为颜子比孟子更接近圣人气象："颜子示'不违如愚'之学于后世，有自然之和气，不言而化者也。"是说颜子像一团自然的和气，温润不露。而孟子只见其雄才，便是太露："孟子有功于道，为万世之师，其才雄，只见雄才，便是不及孔子处。人须当学颜子，便入圣人气象。"二程又说："颜、孟之于圣人，其知之深浅同，只是颜子尤温淳渊懿，于道得之更渊粹，近圣人气象。"由于颜子不露，所以二程认为他的气象"温淳渊懿"，显得渊深纯粹。而在程朱一派人中，程颢的气象最为人所敬慕，并被视为楷模。谢良佐说："明道先生坐如泥塑人，接人则浑是一团和气。"程颐称赞其兄的气象道："视其色，其接物也，如春阳之温。听其言，其入人也，如时雨之润"，"先生接物，辨而不间，感而能通。教人而人易从，怒人而人不怨"，并概

〔1〕《诗集传》卷三，第45页。
〔2〕《诗经今注》，第420页。

括程颢气象的特点为"心平气和"。〔1〕邵伯温在《邵氏闻
见录》卷一五中也说："宗丞（指程颢）为人清和。"〔2〕朱
熹曾反复赞叹大程的气象。他说："明道德性宽大，规模广
阔。"〔3〕又说程颢有"一个从容和乐底大体气象"，〔4〕还
说："今之想像大程夫子者，当识其明快中和处。"〔5〕显然
所标榜的气象方面的两个典型颜渊与程颢，其特点都在于安
静、温和、含蓄、超脱之类。理学家尽管强调要"致中和"，
但在这里已经偏向于阴柔，而缺乏阳刚之气。虽说在养生方
面或就处理人际关系而言，有某些可取之处，但却有着明显
的混世倾向，流露出道学家特有的迂腐之气。陈亮、颜元等
人都曾指出过像程朱等人终日危坐，形同泥塑，是风痹不知
痛痒的废物。如颜元说："流至汉、宋儒，峨冠博带，袖手
空谈，习成妇人女子态，尚是孔门之儒乎？熟视后世书生，
岂惟太息，直堪痛哭矣！"〔6〕对宋儒的所谓"圣贤气象"
作了痛切的针砭，其中还提到了汉儒，似乎《内经》中的君
子形象也应该包括在内。总之，儒家把人们的理想与专制社
会的政治制度紧紧捆绑在一起，使人像奴才一样俯首听命、

---

〔1〕《二程集·遗书卷第五》，第 76 页；《遗书卷第十五》，第 151 页；《外
　　　书卷第十二》，第 426 页；《文集卷第十一》，第 637、638、634 页。
〔2〕《邵氏闻见录》卷一五，第 160 页。
〔3〕朱熹：《答刘子澄》，《全宋文》卷五四九四，第 245 册，第 273 页。
〔4〕朱熹：《与刘共父》，《全宋文》卷五四九九，第 245 册，第 347 页。
〔5〕《朱子语类》卷九三，第 2361 页。
〔6〕《四书正误》卷三《论语上》，《颜元集》，第 193 页。

循规蹈矩。因此，在古代社会中，这种理想人格是很难实现的。[1]

当然，程朱理学与《内经》的中庸观也存在很大的差异。《内经》没有对中庸范畴本身做细致的分析与理论上的探讨，而是将中庸思想贯穿在具体的医学研究之中，诸如前面提到的生理观、病理观、诊法、治则以及制方遣药之法方面，也就是说《内经》中所强调的阴平阳秘、阴阳中和、不偏不倚等观点体现了儒家中庸观的基本精神。而程朱等人对中庸思想虽也做了很多具体的运用，但是像对其他理学范畴一样，最终使其从具体上升到了抽象。二程说："'素隐行怪'，是过者也；'半途而废'，是不及也；'不见知不悔'，是中者也。"又说："事有时而当过，所以从宜。然岂可甚过也？如过恭、过哀、过俭，大过则不可。"这是说修身行事取中道，"素隐行怪"与"半途而废"以及过恭、过哀、过俭，都是偏执一端。所以二程总结道："中之理至矣。独阴不生，独阳不生，偏则为禽兽，为夷狄，中则为人。中则不偏，常则不易，惟中不足以尽之，故曰中庸。"将"中"解释为阴阳互济等的"理"，这个所谓理还有一般意义上的规律和道理的含义。然而，程朱又将中庸或中和抬高到天理的地位，使其不仅成为自然界的原则，同时又是封建社会的伦理道德规范和封建等级制度。二程认为："中和，若只于人分上言之，则喜怒哀乐未发既发之谓也。若致中和，则是达

---

[1] 参见徐仪明、陈江风、刘太恒主编：《中国文化论纲》，第220页。

天理，便见得天尊地卑、万物化育之道，只是致和也。"[1]
明确指出"致中和"就是"达天理"，也就是"天尊地卑、
万物化育"的自然界的法则。朱熹则说："和者，天下之达
道也。六度万行，吾不知其所谓，然毁君臣，绝父子，以人
道之大端为大禁，所谓达道，固如是邪?"[2] "中和"又成
为君臣、父子的纲常伦理之道，如果"毁君臣，绝父子"也
就是破坏了这个"天下之达道"。所以，"理之所固有而不可
易者，是谓庸。体其所固有之义，则经纶至矣。理之所自出
而不可易者，是谓之中。尊其所自出，则立之至矣"，[3] 中
庸就变成了不可变易的天理。其突出的表现就是社会关系中
的尊卑高下等名分，朱熹说："君臣、父子、夫妇、兄弟之
义，自不同，似不和，然而各正其分，各得其理，便是顺
利，便是和处。"[4] 君臣、父子、夫妇、兄弟有着森严的等
级差别，这明显是不和，但在朱熹看来这只不过是表面现
象。如果人人都各安其位，各正其分，严守封建秩序，便是
真正的和。在这里中庸已经失去了原本所包含的辩证思维的
内容，变成了否定转化的固定社会等级模式，从而导致了偏
于一执的形而上学。

　　宋代以后，医家也多将"中庸"或"中和"明确作为

〔1〕《二程集·遗书卷第十五》，第160页；《周易程氏传卷第四》，第1014
　　页；《遗书卷第十一》，第122页；《遗书卷第十五》，第160页。
〔2〕《宋元学案》卷九九《苏轼蜀学略》，第3300页。
〔3〕《二程集·经说卷第八》，第1163页。
〔4〕《朱子语类》卷六八，第1707页。

行医的指导原则,其中自然受到理学的很大影响。清代名医
张志聪著《侣山堂类辩》一书,其中专设《中庸之道》一
节,其云:"中者不偏,庸者不易。医者以中庸之道,存乎
衷,则虚者补,实者泻,寒者温,热者凉,自有一定之至
理。"[1] 所谓"中者不偏,庸者不易"明显是接受了二程
对中庸的说解,《二程遗书》卷七说:"不偏之谓中,不易
之为庸。中者天下之正道,庸者天下之定理。"[2] 以"不易"
为天下之定理,包含有固定不变的形而上学思想,这和《内
经》在医则中强调灵活权变显然有很大的不同。另一清代医
家章楠在《医门棒喝·论景岳书》中说:"夫致中和,育万
物,为儒者之道,即医者之道也。"[3] 前面已经指出,"致
中和"是理学所反复探讨的重要问题,它包括已发、未发等
方面的内容,原为儒者之道,此时已成为医者之道。在章楠
之前的明代医家万全曾对这一问题有过详细的讨论。他说:

> 周子曰:"君子慎动。"养生者,正要在此,体认未
> 动前是甚么气象,到动时气象比未动时何如?若只一样
> 子,便是天理,若比前气象少有差讹,便是人欲,须从
> 此处慎将去却,把那好生恶死的念头,莫要一时放空
> 才好。
>
> 慎动者,吾儒谓之主敬,老氏谓之抱一,佛氏谓之

---

[1]《侣山堂类辩》卷上《中庸之道》,《张志聪医学全书》,第 1071 页。
[2]《二程集》,第 100 页。
[3]《医门棒喝(初集医论)》卷三,第 122 页。

观自在，总是慎独工夫。独者，人所不知，而己所独知之处也。方其静也，即喜怒哀乐，未发时所谓中也，与天地合其德，与日月合其明，与四时合其序，与鬼神合其吉凶。君子于此，戒慎乎其所不睹，恐惧乎其所不闻，不使离于须臾之顷，而违天地日月四时鬼神也。及其动也，正是莫见莫显之时，如喜怒哀乐，发开中节，这便是和。和者，与中无所乖戾之谓也。略有不和，便是不中，其违于天地日月四时鬼神远矣。到此地位，工夫尤难，君子所以尤加戒谨于独也。故曰君子而时中。[1]

在这里，万全明说是讲医学养生问题，实际上却在论证理学的心性修养学说。其内容可大致分为两层意思。一、中和即为天理。当心之未发未动之前体认其气象，便是天理；如果已发已动之时，出现了差讹，便是人欲。因此要存那好生的念头，亦即存天理；同时又要去除恶死的念头，亦即灭人欲。这种存理灭欲的工夫一刻也不能松懈，便是致中和。二、中和即为体用。喜怒哀乐未发之时为中，中即天地日月四时鬼神之本体，其为湛然寂然之静；而当喜怒哀乐已发皆中节，便是和。和为用，为动，但却不是一种单纯的心理过程，而是对宇宙本体的一种观照。朱熹曾说："静不是无，

---

[1]《万氏家传养生四要》卷二《慎动第二》，第13页。

以其未形而谓之无；非因动而后有，以其可见而谓之有耳。"[1] "中"（静）为未形，"和"（动）为可见，因其"体用一源"，所以两者可以贯通。万全发挥的正是理学的这一形而上的说法，但又以其说解养生，更显得神秘莫测，使人感到如堕五里雾中，连他自己也说"到此地位，工夫尤难"。究其原因，就在于万全沿袭了程朱等人割裂"动""静"之间的联系，消融了中庸观念中原本包含的朴素辩证思维的因素，从而得出了形而上学与神秘主义的结论。

当然，问题往往是复杂的。理学在发挥先秦儒学中庸观念，和对《内经》中有关思想吸取的过程中，提出了不少极有见地的认识，如程朱对人的心理过程与心理形式所作的深入探讨与细致分类，多发前人之所未发，有些甚至是很精辟的。即使对医学本身一些问题的看法，也有一些可取之处。如二程说："医者不诣理，则处方论药不尽其性，只知逐物所治，不知合和之后，其性又如何？假如诃子黄、白矾石，合之而成黑，黑见则黄白皆亡。又如一二合而为三，三见则一二亡，离而为一二而三亡。既成三，又求一与二；既成黑，又求黄与白，则是不知物性。古之人穷尽物理，则食其味，嗅其臭，辨其色，知其某物合某则成何性。"[2] 这是讲药物的化合与分解。一与二合成三，无一与二则不成其为三；反之，将三分解为一与二，原来的三也随之发生变化。

〔1〕《朱子语类》卷六二，第 1512 页。
〔2〕《二程集·遗书卷第十五》，第 162 页。

这正是对执两用中与执中权变思想的灵活运用，包含有辩证思维因素。但是一进入封建伦理道德领域，他们即要化解、消融事物对立的两端，走一种折中调合之路。而在这一方面，其影响又十分深远，故而对医学发展产生了许多不良后果。

结语

宋明理学与传统医学之间错综复杂的相互关系是真实的、客观存在的，而并非笔者向壁虚构和主观臆造，通过以上对历史事实的回顾、对哲学范畴的阐释与论述，读者是能够得出一个明确的结论的。理学之所以能够成为中国古代哲学中最完整、成熟和最具思辨性的理论形态，是与以《内经》为代表的传统医学的影响分不开的。理学所汲取的《内经》的思想内容，主要有天人观、阴阳观、常变观、形神观等，基本上属于正面的、积极的因素。而作为理学的重要组成部分，宋明时期的医学理论（即属于"医道"方面的内容）则是性理学说与临床实践结合的产物。可以说理学制约着这一时期医学理论的发展方向与演变过程。已经上升为官方统治思想的理学，其对传统医学的影响是极为广泛而深刻的，大致上体现在这样三对矛盾中：既促进了理论研究方面的争鸣与深化,同时又阻碍它的进一步发展;既高度重视人的个性生命,同时又陷入了道德至上的困境;既创造了儒医文化现象,同时又使之走入官本位的歧途。当然,我们无论是探讨理学一系列范畴的特点,还是掌握传统医学在宋代以后发展演变的过程和规律,主要的目的是从中获得有益的启示,以加速中医学迈入现代化的步伐。尽管理学的时代已离我们远去,但是中医学之树依然常青,如何分析、评价、借鉴以往理论中的合理内核,依然是今天把握中医学发展走向的一个关键所在。只有深刻地理解过去,才能更好地把握现在、展望未来,当然,也只有用现代意识加以观照,才能做到借古开今,推陈出新,为独具特色的中医文化建设提供切实可行的思路、手段和方法。下面就从以上提到的几个方面作一些总结性的考察。

一、理学对《内经》学说的汲取与借鉴

在理学形成和发展阶段,为了阻挡佛道二教的冲击,促进儒学哲理化的进程,不同派别的理学家对《内经》的学说进行了较为全面的汲取与借鉴。

第一,关于天人观。《内经》充分地揭示了天地人之间的整体性、联系性和有序性。《素问·天元纪大论》指出:"天有五行,御五位,以生寒暑燥湿风,人有五脏,化五气,以生喜怒忧思恐","变化之为用也,在天为玄,在人为道,在地为化","在天为气,在地成形,形气相感而化生万物矣","天地者,万物之上下也"。《素问·宝命全形论》则

说："人以天地之气生，四时之法成"。[1] 即认为自然界万事万物之间相互依存、相互作用和相互影响，保持着内在的和谐和秩序，从而形成一个开放的巨大系统。显然，《内经》的整体观念是合乎客观辩证法的。理学中人十分推崇《内经》的上述思想，如二程说："《素问》之书……善言亦多。如言'善言天者必有验于人，善言古者必有验于今，善观人者必有见于己'。"[2] 肯定了《内经》关于天人、古今、人己之间存在着普遍联系的观点。张载直接受到《内经》"太虚寥廓，肇基化元"[3] 的宇宙生成论的影响，以太虚之气为世界统一性的物质基础，认为天道与人事应相合而论，而不应孤立地看待："天人不须强分，《易》言天道，则与人事一滚论之，若分别则只是薄乎云尔。自然人谋合，盖一体也。"[4] 指出天与人当为辩证的统一体。

二程与张载在吸取《内经》天人观念上有不少一致的认识。如二程说："合天人，通义命，此大贤以上事。""天人本无二，不必言合。"[5] 张载则说："明天人之本无二"，[6] "天人不须强分"，等等。《内经》中有一个重要命题"人与天地相参"，既指出人要与自然规律保持一致性，同时又突出了人在自然界中的地位。《灵枢·逆顺肥瘦》说：

<hr>

〔1〕《黄帝内经素问》，第 246、247、108 页。
〔2〕《二程集·遗书卷第十五》，第 167 页。
〔3〕《黄帝内经素问》，第 248 页。
〔4〕《横渠易说·系辞下》，《张载集》，第 232 页。
〔5〕《二程集·外书卷第七》，第 392 页；《遗书卷第六》，第 81 页。
〔6〕《正蒙·诚明》，《张载集》，第 22 页。

"圣人之为道者，上合于天，下合于地，中合于人事。"[1]《素问·举痛论》说："善言天者，必有验于人。"《素问·宝命全形论》亦说："天覆地载，万物悉备，莫贵于人。"[2] 这些论述都表现了对世界整体性，特别是对"人"的认识的深化。当董仲舒还沉陷在"天者，百神之大君也""人之为人，本于天，天亦人之曾祖父也"[3] 的神学目的论时，《内经》所表现出来的理性精神已远远将其超越。张、程诸人正是在《内经》"人与天地相参"思想的基础之上，进一步讨论了天人关系问题。他们认为"天"即自然界的统称，而"人"则是指个体生命和主观自我，"天"与"人"之间既相合又能分，既相同又相异，共处于一个相互关联的整体之中。张载提出"由太虚，有天之名",[4] 认为万物皆由太虚之天分化而生长发展，即所谓"虚者天地之祖，天地从虚中来"。[5] 而人则以天地之性为其性，以天地之气为其体，"天地之塞，吾其体；天地之帅，吾其性"。[6] 尽管张载认为天人本同一性或本同一道，但是人有情有义，天却无思无虑，所以他又说："分出天人之道，人不可以混天。"[7]

---

[1]《灵枢经》，第 74 页。

[2]《黄帝内经素问》，第 149、108 页。

[3]《春秋繁露义证》卷一四《郊语》，第 398 页；卷一一《为人者天》，第 318 页。

[4]《正蒙·太和》，《张载集》，第 9 页。

[5]《张子语录·语录中》，《张载集》，第 326 页。

[6]《正蒙·乾称》，《张载集》，第 62 页。

[7]《横渠易说·系辞上》，《张载集》，第 189 页。

人作为天地之"心"处在一个根本的位置上，离开了人，世界就会失去意义，张载说："大其心则能体天下之物，物有未体，则心为有外。"[1] 这个"心"包括主体本身与认知能力等方面的内容。然而人在参与到天地万物之中，发挥主体能动性时，则必须按照客观自然的内在律则行事，摒弃主观臆断："与天地参，无意、必、固、我，然后范围天地之化。"[2] 只有这样天人之间方能实现融通与合一，达到一种整体性的和谐与有序。从这一理论出发，张载批判了佛教的错误，指出："释氏妄意天性而不知范围天用，反以六根之微因缘天地。明不能尽，则诬天地日月为幻妄，蔽其用于一身之小，溺其志于虚空之大，所以语大语小，流遁失中。其过于大也，尘芥六合；其蔽于小也，梦幻人世。谓之穷理可乎？不知穷理而谓尽性可乎?"[3] 佛徒否定天地自然的客观实在性，而以主观臆断来妄论天人关系，将自然界说成尘土草芥，把人生视作梦幻轮回，陷入悲观宿命的泥淖之中，而不能"穷理尽性"，即不能理解天地万物的真实道理。这里需要指出的是，面对着佛教"以山河大地为见病之说"[4] 等言论，以往的儒家社会伦理道德观念却无力进行反驳，这是因为"大道精微之理，儒家之所不能谈"。[5] 理学的先驱者们在

---

[1]《正蒙·大心》，《张载集》，第 24 页。

[2]《横渠易说·系辞上》，《张载集》，第 186 页。

[3]《正蒙·大心》，《张载集》，第 26 页。

[4]《正蒙·太和》，《张载集》，第 8 页。

[5]《正蒙·范育序》，《张载集》，第 4 页。

这方面也有过失败的教训，如孙复的《儒辱》、石介的《怪说》、李覯的《常语》、欧阳修的《本论》等等，虽然言词十分激烈，却抓不住佛说的要害将其驳倒。至理学的奠基者们将目光投向了集自然科学与人文科学为一身的《内经》时，这一状况方得到改变。二程在天人观念上受到张载的一定影响，探讨自然界的气化流行，如说："天无形，地有形"，"凡有气莫非天，凡有形莫非地"，"气行满天地之中"，"日月星辰皆气也"，"天地日月一般"，等等。同时，他们也强调了人在自然界中的地位，认为"无人则无以见天地"，离开主体就无从认识客体。虽然二程认为"人与天地一物也"，注重天人相合的方面，但他们并未否定天人相分，如说："天人之理，自有相合。人事胜，则天不为灾；人事不胜，则天为灾。人事常随天理，天变非应人事。如祁寒暑雨，天之常理，然人气壮，则不为疾；气羸弱，则必有疾。非天固欲为害，人事德不胜也。""天理"与"人理"交互相胜，在承认"人事常随天理，天变非应人事"的基础上，他们强调了人的主观能动性，并举例指出同样是严寒酷暑，身体强壮就不会生病，而衰弱者则难免罹患。这说明二程也否定了董仲舒以神说天的神秘观点，同时在一定程度上肯定了自然之天的客观存在，与佛教、道教"万物幻化""有生于无"的虚妄之说也划清界限，如二程曾说："老氏言虚能生气，非也。"[1] 反对老子以及道教以虚为本

---

[1]《二程集·遗书卷第六》，第84、83页；《遗书卷第二上》，第36页；《遗书卷第十一》，第122、129、117、120页《外书卷第五》，第374页《遗书卷第十五》，第160页。

的观点，显示出他们也受到《内经》太虚化生思想的深刻影响。总之，张、程诸人在天人关系上从整体性原则出发，既讲合，又讲分，具有辩证的思维特点。

当然，二程、张载在对"天"的认识上也存在着很大的分歧。他们虽然都认为天地间不存在真正的虚无，然而张载坚持"太虚即气"，即以气说天；二程则主张"太虚即理"，即以理说天。前者为唯物主义，后者则表现为客观唯心主义。这里笔者想着重指出的是，二程在所谓"体贴"天理的过程中也曾受到《内经》的重要影响。《素问·六微旨大论》说："天之道也，如迎浮云，若视深渊，视深渊尚可测，迎浮云莫知其极"，"不生不化，静之期也"，"无形无患，此之谓也"，[1] 论述了一个无形的、永恒不变的"天道"。二程则说："理，无形也"，"天理云者，这一个道理，更有甚穷已？""这上头来，更怎生说得存亡加减。"[2] 后来朱熹又补充说："万一山河大地都陷了，毕竟理却只在这里。"[3] 二程这里很明显吸取了《内经》关于"天道"的说法，从而界定出体有而非无、形化而不空的绝对本体——天理，这不仅反击了佛老认为儒学"有用无体"的责难，同时显示出理学具有较高的思维水平。当然，无论是《内经》的"天道"，还是二程的"天理"，都表现出一定的形而上学倾向，

---

[1]《黄帝内经素问》，第263、271、272页。
[2]《二程集·遗书卷第二十一上》，第271页；《遗书卷第二上》，第31页。
[3]《朱子语类》卷一，第4页。

这也是显而易见的。

第二，关于阴阳观。中国哲学范畴的发展以天人观为其逻辑起点，然后过渡到对偶性极强的阴阳范畴。如果说天人范畴是从整体上把握宇宙的生成模式，阴阳范畴则进一步探讨了天地万物发展演变的过程。先秦时期诸子百家多论及阴阳，但歧见纷呈，莫衷一是。而且其中不少论者对阴阳尚未做出明确的阐释。《内经》吸取了先秦各家特别是《周易》的有关论述，对阴阳这对范畴进行广泛而深入的探讨，使之有了较高的抽象性与概括性。《内经》对阴阳范畴所作的独具特色的阐述，对理学中人产生了相当大的影响，使他们对自然界的辩证本性以及其他方面的认识水平达到一个新的高度。

首先，张载、二程等人吸取并发挥了《内经》阴阳气化为道的思想。《素问·阴阳应象大论》说："阴阳者，天地之道也，万物之纲纪，变化之父母，生杀之本始，神明之府也。"阴阳既是万物生成变化的过程，又是其中所存在的根本规律。阴阳作为世界物质实体气的内在本质，它可以体现在一切具体事物之中，如："阴阳者，血气之男女也。左右者，阴阳之道路也。水火者，阴阳之征兆也。阴阳者，万物之能使也。"又如："积阳为天，积阴为地。阴静阳躁，阳生阴长，阳杀阴藏。阳化气，阴成形。……清阳为天，浊阴为地；地气上为云，天气下为雨；雨出地气，云出天气"，"人生有形，不离阴阳"，[1] 等等。在《内经》看来，无论是

───────────────

[1]《黄帝内经素问》，第21—22、29、109页。

无生命之物还是有生命之物，皆可以用阴阳观念来分析其变化发展的过程和规律。张载对《内经》上述观点直接给予了呼应，提出了"由气化，有道之名"的命题，这里的"道"同样是既指规律又指过程。他例举了自然现象中云、雨、风、雷、霜、雾、露等的产生原则，认为都是阴阳交感互动所引起的，如："阳为阴累，则相持为雨而降；阴为阳得，则飘扬为云而升"，[1] 并进而概括为："万物虽多，其实一物无无阴阳者，以是知天地变化，二端（阴阳）而已。"[2] 宇宙间的万殊现象皆由阴阳而成。张载对阴阳对立双方的相互吸引与排斥即所谓"感"有独到的见解，多方加以阐发，如说："二端故有感，本一故能合。"[3] "有两则须有感，然天之感有何思虑？莫非自然。"[4] "天大无外，其为感者，絪缊二端而已。物物所以相感者，利用出入，莫知其乡，一万物之妙者欤！"[5] 阴阳两端的相互作用是各种不同的物质形态产生的根源与过程，这就是张载所谓的"气化之道"，也被其称为"太和"："太和所谓道，中涵浮沉、升降、动静、相感之性，是生絪缊、相荡、胜负、屈伸之始。"[6] 这一观点，是张载从《内经》"阴阳者，天地之道"的思想中引申、发展而来的朴素辩证观。二程虽以理为最高本体，阴

---

〔1〕《正蒙·参两》，《张载集》，第 12 页。
〔2〕《正蒙·太和》，《张载集》，第 10 页。
〔3〕《正蒙·乾称》，《张载集》，第 63 页。
〔4〕《横渠易说·观》，《张载集》，第 107 页。
〔5〕《横渠易说·系辞下》，《张载集》，第 224 页。
〔6〕《正蒙·太和》，《张载集》，第 7 页。

阳范畴受理制约，但从其万物生成论来说，二程的阴阳观与张载颇为相似。二程说："阴阳，气也。""盖天地间无一物无阴阳。"阴阳之气生成天地万物，他们也举了雷电霜雪等自然现象为例，如"电者，阴阳相轧；雷者，阴阳相击也"，其成因皆在阴阳之间的相互作用。二程进而指出阴阳基本特点即为"有对"："万物莫不有对"，"天地之间皆有对，有阴则有阳"。甚至连其哲学的最高本体道即理也有对："道无无对，有阴则有阳。"所谓"有对"即承认内在的矛盾性，包含有辩证思维因素。当然，作为唯心主义者的二程，最终仍将道（理）绝对化，宣称："此道与物无对，大不足以名之。"[1] 认为存在无对立面的精神性本体，窒息了其理气关系中的辩证思维的火花。

其次，《内经》对于阴阳关系的灵活性、可变性的论述，对张、程诸人也有深刻影响。这主要表现在阴阳相入，即阴阳相互包含方面的内容。《素问·天元纪大论》提出"阳中有阴，阴中有阳"的观点，《素问·金匮真言论》作了详细的阐述："阴中有阴，阳中有阳。平旦至日中，天之阳，阳中之阳也；日中至黄昏，天之阳，阳中之阴也；合夜至鸡鸣，天之阴，阴中之阴也；鸡鸣至平旦，天之阴，阴中之阳也。"[2] 指出在昼夜的不同时段，阴中可存在阳的成分，阳

---

〔1〕《二程集·遗书卷第十五》，第162页；《遗书卷第十八》，第237页；《遗书卷第二下》，第57页；《遗书卷第十一》，第123页；《遗书卷第十五》，第161、153页；《遗书卷第二上》，第17页。
〔2〕《黄帝内经素问》，第16页。

中也可存在阴的因素。当然，这里只是举例，对其他现象，也可作同样的分析。这些论述也是前无古人的，但它启发了后来的学者。张载指出："阴阳之精互藏其宅，则各得其所安。"阴藏阳宅，阳藏阴宅，阴阳相济，各得其安，这正是对《内经》"阴中有阳，阳中有阴"思想的发挥。张载认为阴阳相入、阴阳互渗是自然界中的普遍现象，他举例说："天象者，阳中之阴；风霆者，阴中之阳。"[1] 并进而概括说"其阴阳两端循环不已者，立天地之大义"，[2] 构成一个环状结构，难以截然区分，这种阴阳关系的灵活性，在天地万物的运动变化中具有重要意义。二程也有这方面的认识，如说"无截然为阴为阳之理，须去参错"，"阴阳之际，亦不可截然不相接，厮侵过便是道理"，[3] 等等，明显也是对《内经》阴阳相入思想的发挥。笔者在第五章中已做过论述，此处不再重复。值得一提的是，在张、程的同时代人中，持上述认识者尚大有人在，像邵雍说："阳交于阴，阴交于阳"，"时则阴变而阳应，物则阳变而阴应。"[4] 王安石则说："耦之中又有耦焉，而万物之变遂至于无穷。"[5] 虽然他们的说法没有张载、二程所论丰富具体，但基本观点则是一致的。

---

〔1〕《正蒙·参两》，《张载集》，第12页。
〔2〕《正蒙·太和》，《张载集》，第9页。
〔3〕《二程集·遗书卷第二上》，第39页。
〔4〕《皇极经世》卷一二，《邵雍全集》第3册，第757、760页。
〔5〕 王安石：《洪范传》，《全宋文》卷一四〇一，第64册，第312页。

总之，《内经》的阴阳观促进了宋儒对世界辩证本性的认识普遍得到提高，这一点是可以充分肯定的。

第三，关于常变观。中国哲学中的常变观所探讨的是天地万物运动与静止的问题，所以也被称作动静观。先秦时代对常变动静论述得最深刻、最丰富的是《易传》，如《系辞》中所说："在天成象，在地成形，变化见矣"，"变化者，进退之象也"，"动静有常，刚柔断矣"，"《易》之为书也不可远，为道也屡迁"，等等，从卦爻的变化律则来说明事物变化的绝对性，包含许多对形气转化等方面的天才猜测。但同时又具有一定的神秘性，如《系辞下》说："若夫杂物撰德，辩是与非，则非其中爻不备……知者观其彖辞，则思过半矣。"[1] 用筮法中卦爻的变化来附会客观事物的变化，以探求人事的吉凶祸福。这种二重性来自作易者"从观察客观世界提炼出来的辩证法思想，由于阶级的历史的限制，又套了《周易古经》的框架结构，披上了筮法的神秘外衣，以卦画符号的变化来预示穷通否泰、吉凶悔吝，用宗教巫术来代替辩证法的真正反映形式，这就使自身具有机械的形式主义和宗教的神秘主义的特征"。[2] 至宋代，学者们虽然都以解《易》的名义来阐发各自的常变观（也包括其他各方面的观点），但都能较自觉地运用理性思维，在对一系列自然哲学范畴的探索上，无论对其内涵的规定还是外延的拓展，都超

---

[1]《十三经注疏》，第156、158、186、187页。
[2] 方立天：《中国古代哲学问题发展史》（上），第148页。

越了《易传》水平。特别是张载、二程等具有一定科技知识的理学家,多能在相当程度上摆脱宗教巫术的束缚,这其中作为古代自然科学百科全书的《内经》的重要影响是应该引起人们高度重视的。今有一些学者已经注意到这一点。如张立文先生说:"宋明时期,由于科学技术的发展和总结各方面科学技术成果的专著的出现,人们的思维模式、方法都起了变化。"[1] 刘长林先生则认为:"张载、王夫之等人的哲学可能都受到《内经》形气转化理论的影响。"[2] 这说明仅看到《周易》对理学自然观形成的作用是不全面的,具体到我们眼前所讨论的常变观问题尤为明显。下面笔者拟从两个方面作进一步的探讨。

首先从常变动静的实在性和恒久性来看。《易传》虽然强调了变化对宇宙的重要性,如说:"穷则变,变则通,通则久。"(《系辞下》)但又认为:"《易》无思也,无为也,寂然不动,感而遂通天下之故。"(《系辞上》)[3] 将《易》本身视作无思无为、寂静不动的封闭体系,成为永恒不变的最高本体或绝对真理,这显然属于形而上学的认识。魏晋时期的玄学家王弼就是发挥了《易传》的上述思想,宣扬以静为本,他说:"天地以本为心者也。凡动息则静,静非对动者也;语息则默,默非对语者也。然则天地虽大,富有万物,

---

〔1〕张立文:《中国哲学范畴发展史(天道篇)》,第443页。
〔2〕刘长林:《内经的哲学和中医学的方法》,第39页。
〔3〕《十三经注疏》,第180、167页。

雷动风行，运化万变，寂然至无，是其本矣。"[1] 即是说静止不是运动的特殊形态，而是运动的基础。运动是暂时的、非根本的，静止则是永恒的、根本的。静止不变的"无"才是宇宙万物往复变化的本体。很明显，王弼所谓"无"就是《易传》所说的"易"。这种静本动末的思想对后世产生了较强的负面影响。当宋人由于研习医学熟读《内经》，看到其中的太虚气化，变生万物的恒动学说时，开阔了眼界，认识到"先儒皆以静为见天地之心"的观点是错误的，而提出"动之端乃天地之心也"，[2] 即运动才是天地万物根本的思想。与二程等人相比，张载承认太虚为物质性的气的本然状态，其运动观才真正是同《内经》相一致的。张载说："太虚不能无气，气不能不聚而为万物，万物不能不散而为太虚。"又说："太虚无形，气之本体，其聚其散，变化之客形尔。"[3] 从太虚到万物，再从万物到太虚，是一个不断运动变化的过程，而无论是无形之太虚，还是有形之万物，其载体从根本上讲则是相同的，都是物质性的气。由此可见，张载已超越了《易传》的认识水平，他从客观实在性和恒久性来理解世界的常变动静，无疑是坚持了《内经》的唯物主义的思想路线。

其次从常变动静的阶段和形式来看。《易传》认为事物

---

〔1〕《周易·复卦注》，《十三经注疏》，第78页。
〔2〕《二程集·周易程氏传卷第二》，第819页。
〔3〕《正蒙·太和》，《张载集》，第7页。

或卦爻的运演过程存在着"变"与"化"两种阶段或形式，认为"变"是性质的转变，《剥卦·象传》云："剥，剥也，柔变刚也。"在爻变中，阴胜阳故谓柔变刚。"化"则是生化、化成之意，《系辞下》说："天地纲缊，万物化醇，男女构精，万物化生。"《易传》认为变是化的结果，化成乎变："化而裁之谓之变。"[1] 裁，裁节、裁成，意思是变由化而来，以化为初始阶段。这里包含有从渐化到顿变的意思，但表述得并不清楚。《内经》对此作了重要的发挥，《素问·六微旨大论》说："夫物之生，从于化；物之极，由乎变。变，化之相薄，成败之所由也。故气有往复，用有迟速，四者之有，而化而变。"其认为事物发展可分为变与化两个阶段，"化"为量变的积累，事物内部的阴阳二气之间的相互作用，尚处于一定限度之内，事物的生长过程尚未结束。"变"则是指突然的质变，当事物内部阴阳矛盾激化到了极点，其旧质被打破而形成新质，即所谓"物生谓之化，物极谓之变"。[2]《内经》指出，"变"与"化"为气的迟、速、往、复等差异性所形成，也就是说它是客观世界活生生的辩证过程。《内经》对"化"与"变"范畴所作的详细阐述，给理学家以重要的启迪。张载指出："变，言其著；化，言其渐。"[3] 即"变"为显著的运动状态，表现为质变；"化"为缓慢、微小的数量变化，表现为相对静止状态。物质世界

〔1〕《十三经注疏》，第76、184、171页。
〔2〕《黄帝内经素问》，第270—271、246页。
〔3〕《横渠易说·乾》，《张载集》，第70页。

内部的矛盾运动的阶段为变与化，"气有阴阳，推行有渐为化"，"著天地日月，以刚柔立其本也，其变虽大，盖不能迁夫正者也"，[1] 从阴阳二气看不见的运动形式，到天地日月迅速、显著的运动形式，一切皆变，"动而不穷"。[2] 张载认为渐化是著变的准备，著变是渐化的必然发展，就像"雷霆感动虽速，然其由来亦渐尔"，[3] 著变是由渐化所引起的。因此，变化的结果是可以验证的，"有形有象，然后知变化之验"。[4] 总之，张载对量变与质变及其关系论述的深刻性，在他所处的时代中，是无人能望其项背的。

由上可知，《内经》的常变观是从《易传》到理学（主要是张载）中的别具异彩的一环，起到了承上启下的重要作用。

第四，关于形神观。中国哲学中的形神问题也即心身问题，探讨形体与精神及其关系，涉及形体与精神是怎样产生的；人的精神现象复杂微妙，其本质究竟是什么；形体与精神是共处一体还是可以相互分离；人死后神是否灭亡，是有鬼还是无鬼等方面的内容。其中不少问题与生物学、生理学、心理学、临床医学关系密切。作为医学宝典的《内经》对形神观具有自己深刻独到的论述，并且对理学家深入认识生命现象和无神论观念的确立，产生了相当深远的影响。

---

〔1〕《横渠易说·系辞下》，《张载集》，第219、210页。

〔2〕《正蒙·乾称》，《张载集》，第64页。

〔3〕《横渠易说·系辞下》，《张载集》，第219页。

〔4〕《横渠易说·系辞上》，《张载集》，第177页。

《内经》认为精神活动产生于五脏。《灵枢·本脏》说：
"五脏者，所以藏精神、血气、魂魄者也。"《灵枢·九针论》
又说："五藏：心藏神，肺藏魄，肝藏魂，脾藏意，肾藏精志
也。"〔1〕将神、意、魂、魄等精神活动分别与人体的五脏直
接关联在一起，五脏是精神产生的物质器官，又是精神储存
的藏舍。这种认识不仅为张载、二程、朱熹等所袭用，直至
明清之际的王夫之仍持此说，其在《思问录外篇》中说：
"《内经》之言，不无繁芜，而合理者不乏。《灵枢经》云：
'肝藏血，血舍魂。脾藏荣，荣舍意。心藏脉，脉舍神。肺
藏气，气舍魄。肾藏精，精舍志。'是则五藏皆为性情之舍，
而灵明发焉，不独心也。"〔2〕当然，这种将精神活动的功能
分属于五脏并不科学，但是强调精神产生于生理器官的观点
是符合唯物主义的。而且，临床实践证明，五脏与五情之间
确实有一定的联系，对人体内司控情志和思维活动的物质系
统的研究，仍是今天的重要课题。〔3〕

　　《内经》对人的精神现象的探讨是十分深入的，其"魂
魄"之说涉及潜意识方面的问题。《灵枢·本神》在"所以
任物者谓之心"句前面，这样写道："故生之来谓之精；两
精相搏谓之神；随神往来者谓之魂；并精而出入者谓之
魄。"〔4〕其中所谓的"精"与"神"都是广义的，前者是

〔1〕《灵枢经》，第85、140页。
〔2〕《船山全书》第12册，第456页。
〔3〕参见刘长林：《内经的哲学和中医学的方法》，第113页。
〔4〕《灵枢经》，第23页。

指人体所藏的精微物质，后者则概括了人生命的总貌。而所谓"魂魄"则似乎是指先天的本能或潜在的意识，因为魂魄出现在"心"认识外界事物之前。尽管《内经》对它的具体涵义并未作进一步的说明，但理学中人对此却产生了极大的兴趣，其中尤以朱熹所论最详。朱熹的魂魄说虽广泛吸取了先秦两汉诸家的有关论述，但他认为魂魄为人的潜在意识的观点显然是对《内经》的发挥。朱熹说："魄者形之神，魂者气之神"，"魂乃精气中无形迹底"，"魂动而魄静"。[1]即是说魂魄属于精神或意识的范围，其虽也有作为，但又无形无迹，不易为人所觉察，与明显的心理活动有所区别。对人的心理深层结构的研究至今仍未有突破性的进展，所以无论《内经》或朱熹等的魂魄说是否科学，其对潜意识问题所作的探索的先启意义却值得予以肯定。另外，《内经》提出的以情制情或以理遣情的心理治疗学也颇值得称道，这是一种内省式的体认方法，依靠的是主体自身的自我控制，使心理情感无过与不及，从而保持和谐、适中的状态。理学中人多熟谙个中三昧，如二程说："多惊多怒多忧，只去一事所偏处自克，克得一件，其余自正。"又说："忿懥，怒也。治怒为难，治惧亦难。克己可以治怒，明理可以治惧。"[2] 强调"克己"功夫，以内修"明理"纠正情感上的某种偏颇。

---

〔1〕《朱子语类》卷八七，第2259页；卷三，第42页。
〔2〕《二程集·遗书卷第六》，第84页；《遗书卷第一》，第12页。

《内经》形神观另一值得称道之处是其对鬼神迷信的反对与排斥。《素问·五脏别论》说："拘于鬼神者，不可与言至德。"《素问·宝命全形论》也说："道无鬼神，独来独往。"[1] 其中所说的"道"或"德"都是指的气化流行的过程或规律，体现了它的医学理论的科学性和理性精神。[2] 这些说法启发了张载等人的思路，使他们多依据气的学说来解释鬼神。张载说："物生既盈，气日反而游散。至之谓神，以其伸也；反之为鬼，以其归也。"[3] 认为鬼神不过是阴阳二气运动的不同形态。他批评世俗的鬼神迷信，说："今之言鬼神，以其无形则如天地，言其动作则不异于人，岂谓人死之鬼反能兼天人之能乎？"[4] 他又批评佛教的灵魂不灭说，认为："浮屠明鬼，谓有识之死受生循环，遂厌苦求免，可谓知鬼乎？"[5] 用两个强有力的诘问，否定了佛、俗两界的鬼神迷信，指出人的生死就是气化的必然过程。张载最后概括出"鬼神者，二气之良能也"[6] 的名言。二程亦反对佛教的鬼神观，说："佛者之学，本于畏死，故言之不已。"认为佛教的生死轮回说起因于对死亡的恐惧。他们还批判了道教的神仙说，《二程遗书》卷一八载："问：'神仙之说有诸？'曰：'不知如何。若说白日飞升之类则无，若言居山林

---

[1]《黄帝内经素问》，第54、110页。
[2] 另外《灵枢·贼风》尚有"两气相搏……故似鬼神"之说。
[3]《正蒙·动物》，《张载集》，第19页。
[4]《拾遗·性理拾遗》，《张载集》，第373页。
[5]《正蒙·乾称》，《张载集》，第64页。
[6]《正蒙·太和》，《张载集》，第9页。

之间，保形炼气以延年益寿，则有之。譬如一炉火，置于风中则易过，置于密室则难过，有此理也。'"[1] 认为道教保形炼气的养生功夫有一定道理，但白日飞升的神仙迷信则纯为无稽之谈。

当然，理学的形神观尚包括其他方面的内容，从以上涉及的问题来看，都与《内经》有着直接的关系。

《黄帝内经》作为影响中华民族文化发展的根源性著作之一，在宋明时期受到人们的普遍重视，从而成为这一历史时期哲学与科学长足进步的一个重要因素。然而理学内部各个不同派别的哲学家对《内经》的认识出发点或根本态度并不相同。以张载为代表的气学派人物汲取其中的自然科学最新成就，是为了进行唯物主义的概括和总结，使之上升到世界观、方法论的高度，这样反过来又促进了自然科学的发展，推动了战胜唯心主义和有神论的进程。他们的哲学，作为自己时代精神的精华当之无愧，像张载提出的元气本体论就是其中的一个光辉典范。而以二程为代表的理学派人物虽然也借鉴了不少《内经》的思想资料，并使自己的学说中增添了一些朴素唯物主义和辩证法的内容，但其根本目的却在于构筑更高层次的唯心主义思想体系，使之更精致、更细密，从而能更加有效地为封建统治阶级的长远利益服务。这一点则是必须分辨清楚的。另外，还应该指出的是，由于时代与科学水平发展等方面的局限，《内经》本身也还存在着

---

[1]《二程集·粹言卷第一》，第 1171 页；《遗书卷第十八》，第 195 页。

一些错误和缺陷，比如过分夸大天人之间的统一性，用神话想象来解释生命现象，阴阳五行图式中的循环论倾向，等等，这些虽然是无法苛责的，但也确实对后世的科学与哲学起到一定的负面作用，笔者在前面各章中已有具体分析与论述，这里就不再多说了。

二、重估理学对宋明医学的影响和作用

怎样估价理学对宋明时期医学的影响和作用，无疑是值得认真研究的问题。笔者之所以提出三对存在着内在矛盾的问题来加以讨论，就是依据客观的历史事实，既肯定其应有的正面作用，亦同时看到其消极的方面。

（一）促进医理研究方面的争鸣与深化，同时又阻碍其进一步发展

理学从总体上说是古代认识史上的一次前进，它的思维方式属于理性思维范围，对医学的正面作用大致有以下三点。1. 从怀疑到创新。理学的开创者们的治学新风是从怀疑经传、议经改经开始的。反对盲从迷信，提倡深思独创，可以说是他们的共同认识。张载说："不知疑者，只是不便实作；既实作则须有疑。必有不行处，是疑也。譬之通身会得一边，或理会一节未全，则须有疑，是问是学处也；无则只是未尝思虑来也。"[1] 强调因疑而思。二程亦谓："学者要先会疑"，"不深思则不能造于道，不深思而得者，其得易

─────────

[1]《经学理窟·气质》，《张载集》，第 268 页。

失"，"思则得之，不思则不得也"。〔1〕 与张载所论相似。
朱熹总结张、程之言，提出疑以求信的主张，说："读书，
始读未知有疑，其次则渐渐有疑，中则节节是疑。过了这一
番后，疑渐渐解，以至融会贯通，都无所疑，方始是学。"
理学的这种怀疑探索精神，表现为相对的思想自由，濂、
洛、关、闽诸学派之间在学术见解上各守本位，绝不互相敷
衍迁就，即所谓"不可随人脚跟，学人言语"，〔2〕 就是这种
精神的生动写照。北宋之后，医家受此"诸儒各争门户"局
面的影响颇深，纷纷争创新说，自立学派，其中以金元四大
家最具代表性。刘完素认为，"若专执旧本，以为往古圣贤
之书，而不可改易者，信则信矣，终未免泥于一隅"，〔3〕 体
现出与理学尊经却不泥古相一致的治学态度。他补充发挥
《内经》有关经典条文，自创以火热病机为核心的火热论，
从而形成了所谓河间学派。张从正为刘河间之高弟，却又另
立攻邪之说。其尝言："岂可废后世之法而从远古？譬犹上
古结绳，今日可废书契而从结绳乎？"又说："慎勿殢仲景纸
上语惑杀世人。"〔4〕 反对盲目尊古信古的临证思想。李杲拜
易水学派创始人张元素为师，其师有一句名言："运气不齐，

〔1〕《二程集·外书卷第十一》，第 413 页；《遗书卷第二十五》，第
    324 页。
〔2〕《宋元学案》卷四八《晦翁学案上》，第 1549 页；卷五八《象山学
    案》，第 1894 页。
〔3〕《素问玄机原病式（注释本）·序》，第 14 页。
〔4〕《儒门事亲》卷九，第 174、176 页。

古今异轨，古方新病不相能也。"[1] 使东垣受益匪浅，创脾胃论新说，并著《医学发明》等八种著作，以警醒那些"集前人已效之方，应今人无限之病"的庸医。朱震亨虽亦列河间学派门墙之中，但却力主养阴之论，他在《局方发挥》中认为世人尽套和剂局之方而不知临机应变，"何异刻舟求剑，按图索骥？冀其偶中也，难矣"。[2] 可见这些一代名医确都具有独立思考与创新精神。2. 博文与约礼。"格物致知"为理学方法论的中心议题，其中最具合理因素的认识是对"博"与"约"关系的阐述。朱熹对此所论甚为精详。如说："博文约礼，圣门之要法。博文所以验诸事，约礼所以体诸身。如此用工，则博者可以择中而居之不偏，约者可以应物而动皆有则。如此，则内外交相助，而博不至于泛滥无归，约不至于流遁失中矣。"又说："博文是多闻，多见，多读……博文工夫虽头项多，然于其中寻将去，自然有个约处。圣人教人有序，未有不先于博者。"[3] 可见"博"即谓广学博求，"约"则是有条理、有层次、有秩序。其著《通鉴纲目》《八朝名臣言行录》《伊洛渊源录》等史书皆"荟萃群言，归之条贯，叙次明白，多而不杂，要亦足为史籍著作中一规范。后人继此有作，导源之功，亦何可忽耶？"[4] 这种影响不仅限于史界，后世医家在整理前代医学

〔1〕《金史》卷一三一《张元素传》，第2812页。
〔2〕《局方发挥》，《朱丹溪医学全书》，第33页。
〔3〕《朱子语类》卷三三，第833、834页。
〔4〕钱穆：《朱子新学案》（下），第1696页。

文献时，无不效法朱熹博约互参、由博反约的研究方法。元代名医危亦林（1277—1347）慨叹：“方浩若沧海，卒有所索，目不能周。”于是以十年之功，著《世医得效方》，“首论脉病证治，次由大方脉、杂医科以发端，至于疮疡科而终编。分门析类，一开卷间，纲举而目张，由博以见约”,[1] 成就了一部“便于观览”的综合性医著。药物学的不朽巨著《本草纲目》更是“博而不繁，详而有要”。李时珍其人受理学研究方法的影响是很深的，他一方面“凡子史经传，声韵农圃，医卜星相……稍有得处，辄著数言”，另一方面又“析族区类，振纲分目”，对所得知识加以纲目分类，使之能够叙次分明，井井有条。所以时人称《本草纲目》为“性理之精微，格物之通典”,[2] 其义正在于此。朱熹的博约互参、由博返约之法还被医家广泛应用于对《内经》和《伤寒论》的研究方面。学者以此两大经典的原文为纲，以历代诸家诠释为目，进行分门别类的归纳整理，使之更切近于实用。《内经》方面有罗天益的《内经类编》、滑寿的《读素问钞》、张介宾的《类经》、李中梓的《内经知要》、汪昂的《素问灵枢类纂约注》、沈又彭的《医经读》等等。至于《伤寒论》方面著述更多，不下数十种，这里就不一一例举了。总之，这一方法使后世医学在临床实践和文献整理等方面都获得了很大成果，起到了促进医学发展的作用。3. 性与

---

[1] 《世医得效方·序》，第3页。
[2] 王世贞：《本草纲目序》，《本草纲目（校点本）》第1册，第17页。

天道。性，既指人性亦指物性；天道既指自然规律亦指宇宙本体。"性与天道"本是原始儒家所不可得而闻的高深哲理，但在理学家中却成为经常探讨的问题。围绕着这一命题，理学提出了一系列重要范畴，据陈淳《性理字义》所列计有二十五个条目。上卷十三个条目为：命、性、心、情、才、志、意、仁义礼智信、忠信、忠恕、诚、敬、恭敬；下卷十二个条目为：道、理、德、太极、皇极、中和、中庸、礼乐、经权、义利、鬼神、佛老。当然，事实上理学论及的远不止上述这些范畴。因为上述范畴本身可进行推衍变化，如"理"可以衍为"理气"，"道"可以衍为"道器"，"太极"可以衍为"阴阳""动静""先天""后天""无极"，如此等等。这些范畴的研究显示出理学高于前代的理性思辨水平和对自然、人生以及社会认识程度的深化。黄宗羲称之为"牛毛茧丝，无不辨晰，真能发先儒之所未发"。[1]宋明时期的医家接受了这些哲学范畴，用于中医基本理论的研究，并且开出了新的局面。例如太极，理学认为其为宇宙的本原，阴阳五行、万事万物，都由此产生演变。医家亦皆强调太极的重要性，朱震亨说："先儒谓物物具太极，学者其可不触类而长，引而伸之乎?"[2]张介宾认为："浑然太极之理，无乎不在。"[3]孙一奎亦谓："天地万物，本为一体。所谓一体者，

---

〔1〕《明儒学案·发凡》，第 14 页。
〔2〕《格致余论·呃逆论》，第 47 页。
〔3〕《类经图翼》卷一《运气上》，《类经》，第 525 页。

太极之理在焉。"〔1〕 他们一个共同的认识就是太极通贯一切事物，医道亦须以太极之理引申发挥，于是生理、病理、药理都被视为太极之理的具体应用。其中也确实有不少有价值的创见，像赵献可的太极命门说就颇具代表性。〔2〕 又如先天、后天。程朱认为天地未形理已具此为先天，气化生成万物是为后天。明代医家多以先天后天论形气体用，如赵献可说："先天者，指一点无形之火气也，后天者，指有形之体。"〔3〕 他们还以此论运用于具体的辨证施治之中，如李中梓等人认为肾为先天，脾为后天，治病应补先天后天，以固脾肾为主。这种观点至今尚未失去其临床意义。另外，医家还对理学的其他范畴如阴阳、精、气、形、神也都作了独特的发挥，笔者在前面各章中已做过阐述，兹不赘言。总而言之，理学的怀疑创新精神、博约互参的治学方法以及对性与天道的探讨，对后世医学发展所起的积极作用，是值得加以肯定的。

但是，理学家皆以"发明圣学"为己任，他们阐述自己的理学思想，主要是通过注释儒家经典而实现的。《易》《春秋》《诗》《书》《礼》，被他们一代代不厌其烦地反复注释，多方诠解。自二程提倡《四书》，朱熹作《四书章句集注》《四书或问》之后，阐释《四书》的著作，汗牛充栋。所以

---

〔1〕《医旨绪余》上卷《太极图抄引》，《赤水玄珠》，第553页。
〔2〕参见本书第四章。
〔3〕《医贯》卷六《后天要论》，第94页。

理学家无论如何怀疑，终不敢怀疑儒学本身；无论如何创新，终不出儒学的基本范围；无论如何争门户，终在孔孟门下。这就决定了他们对儒学改良的不彻底性和在理论建树上的局限性。加上元明以后统治者出于政治上的考虑，将理学作为统一全国思想的官学，《朱子全书》《四书章句集注》《性理大全》《性理精义》等书成为科举取士的法典，永恒不变的教条，如顾炎武所说："惟国家以经术取士，自《五经》《四书》《二十一史》《通鉴》《性理》诸书而外，不列于学官，而经书传注又以宋儒所订者为准。此即古人罢黜百家、独尊孔氏之旨。"〔1〕于是尊经述古之风愈演愈烈，理学也变成束缚人的桎梏，学术思想界出现了墨守师说、万口一词的僵化局面。处于这样的社会环境之中，医家不受到极深影响是绝对不可能的。仿照儒学尊孔，医界多尊张仲景为圣。明人方有执说："圣人之所以大，无不出自天者"，"天者理也，理在人心，无古今方隅之异也"，而张仲景之《伤寒论》"法而世为天下则，方而世为万病祖，乃至预有集斯道之大成，而擅百世宗师之同归者。道不同而同出于天"，"于是医门尊之以为圣，犹儒门之圣孔子而宗师焉"。〔2〕这完全是依理学的口吻，将张仲景视为受命于天的圣人，其书成为万古不易的圣典。方氏此论一出，响应者颇众。清人徐大椿说："夫仲景先生，乃千古集大

〔1〕《日知录集释》卷一八，第948页。
〔2〕《伤寒论条辨·序》，第1、2页。

成之圣人，犹儒宗之孔子"，[1]《伤寒论》则为"医方之经"，"字字金科玉律，不可增减一字"。[2] 其尊崇之心已达到迷信程度。在方、徐诸人眼中，古人胜于今人，古法胜于今法，他们把《内经》《难经》《神农本草经》《伤寒论》比之于儒之《四书》。他们认为"古圣人，千古莫及"，"治必遵乎古法"，因此而特别仇视那些有所谓"离经叛道"倾向的医家，如称刘完素、朱震亨为"二悍"，薛己、张介宾、赵献可等人为"群凶"，[3] 俨然以"尊经卫道"者自居。这些情况表明，理学要求人们在古代经书中寻章索典的治学原则，确实具有极大的消极作用，传统医学理论之所以始终没有大的突破，与这种尊经崇古的作风显然有着直接的关系。

（二）重视生命存在与道德至上的误区

在理学的整个思想体系中，"人"的问题始终居于核心地位。它除了继承先秦儒学从伦理道德的角度论"人"外，同时也汲取了医家、道家等从个体生命的存在与延续的角度来论"人"，因此其人学方面的内容也是兼收并蓄和瑕瑜互见的。对后世医学产生积极影响的观点大致有以下两个方面。1. 重"生"学说。所谓"生"既指生命之生，亦指生存之生。二程说："天只是以生为道，继此生

---

〔1〕《医学源流论》卷下，《徐灵胎医学全书》，第 154 页。
〔2〕《医贯砭》卷上，《徐灵胎医学全书》，第 90 页。
〔3〕范行准：《中国医学史略》，第 282 页。

理者，即是善也。……万物皆有春意，便是继之者善也"，"万物之生意最可观"。[1] 强调了生命的重要意义和价值，认为生命现象就是天地间的"春意"，就是善。朱熹在解释《论语》"罔之生也"之"生"字时，认为"此'生'字是生存之'生'"，还说："天地生生之理，只是直。才直，便是有生生之理。"[2] "直"即正，即是说生命的存在与延续为自然界的正常规律。元儒许衡则提出"治生"之说，其云："为学者，治生最为先务。苟生理不足，则于为学之道有所妨。彼旁求妄进及作官嗜利者，殆亦窘于生理之所致也。"这里的所谓"生"显然包括了生命、生存的意思，"治生"也就是重生。他又从儒家的基本理论出发，指出人的生命的重要性："天赋与之德性，父母生之体发，百骸完具，物理皆备。人而暴弃则不肖，悖天逆理为甚。"[3] 这些观点"给理学带来一些清新的空气"。[4] 明儒王艮则提出"身与道原是一件"的观点，他说："若夫知爱人而不知爱身，必至于烹身割股，舍生杀身，则吾身不能保矣。"[5] 反对"烹身割股"的愚昧行径，而高扬"爱身""保身"的地位。另一清儒魏裔介（1616—1686）则认为："天地有万古，此身难再得。人生只百年，此日最易过。幸生其间者，不可

〔1〕《二程集·遗书卷第二上》，第29页；《遗书卷第十一》，第120页。
〔2〕《朱子语类》卷三二，第811页。
〔3〕《许衡集》卷末，第483页；卷二，第99页。
〔4〕侯外庐、邱汉生、张岂之主编：《宋明理学史》（上卷），第692页。
〔5〕《王艮全集》卷三，第74、64页。

不知有生之乐，亦不可不怀虚生之忧。"〔1〕从人生的不可重复性与短暂性角度，来提醒人们应该知道生命的乐趣和时间的宝贵。明清之际的王夫之又提出了"珍生"之说，他指出："圣人者人之徒，人者生之徒。既已有是人矣，则不得不珍其生。"既然已经有了自己的个体生命，就必须珍视它、爱惜它。他又说："夫可依者有也，至常者生也，皆无妄而不可谓之妄也"，"其常而可依者，皆其生而有；其生而有者，非妄而必真"。认为生命是真实的，并非如佛老所说的人生无常、人生幻妄，强调了生命的客观实在性。他还指出："且天地之生也，则以人为贵。"〔2〕人是一切有生命物中最为宝贵的。上述这些言论，使那些本来就"以活人为务"的医家倍受鼓舞，在宋以后的医著中带有理论色彩的重生之语比比皆是，远远超过前代。但限于篇幅，笔者只能从金元、明、清各选一具有代表性者摘录于下，以资佐证。"金元四大家"之一的李杲在《东垣十书·远欲论》中说："名与身孰亲？身与货孰多？以隋侯之珠，弹千仞之雀，世必笑之，何取之轻而弃之重耶？残躯六十有五，耳目半失于视听，百脉沸腾而烦心，身如众派漂流，瞑目则魂如浪去。神气衰于前日，饮食减于曩时，但应人事，病皆弥甚。以己之所有，岂止隋侯之珠哉！"〔3〕认为身重于名与货，特别是

---

〔1〕《琼琚佩语·为学》，第3页。
〔2〕《周易外传》卷二，《船山全书》第1册，第869、887、888、889页。
〔3〕《脾胃论》卷下，第88页。

年老之人更应珍惜自己的"隋侯之珠"。明代医家张介宾说："老子曰:'吾所以有大患者,为吾有身;使吾无身,吾有何患?'余则曰:吾所以有大乐者,为吾有形;使吾无形,吾有何乐?是可见人之所有者唯吾,吾之所赖者唯形尔。无形则无吾矣,谓非人身之首务哉!"〔1〕针对老子以身为"大患"的虚无观点,明确提出有形为乐的看法。他认为形为生命的物质基础无疑是正确的,论证亦极富哲理。清人王嘉嗣《医学真传·序》则谓:"造物以正气生人,而不能无夭札疫疠之患,故复假诸物性之相辅相制者以为补救,而寄其权于医,夭可使寿,弱可使强,病可使痊,困可使起,医实代天生人,参其功而平其憾者也。"〔2〕认为造物生人之责可由医者补充甚至代替,其说也颇为新颖。总之,这一时期医家的重生观念在理学影响下有了进一步的提高。2. 养生之术。理学家并非严格意义上的养生家,但由于他们普遍具有较丰富的医学知识,所以往往记有不少具体、细致的养生方法,有些尚颇有见地。元儒许衡曾谈及老年摄生之道,他说:"老人宜少食精粹,不宜多食粗粝,盖气弱而不服粝食故也。……古人以养老为大事。"又据《鲁斋遗书》卷一三《考岁略》载,许衡晚年有宿疾,"故日节饮食,未尝敢至于饱,以为饱则必有补邪气也",〔3〕可谓对养身煞费苦心。而像邵雍、朱熹、陆九渊等理学中的重要人物,他们的一些养

〔1〕《景岳全书》卷二《传忠录中》,第49页。
〔2〕《医学真传》,"序",第1页。
〔3〕《许衡集》卷一,第57页;卷末,第481页。

生语要则被后世医家作为妙论良箴记录在各自的医著中。如元邹铉《寿亲养老新书》记有：

> 康节先生诗云：爽口物多终作疾，快心事过必为殃。知君病后能服药，不若病前能自防。
>
> 晦翁语录或云：俗语："夜饭减一口，活得九十九。"
>
> 邵康节诗云：花木四时分景致，经书万卷号生涯。有人若问闲居处，道德坊中第一家。[1]

又如明高濂《遵生八笺》中记有：

> 《真西山先生卫生歌》："万物惟人为最贵，百岁光阴如旅寄。自非留意修养中，未免病苦为心累。何必餐霞饵大药，妄意延龄等龟鹤。但于饮食嗜欲间，去其甚者即安乐。……"
>
> 《象山要语》曰："精神不运则愚，血脉不运则病。"[2]

再如明王文禄《医先》中记有：

> 朱子（震亨）曰：病字从丙。丙，火也。百病皆生

---

〔1〕《寿亲养老新书》卷四《保养》，第118页；卷二《古今嘉言善行七十二》，第78页。

〔2〕《遵生八笺》卷二《清修妙论笺》，《高濂集》第1册，第100、117页。

于火。〔1〕

还有明陈继儒《养生肤语》中记有:

> 王阳明诗曰:饥来吃饭倦来眠,只此修元元更元。
> 说与世人浑不解,却于身外觅神仙。〔2〕

其他尚有许多类似情况。诸医家之所以看重这些理学大师们的话,一方面是为了借他们的权威以张己说,另一方面也确实认为这些养生格言切实可行,值得借鉴。

然而与肉体生命相比,理学家更看重人的道德生命。他们似乎对生死看得比较淡漠,《宋元学案·百源学案上》记载邵雍临死前的情景:"疾革,谓司马公曰:'试与观化一遭。'公曰:'未应至此!'先生笑曰:'死生亦常事尔!'"〔3〕将死亡看作人生的一次变化。张载则认为:"存,吾顺事,没,吾宁也。"〔4〕程颢《和尧夫首尾吟》亦道:"死生有命人何与,消长随时我不悲。"〔5〕对人的感性存在抱一种自然的态度。但他们对于道德生命却看得高于一切,理学开山周敦颐提出"圣希天,贤希圣,

---

〔1〕《医先》,第13页。
〔2〕《养生肤语》,李鹏飞编:《三元延寿参赞书(外四种)》,第8页。
〔3〕《宋元学案》卷九,第366页。
〔4〕《正蒙·乾称》,《张载集》,第63页。
〔5〕《二程集·文集卷第三》,第481页。

士希贤"〔1〕的圣贤理想，后儒无不以此作为生前身后的奋斗目标。张岱年先生曾对明儒罗伦所说的"生而必死，圣贤无异于众人也。死而不亡，与天地并久，日月并明，其惟圣贤乎"之语发表评论说："'死而不亡，与天地并久，日月并明'，可视为不朽之界说。"〔2〕这个"不朽"即是指圣贤的道德生命可以永驻天地之间。身后之不朽需要通过生前的道德修养来实现，理学家普遍认为道德境界的升华必须克制肉体生命的种种欲望，如朱熹说："然人有是身，则有耳目鼻口四肢之欲，而或不能无害夫仁。人既不仁，则其所以灭天理而穷人欲者，将益无所不至。"〔3〕这样他们便将人的道德生命与肉体生命摆在互相对立的位置，所以"圣贤千言万语，只是教人明天理，灭人欲"，〔4〕于是便出现了各式各样的"养心""养德""寡欲""灭欲"之说，影响遍及社会各个阶层。医家多依此作为讨论养生之术的理论依据，如明万全将"寡欲"视作养生的第一要务，说："夫寡欲者，谓坚忍其性也……坚忍其性则不坏其根矣。"〔5〕以正心忍性为养生的根本。李梴《医学入门·保养论》则谓："主于理，则人欲消亡而心清神悦。"〔6〕认为

---

〔1〕《周敦颐集》卷二《通书·志学》，第 22 页。

〔2〕张岱年：《中国哲学大纲》，第 488 页。

〔3〕朱熹：《克斋记》，《全宋文》卷五六二，第 252 册，第 39 页。

〔4〕《朱子语类》卷一二，第 207 页。

〔5〕《万氏家传养生四要》卷一，第 1 页。

〔6〕《医学入门》卷首《保养说》，第 29 页。

精神愉悦来自存理灭欲。皇甫中则强调："养正如待小人，在修己而正心。"[1] 把修己正心作为养生的不二法门。清人李宗源《医纲提要·阴阳大义》亦谓："养生当养德……不以计巧谋生，不以外物扰心。"[2] 将道德修养与养生浑然为一体。类似的说法太多，笔者无法将其全部摘引，但它们具有一个共同的特点，就是将理学的存理灭欲说作为养生理论的根本与出发点。这样，心性之学就势必像一道巨大的屏障，遮住了医家探讨人的正常生理规律的视野，处处以道德的修养手段和价值取向作为延年益寿的途径，这无异于缘木求鱼、南辕北辙。明清士人一味灭欲修德，静坐读书，体弱命短者越来越多，对此颜元在《朱子语类评》中痛切地指出："耗气劳心书房中，萎惰人精神，使筋骨皆疲软，天下无不弱之书生，无不病之书生，一事不能做。……生民之祸，未有甚于此者。"[3] 理学唯道德主义给医学养生观带来了恶劣的影响，其与生命科学在本质上是水火不相容的。另外，理学所制定的种种清规戒律，对广大患病妇女危害更甚，它要求医者素帕蒙手诊脉导致误诊率激增，又宣扬"节妇乳疡不医宁死"之类事迹，从而使天下多了数不尽的遗憾和悲剧，其根源就在于"男女之大防""饿死事小，失节事大"等腐朽的伦理观念。总之，理学的不少道德说教无形中成了束缚医学进一步发展的绳索，其消极作用是不容低

---

[1]《明医指掌》卷一，第3页。
[2]《医纲提要》卷一，第7页。
[3]《四书正误》卷六《朱子语类评》，《颜元集》，第272页。

估的。

（三）儒医文化传统的巩固与官本位的歧途

近年来儒医文化现象引起了学术界广泛的兴趣，成为讨论的一个热点问题。有学者认为："儒医就是通达医理并悬壶济世或致力于医学研究的文人。他们有的仕途失利而步入九流，有的家亲病丧而发愤学医，有的受到医方卜筮的影响而志取杏林。儒医的共同特点是，文史素养高，著述能力强，擅长于文献研究，或竟以医名于世。自宋元以来，由儒入医者逐渐增多，逐步成为医学发展的一支重要流派。儒医，从广义上来讲，可以说是掌握医学知识和医疗技术的文人。他们或是弃儒从医，或是儒而兼医，或是知医而自用。"[1] 还有学者认为："医而称儒医，在医家中算是最高称誉。这是因为礼教、儒学在中国所处居高不下的地位的缘故。不过，儒与医相联是宋以后的事。……至宋一代，一者医学的地位因皇帝的偏好，与日俱隆；二者儒教的正统地位更加巩固和突出；三者儒士本身有格物致知倾向的发展和对实际应用的价值取向，于是医学被认为是实行儒家理想的途径。'不为良相，则为良医'成为旷世流风，儒士箴言。儒医的传统便开始形成了。"[2] 这些说法对儒医的基本特征作了较为全面的概括，并对其产生的原因作了大致的探讨。如果继续深究的话，笔者认为儒医文化传统的巩固则与从宋至

---

〔1〕 李良松、郭洪涛编著：《中国传统文化与医学》，第 24 页。
〔2〕 马伯英：《中国医学文化史》，第 476 页。

清绵延不绝的实学思潮有着直接的关系，而这一思潮的出现又与理学有着千丝万缕的联系。

　　根据现已查阅的史料，"实学"这一概念最早是由北宋理学创始人程颐提出来的。[1] 程颐说："治经，实学也。"又说："经所以载道也，器所以适用也。学经而不知道，治器而不适用，奚益哉？"[2] 强调了经世致用的传统与求实的作风。朱熹亦认为："学之之博，未若知之之要；知之之要，未若行之之实。"[3] 强调"行"重于"知"。南宋另一著名理学家张栻（1133—1180）则指出："圣门实学，贵于践履。"[4] 倡导所谓的"躬行实践"。除了程朱学派外，陆王学派也重视实学。如陆九渊说："平生学问惟有一实，一实则万虚皆碎。"[5] 王阳明亦谓："人须在事上磨炼，做功夫乃有益。"又说："簿书讼狱之间，无非实学，若离了事物为学，却是着空。"[6] 认为道德与事功两不相离。理学各派的上述见解，从理论的层面深化了范仲淹"不为良相，便为良医"的思想，使习儒者增加了掌握诸如医术等实用技艺的自觉性，因此在行孝道、举仁术等人伦道德的力行践履之中，增添了不少具体的、可以操作的内容。这一时期官方修纂医书，多以儒者任事而以医者为辅。理学中的不少名流，络绎

----

〔1〕参见葛荣晋主编：《中日实学史研究》，第4页。

〔2〕《二程集·遗书卷第一》，第2页；《遗书卷第六》，第95页。

〔3〕《朱子语类》卷一三，第222页。

〔4〕《南轩先生论语解》卷四，第157页。

〔5〕《陆九渊集》卷三六《年谱》，第529页。

〔6〕《王文成公全书》卷三《传习录下》，第114、118页。

不绝地写出了有关医学方面的著述，如程颐的《名医传》、司马光的《医问》、文彦博的《节要本草图》《药准》、朱熹的《伤寒补亡论跋》、文天祥的《王朝弼金匮歌序》、许衡的《论友人病症书》《吴氏伤寒辨疑论序》、吴澄的《医说序》《内经指要序》、刘因的《书示疡医》《内经类编序》、宋濂的《医家十四经发挥序》《赠医师葛某序》、方孝孺的《鼻对》《医源》、胡翰的《医前论》《医后论》、吕坤的《疹科》等等。由于这些名儒的介入，医界竟出现"别子为宗"的局面，就是说一般的医者被认为"流品不高"，称为"医工"，只有以儒知医，或儒而兼医方可称为"上医""高识清流"，被抬到医界至尊的地位。当然，这里面存在着不少对下层医者的歧视和偏见，但也说明理学中人关于人的生理、病理、人的思维活动以及人与自然、人与社会方面的知识远较往代儒者丰富。顾炎武说过，三代以上人人皆知天文，是否也可以说，宋代以后儒者皆通医道。

然而，对于理学中人来说，精通医道等实用技艺不过是"儒者之一事"，被称作"小道"或"贱术"。而只有经邦纬国、出将入相才被视为人生之"正途"。所谓"学成文武艺，货与帝王家"，"朝为田舍郎，暮登天子堂"，亦即金榜题名、登科入仕才是儒生们的最高理想。可以说理学家所标榜的"实学"，其主要内容就是科举应试之学。所谓"浚学伟文，发于妙龄。决策三篇，万儒竦听。阔视霄路，直步云庭"，[1] 就

---

〔1〕范仲淹：《祭叶翰林文》，《全宋文》卷三九一，第19册，第92页。

形象地描述了儒生经金殿策问而跃入"龙门"的情景。而策问的内容主要是儒家经典，宋仁宗曾将《中庸》赐给天圣五年新及第者，并令"至修身治人之道，必使反复陈之"，[1] 故二程感叹道："本朝经术最盛。"[2] 因此读经而求官成为士人的普遍追求，宋人晁冲之《夜行》诗写道："老去功名意转疏，独骑瘦马取长途。孤村到晓犹灯火，知有人家夜读书。"[3] 是说即使在僻远的乡村也有人挑灯夜读，以应科举。纵观宋以后史乘所载名医传记，也都有年轻时苦读《四书五经》的存录。然而科举之路狭窄而坎坷，名落孙山而望经兴叹者大有人在。但是做官依然是一个挡不住的诱惑，这是因为"有官便有妻，有妻便有钱，有钱便有田"，[4] 富贵荣华都在一个"官"字上。于是借封建帝王重医的机会，许多士人向医术中求官，倘若能为翰林医官等宫廷御医，依然能够耀武扬威，所谓"跃马挥鞭，从者雄盛"，[5] 甚至连进士及第者都自愧弗如。而且医官凭借自己的地位还可以在文官和武官中任意选择，所以有宋一代医官成为炙手可热的位置，士人趋之若鹜，竟至造成医职冗滥、闲员充斥的局面。一直到清末，仍有士人以医术而邀得帝王一时宠幸的状况发生。曾任浙江某地县令的薛宝田儒而兼医，恰逢慈禧太后生

〔1〕《续资治通鉴长编》卷一〇五，第 2439 页。
〔2〕《二程集·遗书卷第十八》，第 232 页。
〔3〕《宋诗钞·具茨集钞》，第 1074 页。
〔4〕《夷坚志·夷坚支丁卷第八·陈尧咨梦》，第 1030 页。
〔5〕《历代名医蒙求·醯妒扁死，赵言沈羞》，第 183 页。

病征召天下名医，被荐于 1880 年入宫为之诊治。自京返浙后，薛氏将这一"壮行"写成《北行日记》一书，以志荣遇。书中处处流露出其顾盼自得、诚惶诚恐以及受宠若惊等心情和神态。他自以为科场未得之志，竟以"小技"尽吐平生抑塞，可以光宗耀祖，死而无憾了，其云："伏念小臣得瞻天家气象，可谓幸矣!"[1] 虽未因此而加官晋爵，却已感到三生有幸了。在封建时代的最高医疗机构太医院中，亦往往仅关心官场的升迁之道，却对医术"耻而不学"，而且"官医迎送长吏，马前唱诺，真可羞也",[2] 一副阿谀奉承、趋炎附势的丑态。这样的太医在医德医术两方面都不会有过人之处，却善于欺世盗名，蛊惑人心。至于那些"既不辨病，又不审药性，更不记方书"但又"好为高论以欺人"[3] 者，则更是等而下之了。这种重视仕途、崇拜权力的倾向，是封建社会"官本位"思想的产物。许多士人在以官职大小、官阶高低作为衡量人的地位和价值标准的环境中，扭曲了自己的人格，丧失了对诸如医学等实用技艺的真正兴趣和钻研精神，成为碌碌无为的庸俗之辈。

理学特别是理学末流所鼓荡起的这种空疏浮泛的学风，在明清两代曾受到过有力的批判。一批知识界的中坚力量，在政治上揭露了封建社会的腐朽黑暗和统治阶级的昏庸无能，在意识形态方面清算了理学及其末流所宣扬的种种僵死

〔1〕《北行日记》，第 50 页。
〔2〕《儒门事亲》卷七，第 151 页。
〔3〕《医学源流论》卷上，《徐灵胎医学全书》，第 138 页。

的思想文化体系与禁锢人性的陈规陋俗。像黄宗羲痛斥皇帝"为天下之大害";颜元抨击朱熹等人空谈命理、读书静坐致使天下人皆为弱人、病人、无用人;傅山指责道学为"奴儒";戴震抗议"后儒以理杀人";吴敬梓以文学的形式揭露了一个个官迷心窍者的丑态。这些具有深远影响的言论,至今仍为人们所熟知。在这股类似西方启蒙运动的批判思潮中,许多具有叛逆性格的进步思想家,不再视出将入相、为官做宦为人生的最高目标,而以救世济民的"医国手"[1]自诩,鄙弃空谈心性,崇尚"实践""实行""实习""实功""实政""实事""实风"等等。这是真正的实学,以其独特的社会内容与时代特征,明显区别于理学的所谓"实学"。在这种"崇实黜虚"的时代精神呼唤下,医学与其他自然科学门类开始由一度沉寂转向复兴。就医学而论,方以智通过实践,纠正了《本草》《本草纲目》诸书中的一些错误记载,搜集和验证了许多民间治病单方,从而使这类药书得到补充和完善。傅山医名颇著,治病强调实据,有二十余万言的《傅青主女科 男科 儿科》传世,至今仍有重要的临床价值。王清任经数十年实地观察,冲击不得损毁尸体的戒律,对中国解剖学的发展作出了贡献。吴有性、叶桂、薛雪、吴瑭从江浙地区人口密集、疫病流行频繁的实际情况出发,创立了温病学派,表现出探索与求实相结合的学风,为

---

[1] 龚自珍《己亥杂诗》(四四)有"何敢自矜医国手,药方只贩古时丹"句。

后人在防治传染病方面积累了大量宝贵的经验。总之，明清两代出现的重实测、重实证、重实功的思想，促进了医学事业的发展与进步，同时给宋代产生的儒医文化注入了新的活力与生气。

三、有益的启示

中国哲学与中国医学之间相互影响、相互作用、相互融汇、相互渗透的关系，可称之为医哲互补现象。其与西方医学与哲学之间的高度分化具有十分明显的区别，因而从一个侧面反映了中国文化的鲜明特色。那么，我们从这一现象中可以得到哪些有益的启示呢？

第一，在评价中国传统的医哲互补现象的理论价值时，应当充分揭示其中所蕴涵的智慧与创造力的重要意义。首先，表现在辩证法与经验思维的高度统一方面。诸如阴阳五行、天人相应、气化学说、八纲辩证等理论，无不具有辩证法的丰富内涵。朴素的对立统一观念贯穿于医哲互补关系之中，既在自然、社会、人的认识过程中得到体现，同时在人体的生理、病理及其辩证施治中亦得到体现。比如作为医哲辩证观念总纲的阴阳学说，是古人认识和把握一切事物的根本方法和准绳。祖国医学认为各类疾病，或感于六淫，或伤于七情，都不外乎阴阳偏盛偏衰所致，所以治病必须抓住这个根本。在此基础上，古代经验思维也得到长足的发展。熟稔的技艺、细致的观察与体悟、取象比类方法的广泛运用、知识的不断反复和长期积累以及耳濡目染、口口相传的环境或气氛，构成了经验思维的完整结构。朴素辩证观念对经验思维起着重要的指向作用，经验思维又不断丰富和证实辩证观念基本法则的正确性，两者的高度统一构成了古代一个极富特色的认识方法论。这其中所蕴涵的思想智慧值得高度重视，并需要做进一步的探讨和总结。其次，表现在朴素系统论的广泛运用方面。古代医哲互补文化强调整体对象与外部环境以及整体对象内部各要素之间的联系性，注重从联系与相互关系来把握事物的整体特征，不像西方那种从普遍联系中单独抽取某种因果现象去研究部分的做法。祖国医学把人的肝心脾肺肾五脏与木火土金水五行联系起来加以综合判断，应用五行的生克乘侮等学说来说明五脏间的关系。同时还将生理、病理与心理之间的关系构成一个系统来加以研究。这种朴素系统论强调整体的有序性，即认为整体是多个要素有序地结合而成，并非是一堆要素杂乱无章的偶然堆积，所谓中庸和谐就是这种有序性的体现。祖国医学把人体与外界环境的整体统一和机体内在环境的平衡协调，看作是人体得以生存的基础。疾病的发生就是这种平衡协调遭到破坏后的结果，无怪乎人们把中医称作古老的稳态学说。总之，古人非常强调自然界、社会和人体内部都具有一定的秩序及其整体效应。再次，表现在对人体生理、心理潜能的开发方面。祖国医学中常用的培补元气、扶正去邪等治疗方法，已具有潜能开发的意味。而像虚静、导引、行气、气功等心身锻炼方面的功夫，对于开发智力、延年益寿、防病治病无不具有特殊的效果，在今天已成为人体科学研究的热门话题。当然，医哲互补现象中所蕴涵的智慧与创造力远不止以上谈到的几个方面，但总的来说都是贯彻了辩证法原则的结果。任继愈先生在《中国古代医学与哲学的关系》一文中指出："辩证观点，并不是哪一个人想出来的，而是一切事物本来就在辩证地发展着。古代的科学家通过精密的观察、无数次的实践，把这一客观存在的普遍现象提高到理论原则，并根据这种理论又来推动科学的实践。中国古代的医学就是这样反复实践，反复认识，不断提高，不断丰富起来的。"〔1〕这一问题的确值得我们认真思考和反复体会。

第二，医哲互补现象作为传统文化的组成部分具有两重性，因此既要看到它的优势和长处，同时也要注意其中的缺陷与不足，只有这样才能有利于对它的改造更新。从吸取理论思维教训的角度来理解，大致有三方面的问题。首先是思想体系的封闭性。由于受历史文化背景的制约，古代哲学与医学理论始终处于一种固定的模式之中，很难超出直观的水平和循环论的局囿。尽管它可以依靠自己的方法进行自行修正、补充和发展，但由于其不能迅速吸收、容纳和利用新的信息和新的概念范畴，所以不利于与现代科学、现代意识进行融合，造成了古与今之间的断层与裂隙。其次存在着一些神秘主义的思想认识。由于旧哲学与医学理论起源于科学尚处于萌芽状态的远古时期，其中一直残留着宗教巫术方面的内容。比如《内经》中关于祝由

----

〔1〕 任继愈：《中国哲学史论》，第454页。

术和占梦术的论述，前者以语言咒祝来驱赶病邪，后者以梦兆来转释病因，明显带有灵魂崇拜的神秘色彩。又如盛行于宋明时期的所谓"太素脉"，以为通过人的脉象可以预知吉凶祸福、贫贱富贵。这种无稽之谈竟致使王安石、张介宾等人深信不疑。另外像蛊术、相术、降神、乩方之类荒诞的东西也一直掺杂于传统的医哲文化之中，不肯轻易退出。尽管今天已到了科学昌明的时代，我们仍需警惕它们的死灰复燃。再次是基本概念的含糊不清和思维的不明晰性。科学的思维方式应该由明晰、精确的概念来表达和确立，而传统的哲学与医学理论在阐释自然现象、生理现象和精神现象时，往往是用含混、笼统的概念加以陈述，缺乏概念和思维的明晰性与确定性。比如医哲通用的基本概念"气"，它既可以指物质又可指精神，既可指生理之元气又可指病理之邪气，既可指能够感触的烟雾之类又可指无形无象的宇宙本体，具有极大的模糊性。这样的概念即使可以从整体上指认某一类事物，但却不能对整体下面的各个细节作精确的了解。因此运用这种歧义纷呈的模糊性概念，难以达到抽象化和逻辑化的思维阶段，也难以对事物内部各要素进行量化的具体分析。像中国古代的生理解剖理论之所以与西方相比显得相对不足，其中一个重要的原因就在于此。笔者认为，只有毫不隐讳地指出传统医哲文化中的落后性、保守性、封闭性以及其理论上的缺陷，才能够找出消除这些负面因素的措施与方法，如果持"国粹论"的立场，以为"红肿之处，艳若桃花；溃烂之时，美如乳酪",〔1〕那样只会导致倒退而毫无出路可言。

第三，要充分发挥传统医哲互补文化的独特优势，吸取现代科学的新方法、新观念，实现未来人体科学与生命哲学的全面发展。

由于受近代西方自然观、哲学和医学的影响，在二十世纪二三十年代曾出现过废止中医的言论和主张。其代表人物余岩在《灵素商兑》一书中宣称："阴阳五行、三部九候之谬，足以废旧医之理论而有余；治病求其本，用药如用兵二语，足以废旧医之治疗而有余。"并竭力攻击《内经》一书"皆荒谬无可证也",〔2〕试图从根本上否定传统的医哲文化。这是一种以西方文化及其医学为理想模式的观点，完全否定了中国文化、中国医学的长处与优势，表现出十足的民族虚无主义。尽管中国传统文化中确实存在着一些陈旧、落后的东西，但其主流却是值得肯定的。在古代朴素唯物论和辩证法指导下的中医理论体系，经受了几千年来的实践检验，为中华民族世世代代的繁衍生息做出了重要的贡献，并且也创造了世界医学史上无与伦比的奇迹，这些都是有目共睹的事实。传统医学的科学性在现代条件下不断得到验证。比如"阴阳"范畴，过去常以为仅仅是思辨性的哲学概括，近年来借助分子生物学的手段，发现"阴虚"或"阳虚"病症确有分子水平和微量元素等方面的物质改变。另外像脏象学

---

〔1〕 鲁迅:《热风·随感录三十九》,《鲁迅全集》第 1 卷, 第 334 页。
〔2〕《灵素商兑》,《余云岫中医研究与批判》, 第 45 页。

说、经络学说，也都通过运用现代科学知识或最新研究手段，寻找到了一些客观指标。联系到今天世界范围内的"医易热""中医热""中药热""针灸热"，我们完全有理由充分肯定传统医哲文化的意义和价值。

如何扬长避短，发挥自己的优势，加速中医现代化的进程，是当今许多有识之士所共同关心的问题。针对传统医哲文化的缺陷，最主要就是体系的封闭性，理论精确度偏低，概念术语的内涵和外延不确定、不严密等，人们普遍认为应大力引进现代科学的新方法，诸如信息论、系统论、控制论、耗散结构论、协同论、概率论，以及脑科学方法、心理学方法、思维科学方法、结构—功能方法、模型化和理想化方法等等，都可以结合实际情况运用到辨证论治的具体过程之中。比如，结合裂脑人研究成果来理解传统的形神学说，结合耗散结构理论来分析中医学中的"气机"和"疏泄"等概念，这样就可以使我们的理论研究从单向上升到多向，从线性上升到非线性，从局部上升到综合，从而给这一门古老的学问注入新的血液，赋予其新的生命力，使之成为系统化、规范化的理论体系。

但是，中医的现代化并非是中医的西医化。中国传统的医哲互补是中医理论的独特优势。李约瑟博士说："中国人以他们的特殊天才发展起了中国的医学，这种发展所循的道路和欧洲的迥然不同，其差别之大可能超过了任何其他领域。"[1]

---

[1] 李约瑟：《中国科学传统的贫困与成就》，《科学与哲学》1982 年第 1 期。

所谓的差别和不同，就是指各自所具有的特色。中医理论如果丢掉了诸如阴阳五行、气化学说、脏腑经络、病因病机、四诊八纲、辨证论治、治则治法等传统的东西，就等于失去了自己存在的基础。令人欣慰的是，科学在经过几百年的分析时代后，又开始向整体综合化的道路发展。现代科学的许多综合性原理，不少可以在中国古代哲学的整体观中找到它的端倪。而中国的一些古老智慧，在现代科学背景中也得到新的解释、阐发和应用，比如量子力学的创始人玻尔认为他一生反复阐述的互补观念在中国就有它的先河。著名科学家普里高津则认为现代科学的发展，近十年来物理和数学的研究，如托姆的突变理论、重整化群、分支点理论都更契合于中国的哲学思想。总之，科学界普遍认为现代科学尤其是现代物理学走向了一个类似东方的世界观：宇宙的全部现象是一个不可分离的和谐的整体。处于现代科学这种最新的发展趋势中，人们也开始以新的目光审视传统的医哲互补文化。有人认为中医理论所揭示的生命和疾病的宏观整体水平的系统规律，是西医理论所无法取代的独特优势；还有人认为中医理论的一个重要长处，就是包含了许多系统论的思想，而这是西方医学的严重缺点；也有人认为中医研究人体的方法相当于控制论中的黑箱理论方法。[1] 总之，学术界已经认识到，无论从方法论、医学理论还是医疗技术诸方面，中医都有许多明显的优势和尚待进一步发掘的潜在优势。

---

〔1〕 参见侯占元主编：《中医问题研究》，第 28 页。

由此可以得出结论，研究中国古代哲学与医学的相互关系，是一个远未过时的重大课题。只要充分运用我们民族几千年来所积累的智慧，并善于吸取和借鉴一切外来有用的文化成果，就能够创造出具有中国特色和崭新面貌的人体科学和生命哲学。

　　"莫谓途难时日远，鸡鸣林角现晨曦。"（黄诚《亡命》）我们满怀信心地期待着，并愿意为之做出不懈的努力！

参考文献

1. ［春秋］左丘明撰，徐元诰集解，王树民、沈长云点校：《国语集解》，中华书局2002年版

2. ［秦］吕不韦编，许维遹集释，梁运华整理：《吕氏春秋集释》，中华书局2009年版

3. ［汉］班固著，［唐］颜师古注，中华书局编辑部点校：《汉书》，中华书局1962年版

4. ［汉］董仲舒著，［清］苏舆撰，锺哲点校：《春秋繁露义证》，中华书局1992年版

5. ［汉］王充著，黄晖撰：《论衡校释》，中华书局1990年版

6. ［汉］扬雄撰，汪荣宝注疏，陈仲夫点校：《法言义疏》，中华书局1987年版

7. ［汉］张仲景：《伤寒论》，中国医药科技出版社2013年版

8. ［魏］王弼注，楼宇烈校释：《老子道德经注校释》，中华书局2008年版

9. ［晋］葛洪著，王明校释：《抱朴子内篇校释》，中华书局1985年版

10. ［晋］郭象注，［唐］成玄英疏，曹础基、黄兰发点校：《南华真经注疏》，中华书局1998年版

11. ［晋］皇甫谧撰，王晓兰点校：《针灸甲乙经》，辽宁科学技术出版社1997年版

12. ［晋］王叔和撰，福州市人民医院校释：《脉经校释》，人民卫生出版社1984年版

13. ［刘宋］求那跋陀罗译：《楞伽阿跋多罗宝经》，《大正新修大藏经》第16册，台湾新文丰出版公司1983年版

14. ［梁］萧统编，［唐］李善注：《文选》，中华书局1977年版

15. ［隋］杨上善撰注:《黄帝内经太素》,人民卫生出版社 1965 年版

16. ［唐］房玄龄等撰,中华书局编辑部点校:《晋书》,中华书局 1974 年版

17. ［唐］瞿昙悉达编,李克和校点:《开元占经》,岳麓书社 1994 年版

18. ［唐］孙思邈著,李景荣等校释:《备急千金要方校释》,人民卫生出版社 1998 年版

19. ［宋］陈淳著,熊国祯、高流水点校:《北溪字义》,中华书局 1983 年版

20. ［宋］陈亮著,邓广铭点校:《陈亮集》,中华书局 1987 年版

21. ［宋］陈抟撰,董沛文主编:《陈抟集》,华夏出版社 2018 年版

22. ［宋］陈直原著,［元］邹铉增补,叶子、张志斌、张心悦校点:《寿亲养老新书》,福建科学技术出版社 2013 年版

23. ［宋］程颢、［宋］程颐著,王孝鱼点校:《二程集》,中华书局 2004 年版

24. ［宋］洪迈撰,孔凡礼点校:《容斋随笔》,中华书局 2005 年版

25. ［宋］洪迈撰,何卓点校:《夷坚志》,中华书局 2006 年版

26. ［宋］李昉编纂,夏剑钦等校点:《太平御览》,河北教育出版社 1994 年版

27. ［宋］李焘撰,上海师范大学古籍整理研究所、华东师范大学古籍整理研究所点校:《续资治通鉴长编》,中华书局 2004 年版

28. ［宋］黎靖德编,王星贤点校:《朱子语类》,中华书局 1986 年版

29. ［宋］陆九渊著,钟哲点校:《陆九渊集》,中华书局 1980 年版

30. ［宋］陆游撰,李剑雄、刘德权点校:《老学庵笔记》,中华书局 1979 年版

31. ［宋］吕祖谦编,齐治平点校:《宋文鉴》,中华书局 1992 年版

32. ［宋］吕祖谦著:《吕祖谦全集》,浙江古籍出版社 2017 年版

33. ［宋］孟元老撰,邓之诚注:《东京梦华录注》,中华书局 1982 年版

34. ［宋］邵伯温撰,李剑雄、刘德权点校:《邵氏闻见录》,中华书局 1983 年版

35. ［宋］邵雍著,郭彧、于天宝点校:《邵雍全集》,上海古籍出版社 2021 年版

36. ［宋］沈括撰，金良年点校：《梦溪笔谈》，中华书局 2015 年版

37. ［宋］沈作喆撰，俞钢、萧光伟整理：《寓简》，大象出版社 2019 年版

38. ［宋］王辟之撰，吕友仁点校：《渑水燕谈录》，中华书局 1981 年版

39. ［宋］王钦若等编纂，周勋初等校订：《册府元龟》，凤凰出版社 2006 年版

40. ［宋］王应麟撰，孙通海整理：《困学纪闻》，大象出版社 2019 年版

41. ［宋］无名氏：《小儿卫生总微论方》，上海卫生出版社 1958 年版

42. ［宋］吴曾撰，刘宇整理：《能改斋漫录》，大象出版社 2019 年版

43. ［宋］谢良佐撰，［宋］曾恬、胡国安辑录，［宋］朱熹删定：《上蔡语录》，严文儒校点，朱杰人等编：《朱子全书外编》第 3 册，华东师范大学出版社 2010 年版

44. ［宋］叶适：《习学记言序目》，中华书局 1977 年版

45. ［宋］愚谷老人编：《延寿第一绅言》，王云五主编：《丛书集成初编》，上海商务印书馆 1937 年

46. ［宋］张伯端撰，王沐浅解：《悟真篇浅解》，中华书局 1990 年版

47. ［宋］张杲撰，王旭光、张宏校注：《医说》，中国中医药出版社 2009 年版

48. ［宋］张君房编，李永晟点校：《云笈七签》，中华书局 2003 年版

49. ［宋］张栻著，杨世文点校：《南轩先生论语解》，中华书局 2015 年版

50. ［宋］张载著，章锡琛点校：《张载集》，中华书局 1978 年版

51. ［宋］周敦颐著，陈克明点校：《周敦颐集》，中华书局 1990 年版

52. ［宋］周守忠原撰，邵冠勇等续编注释：《历代名医蒙求》，齐鲁书社 2013 年版

53. ［宋］朱熹：《四书章句集注》，中华书局 1983 年版

54. ［宋］朱熹撰，廖名春点校：《周易本义》，中华书局 2009 年版

55. ［宋］朱熹撰，朱杰人、严佐之、刘永翔主编：《朱子全书（修订本）》，上海古籍出版社、安徽教育出版社 2010 年版

56. ［宋］朱熹集注，夏剑钦、吴广平校点：《楚辞集注》，岳麓书社 2013 年版

57. ［宋］朱熹集撰，赵长征点校：《诗集传》，中华书局 2017 年版

58. ［金］李杲撰，赵立岩点校：《兰室秘藏》，中医古籍出版社 1986 年版

59. ［金］李杲：《脾胃论》，中国中医药出版社 2019 年版

60. ［金］刘守真：《素问病机气宜保命集》，人民卫生出版社 1959 年版

61. ［金］刘完素撰，曹公寿、宗全和注释：《素问玄机原病式（注释本）》，
人民卫生出版社 1983 年版

62. ［金］王若虚著，马振君点校：《王若虚集》，中华书局 2017 年版

63. ［金］张子和：《儒门事亲》，山西科学技术出版社 2009 年版

64. ［元］脱脱等撰，中华书局编辑部点校：《金史》，中华书局 1975 年版

65. ［元］脱脱等撰，中华书局编辑部点校：《宋史》，中华书局 1985 年版

66. ［元］王珪著，程志立、宋白杨校注：《泰定养生主论》，中国医药科技
出版社 2012 年版

67. ［元］危亦林撰，王育学等校注：《世医得效方》，中国中医药出版社
1996 年版

68. ［元］萧参撰，伊世珍辑：《希通录琅嬛记》，中华书局 1991 年版

69. ［元］许衡撰：《许衡集》，许红霞点校，中华书局 2019 年版

70. ［元］朱震亨：《金匮钩玄》，人民卫生出版社 1980 年版

71. ［元］朱震亨著，彭建中点校：《丹溪心法》，辽宁科学技术出版社 1997
年版

72. ［元］朱震亨原著，刘更生点校：《格致余论》，天津科学技术出版社
2000 年版

73. ［明］陈继儒：《养生肤语》，李鹏飞编：《三元延寿参赞书（外四种）》，
上海古籍出版社 1990 年版

74. ［明］陈实功编著，吴少祯、许建平点校：《外科正宗》，中国中医药出
版社 2002 年版

75. ［明］陈献章著，孙通海点校：《陈献章集》，中华书局 1987 年版

76. ［明］方有执编著：《伤寒论条辨》，山西科学技术出版社 2009 年版

77. ［明］高濂著，王大淳整理：《高濂集》，浙江古籍出版社 2015 年版

78. ［明］高濂编次，叶明花、蒋力生点评：《遵生八笺》，中国医药科技出

版社 2021 年版

79. ［明］龚廷贤原著，朱广仁点校：《万病回春》，天津科学技术出版社 1993 年版

80. ［明］龚信纂辑，达美君等校注：《古今医鉴》，中国中医药出版社 1997 年版

81. ［明］洪应明著，郭瑞祥注译赏析：《菜根谭》，岳麓书社 2020 年版

82. ［明］皇甫中著，张印生校注：《明医指掌》，中国中医药出版社 1997 年版

83. ［明］李梴著，金嫣莉等校注：《医学入门》，中国中医药出版社 1995 年版

84. ［明］李濂辑，俞鼎芬等校注：《李濂医史》，厦门大学出版社 1992 年版

85. ［明］李时珍：《本草纲目（校点本）》，人民卫生出版社 1975—1981 年版

86. ［明］李时珍著，柳长华校注：《濒湖脉学奇经八脉考》，中国医药科技出版社 2012 年版

87. ［明］李中梓著，王卫等点校：《医宗必读》，天津科学技术出版社 1999 年版

88. ［明］罗钦顺著，阎韬点校：《困知记》，中华书局 2013 年版

89. ［明］吕坤撰，王国轩、王秀梅整理：《吕坤全集》，中华书局 2008 年版

90. ［明］缪希雍撰，夏魁周、赵瑗校注：《神农本草经疏》，中国中医药出版社 1997 年版

91. ［明］宋濂等撰，中华书局编辑部点校：《元史》，中华书局 1976 年版

92. ［明］宋濂著，张文德点校：《潜溪前集》，《宋濂全集》第 1 册，浙江古籍出版社 2014 年版

93. ［明］孙一奎撰，叶川、建一校注：《赤水玄珠》，中国中医药出版社 1996 年版

94. ［明］万全：《幼科发挥》，人民卫生出版社 1959 年版

95. ［明］万全著，罗田县卫生局校注：《万氏家传养生四要》，湖北科学技术出版社 1984 年版

96. ［明］王夫之：《王船山诗文集》，中华书局 1962 年版

97. ［明］王夫之著，杨坚总修订：《船山全书》，岳麓书社 2011 年版

98. ［明］王艮著，陈寒鸣编校：《王艮全集》，上海古籍出版社 2022 年版

99. ［明］王肯堂撰，陆拯主编：《王肯堂医学全书》，中国中医药出版社
    1999 年版

100. ［明］王守仁著，王晓昕、赵平略点校：《王文成公全书》，中华书局
     2015 年版

101. ［明］王廷相著，王孝鱼点校：《王廷相集》，中华书局 1989 年版

102. ［明］王文禄：《医先》，上海三联书店 1990 年版

103. ［明］徐春甫编集，崔仲平、王耀廷主校：《古今医统大全》（上），人
     民卫生出版社 1991 年版

104. ［明］虞抟原著，郭瑞华等点校：《医学正传》，中医古籍出版社 2002
     年版

105. ［明］张介宾：《类经（附：类经图翼类经附翼）》，中国中医药出版社
     1997 年版

106. ［明］张介宾著，王大淳等点校：《景岳全书》，浙江古籍出版社 2013
     年版

107. ［明］张景岳：《类经图翼·类经附翼·质疑录》，山西科学技术出版社
     2013 年版

108. ［明］赵献可：《医贯》，人民卫生出版社 1982 年版

109. ［明］方以智：《物理小识》，上海商务印书馆 1937 年版

110. ［明］方以智著，张永义、邢益海校点：《药地炮庄》，华夏出版社 2011
     年版

111. ［明］方以智著，邢益海校注：《冬灰录：外一种〈青原愚者智禅师语
     录〉》，华夏出版社 2014 年版

112. ［清］毕沅撰，标点续资治通鉴小组点校：《续资治通鉴》，中华书局
     1957 年版

113. ［清］陈梦雷等编：《古今图书集成医部全录》第 12 册，人民卫生出版
     社 1962 年版

114. ［清］陈确：《陈确集》，中华书局 1979 年版

115. ［清］陈士珂辑，崔涛点校：《孔子家语疏证》，凤凰出版社 2017 年版

116. ［清］陈修园著，王履康校注：《医学三字经》，福建科学技术出版社 2007 年版

117. ［清］程国彭：《医学心悟》，科学技术文献出版社 1996 年版

118. ［清］戴震著，何文光整理：《孟子字义疏证》，中华书局 1982 年版

119. ［清］董诰等编：《全唐文》，中华书局 1983 年版

120. ［清］方以智撰，庞朴注释：《东西均注释（外一种）》，中华书局 2016 年版

121. ［清］方以智著，黄德宽、诸伟奇主编：《方以智全书》，黄山书社 2019 年版

122. ［清］高士栻原著，宋咏梅、李圣兰点校：《医学真传》，天津科学技术出版社 2000 年版

123. ［清］龚自珍撰，刘逸生注：《龚自珍己亥杂诗注》，中华书局 1980 年版

124. ［清］顾炎武撰，［清］黄汝成集释，栾保群点校：《日知录集释》，中华书局 2020 年版

125. ［清］郭庆藩撰，王孝鱼点校：《庄子集释》，中华书局 1961 年版

126. ［清］黄凯钧撰，乔文彪、张亚密、马建东注释：《友渔斋医话》，上海中医药大学出版社 2011 年版

127. ［清］黄宗羲原著，［清］全祖望补修，陈金生、梁运华点校：《宋元学案》，中华书局 1986 年版

128. ［清］黄宗羲著，沈芝盈点校：《明儒学案》，中华书局 2008 年版

129. ［清］黄宗羲著，陈乃乾编：《黄梨洲文集》，中华书局 2009 年版

130. ［清］黄宗羲撰，郑万耕点校：《易学象数论（外二种）》，中华书局 2010 年版

131. ［清］雷丰著，俞晓旸、李勤璞标点：《灸法秘传时病论》，中华书局 2018 年版

132. ［清］李塨撰，［清］王源订，陈祖武点校：《颜元年谱》，中华书局

1992 年版

133. ［清］李宗源:《医纲提要》,清光绪二十三年（1897）南京李光明庄刻本

134. ［清］刘若金原著,郑怀林等校注:《本草述校注》,中医古籍出版社2005 年版

135. ［清］潘楫著,何源等校注:《医灯续焰》,中国中医药出版社1997年版

136. ［清］彭定求等编:《全唐诗》,中华书局1960 年版

137. ［清］钱大昕:《潜研堂文集》,陈文和主编:《嘉定钱大昕全集》第9册,凤凰出版社2016 年版

138. ［清］阮元校刻:《十三经注疏（清嘉庆刊本)》,中华书局2009 年版

139. ［清］沈起凤著,伍国庆标点:《谐铎》,岳麓书社1986 年版

140. ［清］汪绂撰,江凌圳等校注:《医林纂要探源》,中国中医药出版社2015 年版

141. ［清］王懋竑撰,何忠礼点校:《朱熹年谱》,中华书局1998 年版

142. ［清］王清任撰,李天德、张学文点校:《医林改错》,人民卫生出版社1991 年版

143. ［清］王先谦撰,沈啸寰、王星贤点校:《荀子集解》,中华书局1988年版

144. ［清］魏裔介:《琼琚佩语》,王云五主编:《丛书集成初编》,上海商务印书馆1939 年

145. ［清］吴瑭著,张志斌校点:《温病条辨》,福建科学技术出版社2010年版

146. ［清］吴之振等选,［清］管庭芬、［清］蒋光煦补:《宋诗钞》,中华书局1986 年版

147. ［清］夏禹铸:《幼科铁镜》,科技卫生出版社1958 年版

148. ［清］徐灵胎:《洄溪道情》,上海群众图书公司1925 年版

149. ［清］薛宝田著,刘道清校注:《北行日记》,河南人民出版社1985年版

150. ［清］严可均编：《全上古三代秦汉三国六朝文》，中华书局 1958 年版

151. ［清］颜元著，王星贤等点校：《颜元集》，中华书局 1987 年版

152. ［清］永瑢等：《四库全书总目》，中华书局 1965 年版

153. ［清］喻嘉言著，韩飞等点校：《医门法律》，山西科学技术出版社 2006 年版

154. ［清］张金吾编纂：《金文最》，中华书局 2020 年版

155. ［清］张履祥著，陈祖武点校：《杨园先生全集》，中华书局 2002 年版

156. ［清］张志聪撰，郑林主编：《张志聪医学全书》，中国中医药出版社 1999 年版

157. ［清］章楠著，文杲、晋生点校：《医门棒喝（初集医论）》，中医古籍出版社 1999 年版

158. ［清］赵尔巽等撰，中华书局编辑部点校：《清史稿》，中华书局 1977 年版

159. 《黄帝内经素问》，人民卫生出版社 2012 年版

160. 《灵枢经》，人民卫生出版社 2012 年版

161. 蔡仁厚：《宋明理学·北宋篇》，吉林出版集团有限责任公司 2009 年版

162. 车离等：《探寻思想轨迹》，中国人民大学出版社 1992 年版

163. 陈邦贤：《中国医学史》，团结出版社 2011 年版

164. 陈鼓应注译：《黄帝四经今注今译：马王堆汉墓出土帛书》，商务印书馆 2016 年版

165. 陈俊民：《张载哲学思想及关学学派》，人民出版社 1986 年版

166. 陈来：《朱熹哲学研究》，中国社会科学出版社 1988 年版

167. 陈来：《有无之境——王阳明哲学的精神》，生活·读书·新知三联书店 2009 年版

168. 陈正夫、何植靖：《朱熹评传》，江西人民出版社 1984 年版

169. 陈钟凡：《两宋思想述评》，商务印书馆 1933 年版

170. 陈仲庚、张雨新编著：《人格心理学》，辽宁人民出版社 1986 年版

171. 成都中医学院、王米渠编著：《中医心理学》，天津科技出版社 1985 年版

172. 成中英：《中国文化的现代化与世界化》，中国和平出版社 1988 年版

173. 程宜山：《张载哲学的系统分析》，学林出版社 1989 年版

174. 崔大华：《南宋陆学》，中国社会科学出版社 1984 年版

175. 崔大华：《庄学研究》，人民出版社 1992 年版

176. 邓艾民：《朱熹王守仁哲学研究》，华东师范大学出版社 1989 年版

177. 杜维明：《人性与自我修养》，中国和平出版社 1988 年版

178. 杜石然等编著：《中国科学技术史稿（修订版）》，北京大学出版社 2012 年版

179. 范行准：《中国医学史略》，北京出版社 2016 年版

180. 方克立主编：《从孔夫子到孙中山——中国哲学小史》，中国青年出版社 1984 年版

181. 方克立：《中国哲学史上的知行观》，人民出版社 1997 年版

182. 方立天：《中国古代哲学问题发展史》，中华书局 1990 年版

183. 方立天：《佛教哲学》，中国人民大学出版社 2012 年版

184. 方祖猷、滕复主编：《论浙东学术》，中国社会科学出版社 1995 年版

185. 冯契：《中国古代哲学的逻辑发展》，东方出版中心 2009 年版

186. 冯友兰：《中国哲学史》（上），生活·读书·新知三联书店 2009 年版

187. 冯友兰：《中国哲学史新编》，人民出版社 2007 年版

188. 傅维康主编：《中国医学史》，上海中医学院出版社 1990 年版

189. 傅云龙、吴可主编：《唐宋明清文集（第一辑）：宋人文集（卷一）》，天津古籍出版社 2000 年版

190. 高亨注：《诗经今注》，上海古籍出版社 1980 年版

191. 高觉敷主编：《中国心理学史》，人民教育出版社 1986 年版

192. 葛荣晋：《王廷相生平学术编年》，河南人民出版社 1987 年版

193. 葛荣晋：《王廷相和明代气学》，中华书局 1990 年版

194. 葛荣晋主编：《中日实学史研究》，中国社会科学出版社 1992 年版

195. 郭霭春、张伯礼、郭洪耀、郭洪图：《中国分省医籍考》，中国中医药出版社 2020 年版

196. 郭齐勇：《熊十力及其哲学》，中国展望出版社 1985 年版

197. 河南省社会科学院编:《二程思想研究文集》,河南人民出版社 1986 年版

198. 河南省哲学学会编:《洛学与传统文化》,求实出版社 1989 年版

199. 侯外庐、邱汉生、张岂之主编:《宋明理学史》(上卷),人民出版社 1984 年版

200. 侯外庐主编:《中国思想通史》第四卷(下册),人民出版社 2011 年版

201. 侯占元主编:《中医问题研究》,重庆出版社 1990 年版

202. 胡孚琛:《魏晋神仙道教》,人民出版社 1989 年版

203. 黄仑、王旭东:《医史与文明》,中国中医药出版社 1993 年版

204. 贾得道:《中国医学史略》,山西人民出版社 1979 年版

205. 姜春华著,姜光华整理:《历代中医学家评析》,上海科学技术出版社 1989 年版

206. 姜广辉:《颜李学派》,中国社会科学出版社 1987 年版

207. 姜广辉:《理学与中国文化》,上海人民出版社 1994 年版

208. 姜国柱:《张载的哲学思想》,辽宁人民出版社 1982 年版

209. 柯劭忞撰,张京华、黄曙辉总校:《新元史》,上海古籍出版社 2022 年版

210. 黎翔凤撰,梁运华整理:《管子校注》,中华书局 2004 年版

211. 李经纬、李志东:《中国古代医学史略》,河北科学技术出版社 1990 年版

212. 李经纬、鄢良、朱建平编著:《中国古代文化与医学》,湖北科学技术出版社 1990 年版

213. 李良松、郭洪涛:《中国传统文化与医学》,厦门大学出版社 1990 年版

214. 李申:《中国古代哲学和自然科学》,上海人民出版社 2002 年版

215. 李修生主编:《全元文》第 13、14 册,江苏古籍出版社 1999 年版

216. 李修生主编:《全元文》第 35、53 册,江苏古籍出版社 2004 年版

217. 李泽厚:《中国古代思想史论》,生活·读书·新知三联书店 2017 年版

218. 李泽厚:《美的历程》,人民文学出版社 2021 年版

219. 李志林:《气论与传统思维方式》,学林出版社 1990 年版

220. 廖育群：《岐黄医道》，辽宁教育出版社 1991 年版

221. 林乾良、刘正才编著：《养生寿老集（第 2 版）》，上海科学技术出版社 1991 年版

222. 刘长林：《内经的哲学和中医学的方法》，科学出版社 1982 年版

223. 刘洪涛编著：《中国古代科技史》，南开大学出版社 1991 年版

224. 刘文英：《中国古代时空观念的产生和发展》，上海人民出版社 1980 年版

225. 刘象彬：《二程理学基本范畴研究》，河南大学出版社 1987 年版

226. 刘洋主编：《徐灵胎医学全书》，中国中医药出版社 1999 年版

227. 鲁迅：《鲁迅全集》，人民文学出版社 2005 年版

228. 马伯英：《中国医学文化史》，上海人民出版社 1994 年版

229. 马振铎：《仁·人道：孔子的哲学思想》，中国社会科学出版社 1993 年版

230. 蒙培元：《理学范畴系统》，人民出版社 1989 年版

231. 孟庆云：《中医理论渊薮》，重庆出版社 1990 年版

232. 南京中医学院校释：《难经校释》，人民卫生出版社 1979 年版

233. 潘富恩、施昌东：《中国哲学论稿》，重庆出版社 1984 年版

234. 潘富恩、施昌东：《中国古代认识论史略》，复旦大学出版社 1985 年版

235. 潘富恩、徐余庆：《程颢程颐理学思想研究》，复旦大学出版社 1988 年版

236. 潘富恩、徐余庆：《吕祖谦评传》，南京大学出版社 1992 年版

237. 庞朴：《儒家辩证法研究》，中华书局 2009 年版

238. 庞万里：《二程哲学体系》，北京航空航天大学出版社 1992 年版

239. 钱穆：《朱子新学案》，巴蜀书社 1986 年版

240.《清代诗文集汇编》编纂委员会：《清代诗文集汇编》，上海古籍出版社 2010 年版

241. 卿希泰主编：《道教与中国传统文化》，福建人民出版社 1990 年版

242. 裘沛元主编：《中医历代各家学说》，上海科学技术出版社 1984 年版

243. 裘庆元辑：《三三医书（精校本）》，中国医药科技出版社 2016 年版

244. 任继愈:《中国哲学史论》,上海人民出版社1981年版

245. 任应秋主编:《中医各家学说》,上海科学技术出版社1980年版

246. 任应秋、刘长林编:《〈内经〉研究论丛》,湖北人民出版社1982年版

247. 容肇祖:《容肇祖集》,齐鲁书社1989年版

248. 石训等:《中国宋代哲学》,河南人民出版社1992年版

249. 束景南:《朱子大传:"性"的救赎之路(增订版)》,复旦大学出版社2016年版

250. 汤可敬:《说文解字今释(增订本)》,上海古籍出版社2018年版

251. 汤一介:《郭象与魏晋玄学(增订本)》,中国人民大学出版社2016年版

252. 唐明邦:《李时珍评传》,南京大学出版社1991年版

253. 田思胜主编:《朱丹溪医学全书》,中国中医药出版社2015年版

254. 王利器:《文子疏义》,中华书局2009年版

255. 王茂等:《清代哲学》,安徽人民出版社1992年版

256. 王明:《道家和道教思想研究》,中国社会科学出版社1984年版

257. 王庆宪:《中医思维学》,重庆出版社1990年版

258. 王文濡编:《续古文观止》,花山文艺出版社1991年版

259. 王育济:《天理与人欲——理学理欲观演变的逻辑进程》,齐鲁书社1992年版

260. 向世陵、冯禹:《儒家的天论》,齐鲁书社1991年版

261. 萧公权:《中国政治思想史》,台北中国文化大学出版部1982年版

262. 萧萐父、李锦全主编:《中国哲学史》,人民出版社1983年版

263. 萧萐父:《吹沙集》,巴蜀书社2007年版

264. 谢观著,余永燕点校:《中国医学源流论》,福建科学技术出版社2003年版

265. 谢遐龄:《康德对本体论的扬弃》,华东师范大学出版社2014年版

266. 辛冠洁等编:《日本学者论中国哲学史》,中华书局1986年版

267. 徐世昌等编纂,沈芝盈、梁运华点校:《清儒学案》,中华书局2008年版

268. 徐仪明、陈江风、刘太恒主编：《中国文化论纲》，河南大学出版社 1992 年版

269. 徐远和：《洛学源流》，齐鲁书社 1987 年版

270. 徐宗元辑：《帝王世纪辑存》，中华书局 1964 年版

271. 燕国材：《先秦心理思想研究》，湖南人民出版社 1981 年版

272. 燕国材：《唐宋心理思想研究》，湖南人民出版社 1987 年版

273. 杨伯峻：《列子集释》，中华书局 1979 年版

274. 杨国荣：《王学通论：从王阳明到熊十力》，华东师范大学出版社 2021 年版

275. 姚瀛艇主编：《宋代文化史》，河南大学出版社 1992 年版

276. 余岩原著，祖述宪编注：《余云岫中医研究与批判》，安徽大学出版社 2006 年版

277. 余英时：《士与中国文化》，上海人民出版社 2013 年版

278. 俞慎初：《中国医学简史》，福建科学技术出版社 1983 年版

279. 俞慎初审定，俞鼎芬等校注：《李濂医史》，厦门大学出版社 1992 年版

280. 曾枣庄、刘琳主编：《全宋文》，上海辞书出版社、安徽教育出版社，2006 年版

281. 翟廷晋：《孟子思想评析与探源》，上海社会科学院出版社 1992 年版

282. 张岱年：《中国哲学发微》，山西人民出版社 1981 年版

283. 张岱年：《中国哲学大纲》，中国社会科学出版社 1982 年版

284. 张立文、默明哲编：《中国古代著名哲学家评传（第三卷）》，齐鲁书社 1981 年版

285. 张立文：《朱熹思想研究》，中国社会科学出版社 1981 年版

286. 张立文：《宋明理学研究》，中国人民大学出版社 1985 年版

287. 张立文：《中国哲学范畴发展史（天道篇）》，中国人民大学出版社 1988 年版

288. 张立文：《心》，中国人民大学出版社 1993 年版

289. 张荣明：《中国古代气功与先秦哲学——兼论宋代理学"静"、"敬"的思想历程》，上海人民出版社 1987 年版

290. 章真如：《朱丹溪学术考论》，中国中医药出版社 1994 年版

291. 赵璞珊：《中国古代医学》，中华书局 1997 年版

292. 中共中央马克思恩格斯列宁斯大林著作编译局：《马克思恩格斯选集》（第1—4卷），人民出版社 2012 年版

293. 中国科学院自然科学史研究所编：《钱宝琮科学史论文选集》，科学出版社 1983 年版

294.《中国天文学史文集》编辑组：《中国天文学史文集（第四集）》，科学出版社 1986 年版

295. 周翰光：《传统思想与科学技术》，学林出版社 1989 年版

296. 周桂钿：《王充哲学思想新探》，福建教育出版社 2015 年版

297. 周一谋编著：《历代名医论医德》，湖南科学技术出版社 1983 年版

298. 朱伯崑：《易学哲学史》，昆仑出版社 2009 年版

299. 朱维铮：《走出中世纪》，中信出版社 2018 年版

300.《朱子学刊》编辑部编：《朱子学刊》1991 年第 1 辑，福建人民出版社 1993 年版

301.（法）霍尔巴赫著，管士滨译：《自然的体系》（上），商务印书馆 1964 年版

302.（日）山田庆儿：《朱子的自然学》，东京岩波书店 1978 年版

303.（日）丹波元胤编：《中国医籍考》，人民卫生出版社 1983 年版

304.（英）李约瑟（Joseph Needham）原著，（英）柯林・罗南（C. A. Ronan）改编，上海交通大学科学史系译：《中华科学文明史》（第 1 卷），上海人民出版社 2001 年版

305.（英）亚・沃尔夫：《十六、十七世纪科学、技术和哲学史》（上册），周昌忠等译，商务印书馆 1991 年版

原版后记

　　本书的写作虽是在攻读博士学位后才正式开始的，但却凝聚了我全部的生活感受。我自幼常随做医生的母亲出入医院，耳濡目染，对医学很早就产生了兴趣。14岁时曾拜汴梁名医侯宝贤先生为师。其时先生已年近古稀，患有瘫疾，且又身处困境，但却每天坚持向我传授祖国医学知识。后来我能以医术为业达十年之久，多赖先生之力。尽管我久已改行于中国哲学，但对中医仍情有独钟。我之所以选择本研究课题，显然与此不无关系。早期的生活经历与心理体验的确能够影响人的一生。今天这本《性理与岐黄》即将问世，更使我怀念这位德高艺精的可敬老人。

　　吾师潘富恩先生的高堂是一位年近百岁的名医，先生对医道也深有造诣。他经过深思熟虑，认为我选择宋明理学与中国古代医学相互交叉、渗透的研究课题，具有开拓中国哲学研究新领域的重要意义，是前人尚未进行系统研究的新理论、新问题，值得痛下功夫去做深入的探讨与发掘。在先生的充分肯定、全力支持和悉心指导下，经过三年的反复沉潜，终于较好地完成了论文的写作并顺利地通过了答辩。各位有关专家对拙稿给予了充分的肯定与一致的好评，这使我倍受鼓舞。为了提高书稿质量，这次在成书过程中，我又抽出了部分内容，写成若干篇文章发表在海内外一些刊物上，以便征求同行学者们的宝贵意见。

如我在博士论文的前言中已经指出的，本书的酝酿、构思与写作过程经过了漫长的岁月。在此期间，我曾受到冯友兰先生、张岱年先生、冯契先生、方克立先生、张立文先生、葛荣晋先生、陈瑛先生、朱维铮先生、丁祯彦先生、徐远和先生、石训先生、陈俊民先生、崔大华先生、姚瀛艇先生、陈来先生、郭齐勇先生、姜广辉先生、李申先生、姜国柱先生、束景南先生和韩国刘明钟先生、赵骏河先生等许多前辈和师友的关怀、指导、帮助和鼓励，这是我十分感激和永远不能忘怀的。

本书是在王俊义先生的直接关心与督促下才得以完稿和出版的。先生每次对我的谆谆教诲，不仅使我在学业上有极大的提高，而且使我的思想道德境界得到升华，可以说在德业两方面都获益甚多。责任编辑冯广裕先生几年来给予我多方面的热情帮助和支持，为本书的出版付出了大量的心血和辛勤的劳动，亦是我的良师益友。在本书出版之际，谨向二位先生致以衷心的感谢。

吾师潘富恩先生与著名《内经》研究专家刘长林先生拨冗为本书作序，使拙著生辉不少。特别是刘先生与我从未谋面，却慨然惠赐佳序，更使我感铭良深。

由于笔者学力尚浅，虽尽了极大的努力，但书中缺点错误一定不少，切盼诸位前辈、专家与读者不吝赐教。

徐仪明

1996 年 9 月 28 日于河南大学

新版后记

　　这本探讨宋明理学与中医学之间关系的著作，1997年出版时名之曰《性理与岐黄》。该书自问世以来，承蒙学界前辈、时贤及广大读者的错爱，曾经产生过一点影响。由于早已在市面上见不到了，不断有师友、同道、学生甚至素昧平生者询问该书何时能够再版。今承蒙上海古籍出版社慨允重新出版，在此谨表示衷心的感谢。

　　自1982年从复旦大学哲学系毕业以后，就一直投身于中医哲学的研究之中，曾亲聆不少前辈学者的教诲，受益匪浅。尤其是1991年再次来到复旦大学哲学系跟随潘富恩先生攻读博士学位，三年之中取得了一些进步与提高，于是便有了这本《性理与岐黄》的初稿。2011年，我承担了国家社科基金课题"中国少数民族医学哲学史研究"，将目光拓展到藏族、蒙古族、傣族、朝鲜族等中国少数民族医学哲学思想的探索之中。2020年又担任了国家社科基金重大招标课题"新编中医哲学思想通史"首席专家。此课题的难度之大可想而知，显然余生只能奉献于中医哲学研究的这项事业之中了。对于我这样一个"老三届"的中学生，"新三届"的大学生，不惑之年的博士生，垂垂老矣的退休者来说，深感时不我待，唯有争分夺秒，勉力前行。

中医哲学探讨的天人关系、阴阳五行理论本来就是中国哲学的问题，其主要概念、范畴、话语形态和思维方式与中国哲学基本一致。尽管如此，还是要做出慎重选择，必须切实把具有医学与哲学两方面意义的人物和问题作为研究对象，否则就失去了中医哲学本身的特色和存在价值。首先，切忌将中国哲学与中医学分别论述，然后再组合在一起，出现"两张皮"的现象。正确的做法是将两者真正融会贯通，研究出新的学术问题，形成新的学术思想体系。其次，尽管人们都知道中国传统医学对人体、对天人关系、对人的身心内外关系的研究，几千年来积累了丰富的健康养生理念和临床实践经验，对中华民族的生息繁衍、祛病延年做出了巨大的贡献，但是还应该深刻、具体和完整地总结历代哲人和医家在预防、控制疾病流行特别是战胜瘟疫方面的经验和智慧。《论语·述而》中就有"子之所慎：齐（斋）、战、疾"的深刻认识，而中医学的重大进展大多是在与瘟疫殊死搏斗中实现的。诸如《黄帝内经》，张仲景《伤寒论》，"金元四大家"刘完素、张从正、李东垣、朱丹溪的著作，吴又可《温疫论》，吴鞠通《温病条辨》等，对此皆有充分论述。因此，必须重视预防控制疾病与健康养生两者的综合性研究，才能做到理论与实践的更好结合。再次，随着时代发展和社会进步，哲学理论形态的不断变化也会影响到医学理论形态的不断变化，最为典型的就是所谓"儒之门户分于宋，医之门户分于金元"。显然从中国哲学史的角度出发，去研究中医哲学流派的发展过程非常必要。因此，不仅要对历史上重要的研究对象本身的思想加以深入研究，而且还要对其人所在的学术派别的构成原因、形态特征及其历史定位进行正确分析和判断。另外，中国古代哲学家的中医哲学思想也非常丰富和宝贵，诸如明清之际的傅山、方以智、王夫之和吕留良等人，由于他们的著作全集大多是近年来才整理出版的，亟待进行深入研究。总之，中医哲学理论作为观念形态的形上之道，应反映社会发展的客观实际，并随着社会历史进程的发展而发展。这里还要着重指出的是，中医哲学鲜明的实践性特点，则是这一学科具有无穷活力的重要体现。

宋金元时期是中医哲学思想发展的高峰，这与理学的产生是密不可分的。北宋中期，在宋儒范仲淹、胡瑗、王安石等人的推动下，朝野上下出现了"重医"之风。大批儒者改行学医，"医而优则仕"成为当时的奇观。无论理学的先驱者、奠基者、开创者、集大成者，还是理学名家，抑或一般的理学中人，无不通晓医学，像朱熹的四传弟子朱丹溪竟成为一代名医。当时的从医者也都具有深厚的理学底蕴，并且开始出现了各立门户的局面。所谓"儒之门户分于宋，医之门户分于金元"，即是说由于理学中分出濂、洛、关、闽诸学派，受此影响医学也分出了刘完素的寒凉派、张从正的攻下派、李杲的补土派和朱丹溪的滋阴派，即著名的"金元四大家"。理学虽然说是儒、释、道三教融合，但毕竟是以儒学为主流的。这一时期的中医哲学思想毋庸讳言可以说，就是典型的"儒医"哲学思想。

如果顾忌到其他因素，至少也可以说是以之为主的。明清时期依然是儒学占据主导地位的历史阶段。明代初年，程朱理学为朝廷所尊崇，处于独尊地位，从思想上保证了当时政治、经济的需要。明代中叶，阳明心学异军突起，"致良知"说影响深远，其强调主体意志，重视人的价值，重视人自身在社会发展中所起的作用，因此意义重大，一度在官方和民间都得到广泛的传播；但也仅仅传播了一百多年，即趋于衰落。后至明末及清代，出现了由"王"返"朱"思潮，重新强化了程朱理学的思想统治地位。明清时期的医学可以说与哲学思想的发展变化是同步的。明初，诸如宋濂、戴良、王履、戴思恭、虞抟等人皆为朱丹溪的后学或弟子，崇信丹溪"阳常不足，阴常有余"之说，因此从思想渊源上来看，显然都是尊崇程朱理学的。至阳明学出，情况有变，不少学者改以心学为指归，如张景岳说："万事不能外乎理，而医之于理为尤切。散之则理为万象，会之则理归一心。……故吾心之理明，则阴者自阴，阳者自阳，焉能相混？"（《景岳全书·传忠录上》）把王阳明"心即理"的思想运用于诊病。而到了明末至清代，医者俱弃王阳明之学，回归程朱理学。当然，不论是程朱理学还是阳明心学，皆为原始儒学之余脉或新峰。所以说明清时期的中医哲学思想依然是以儒学为指归的。

　　以上是我近年来对于中医哲学的特别是对宋明时期中医哲学思想的一些新认识，特写于此，是为后记。

附记：此次重版，作者除对个别地方作了改正，内容未作修订。责编重点核对了书中征引古籍的全部引文，并根据通行整理本更新了版本信息，方便读者查阅。对于责编方强先生的辛勤付出，谨在此表示由衷的感谢。

徐仪明

2023 年 7 月